Kurt Pätzold/Irene Runge

W0047071

Pogromnacht
1938

Dietz Verlag Berlin 1988

Fotonachweis:
ADN-Zentralbild 1, 2, 9, 10, 13;
Autorenarchiv 3, 15; Walter Besser 6, 14;
Dietz Verlag/Bildarchiv 12;
Dietz Verlag/Renate und Horst Ewald 15, 18, 19, 20, 21;
Günter Bernd Ginzel: Jüdischer Alltag in Deutschland
1933–1945 7, 11;
Kennzeichen J 4, 8; Abraham Pisarek 5; Thomas Sandberg 22;
Die jüdische Austreibung aus Deutschland 1933–1941,
Geschichte einer Austreibung 17.

Reproduktionsaufnahmen:
Dietz Verlag/Renate und Horst Ewald

Pätzold, Kurt: Pogromnacht 1938 /
Kurt Pätzold; Irene Runge. –
Berlin: Dietz Verl., 1988. –
260 S.; 24 Abb.
(Schriftenreihe Geschichte)

ISBN 3-320-01199-5

Mit 24 Abbildungen

© Dietz Verlag Berlin 1988
Lizenznummer 1 · LSV 0269
Lektor: Ursula Schirmer
Umschlag: Harry Temme
unter Verwendung eines Fotos von Renate und Horst Ewald
Printed in the German Democratic Republic
Fotosatz: Druckerei Neues Deutschland
Druck und Bindearbeit: LVZ-Druckerei »Hermann Duncker«,
Leipzig
Best.-Nr. 738 532 3

00580

Vorbemerkung

Das Ereignis, von dem dieses Buch handelt, wurde schon von seinen Zeitgenossen als »die Kristallnacht« bezeichnet. Übersetzt ging der nichtssagende Begriff in Sprachen anderer Völker ein. Er wurde von den nachgeborenen Generationen übernommen und erhielt sich bis zum heutigen Tage. Antifaschisten wurde der Begriff »Kristallnacht« zum Gleichwort für eines der brutalen faschistischen Verbrechen, begangen an den deutschen Juden in der Nacht vom 9. zum 10. November 1938 und am folgenden Tage. Mit diesem Verbrechen wurde eine neue Phase der Vertreibung der Juden aus Deutschland eingeleitet.

Zwischen dem Ereignis und unserer Gegenwart liegt ein halbes Jahrhundert. Die Mehrheit seiner Zeitgenossen ist nicht mehr am Leben. Die sich heute an jenen Novembertag erinnern können, tun dies auf unterschiedliche Weise, in Abhängigkeit von ihrer eigenen einstigen Rolle und aufgrund von später gewonnenen Einsichten und Haltungen. Den einen ist es unmöglich, davon zu sprechen, was ihnen damals geschah; andere schweigen im Bewußtsein dessen, was sie taten oder unterließen. Doch ist Sprachlosigkeit – verständlich und respektabel im Einzelfall – diesem Tag am wenigsten angemessen. Für ihn gilt in besonderem Maße die Forderung, Geschichte kritisch zu durchleuchten, um mit den ihr ab-

5

gewonnenen Erkenntnissen besser für Gegenwart und Zukunft sorgen zu können.

Dieses Buch vereint zwei auf dieses Ziel gerichtete Aneignungsweisen des Geschehenen. Irene Runge versucht auf ihre Weise, die Zeitereignisse festzuhalten. Sie will nicht nur objektive Berichterstatterin sein. Ihr Essay vermittelt Betroffenheit, sie fragt nach dem Verhältnis von Wissen und Gewissen bei jenen, die in diesen Tagen nicht zu den Opfern gehört haben. Aus der Sicht des Historikers Kurt Pätzold, der die Geschichte von Judenverfolgung und Genozid seit Jahren zum Gegenstand seiner Forschungen gemacht hat, wird daran anschließend der Platz des Pogroms in der deutschen Geschichte bestimmt und dokumentiert.

Noch Tage vor dem Pogrom des 9./10. November 1938 erwartete im faschistischen Deutschland und außerhalb seiner Grenzen kaum jemand *diesen* Ausbruch von antijüdischer Brutalität und Barbarei. Als er erfolgt war, herrschte über seine geschichtliche Zuordnung weithin Ratlosigkeit. Beobachter meinten, man müsse in deutscher Geschichte bis zum Dreißigjährigen Krieg oder in die Jahrhunderte des Mittelalters zurückdenken, um Vergleichbares aufzufinden. Liegt nicht gerade in jenem seinerzeitigen Zustand fassungsloser Überraschtheit auch ein Denkanstoß? Heute wird menschlicher Phantasie mehr denn je abverlangt, sich die schlimmste aller möglichen Entwicklungen von Menschheitsgeschichte vorzustellen. Zu einem einzigen Zweck: alle Kräfte zur Verhinderung eines atomaren Weltkrieges zu vereinen und aktivieren.

Dieses Buch wurde im Gedenken an die Opfer des antijüdischen Pogroms geschrieben, der dem millionenfachen Mord an den Juden Europas vorausging.

Berlin im Februar 1988

                        Kurt Pätzold   Irene Runge

Irene Runge

»Kristallnacht«
Fragen zur Rekonstruktion von Erinnerungen

Husemannstraße, Berlin, Prenzlauer Berg.
Die Frau aus New York fragt mich, ob auch ich an
jene denken müsse, die früher hier wohnten.
Wir sind ganz nahe der Synagoge.
Bitterkeit der Erinnerung.
Die Frau ist für einige Tage auf Besuch gekommen.
Nach Deutschland, wie sie sagt.
Nach Berlin, auch in diese Straße.
Irgendwo hier hat sie als Kind gespielt.
Aus den Fenstern sehen alte Frauen, so alt wie sie.
Ich könnte diese Frauen fragen, ob hier früher einmal
Juden gelebt haben. Aber ich frage nicht. Wozu diese
Flüchtigkeit?
Wie viele Schichten der Erinnerung mag es geben?
Was erzählen diese alten Frauen ihren Kindern und
Enkelkindern aus ihrem Leben in jener Zeit?
Es ist fünfzig Jahre her.
An die Filme damals erinnern sie sich vermutlich genau.

Was ist Erinnerung? Farben, Gräber, Bilder, Melodien,
Gerüche. Gefühle, die undeutlich geworden sind? Das
Gefühl ist keine verläßliche Kategorie.

Ich will aus dem Abstand der Zeit und der Generation wissen, wie es in jenem November 1938 war. Ich lebe seit meiner Kindheit mit den Erinnerungen derer, die überlebt haben. Was in dieser Zeit in Deutschland alltäglich gewesen ist, wissen sie nicht. Sie waren schon weg: inhaftiert oder emigriert.

Ich bin im Exil zur Welt gekommen.
Ich habe keine Familiengeschichten, in denen die Jahreszeiten in Deutschland eine Rolle spielen, die Hochzeiten, der Alltag.
Wie oft habe ich den Satz von der schwarzen Nacht gehört, die über Deutschland hereinbrach. Aber diese zwölf Jahre sind kein Naturereignis.

Manchmal scheine ich den Antworten nahe. Wie alle lerne ich, daß jene »Kristallnacht« Pogrom heißt. Den anderen Namen sollen ihr die Nazis gegeben haben. Oder war es der Volksmund?
Ich weiß von ausgebrannten Synagogen, zerstörten und geplünderten Geschäften, vom Terror.
Ich lese Zeitungen von damals.
Was hätte man erfahren können? Die Zeitungen haben alles überstanden, diese verzerrenden Zeitzeugen eines hinterlassenen Geschichtsbildes.

Heute müssen schon die Großväter Auskunft über damals geben, nicht mehr die Väter, nicht mehr die Söhne.
Wen soll ich fragen? Auch noch jene, die 1930 geboren sind?

Auch damals haben Menschen gehofft, geliebt, eingekauft, Kinder gezeugt. Sie haben gearbeitet. Sie haben sich vergnügt und hatten Angst, sie haben Bücher gelesen und Radio gehört. Es gibt eine Alltagskriminalität, die geahndet wird: Einbruch, Mord, Totschlag, Diebstahl, Heiratsschwindel. Es gibt Brandkatastrophen und Unfälle und kuriose Begebenheiten am Rande. Insgesamt ein Land, das weltweit für zivilisiert gehalten wird,

Deutschland, dieses Land mit großen kulturellen Traditionen.
Aus den Zeitungen der Zeit fallen mir Sätze entgegen. Die Worte passen nicht zu den Taten, die Bilder decken nicht die Erinnerungen. Aber auch die Erinnerungen halten der Prüfung nicht immer stand.

Der Pogrom 1938
Das Fremdwörterbuch übersetzt: »eigentlich Zerstörung (russ.)«. Ist das, was in Deutschland stattfindet, ein Pogrom? Ich habe gelernt, daß im zaristischen Rußland, in Rumänien, in Polen Horden angetrunkener Männer in die Ghettos, in die jüdischen Wohnviertel, einfallen. Sie verprügeln die Juden, brandschatzen, plündern und gehen wieder. Die Bürger und die Bauern müssen nicht zu Augenzeugen werden. Sie wohnen anderswo.
In Deutschland ist es anders in diesem November 1938. Also kein Pogrom? Eine »Reichskristallnacht«? Ein Terrorfeldzug? Eine Provokation? Ein geplantes Chaos? Es fällt mir schwer, an eine spontane Bewegung in Preußen zu denken. Und in Bayern?

Ich stelle mir diesen November 1938 vor: Es ist neblig, regnerisch, grau, trübe. Es heitert selten auf. Nachts fallen die Temperaturen fast auf den Gefrierpunkt, tagsüber halten sie sich bei etwa 10 Grad. Es wird früh dunkel. In den Zeitungen steht der Wetterbericht.
Plötzliche Erkenntnis: Ich habe mir dieses Deutschland immer dunkelgrau gedacht. Aber es gab die Jahreszeiten: Frühling, Sommer, Herbst und Winter.

Der 7. November fällt auf einen *Montag*. Am Wochenende hat laut Zeitung der »Führer« in Weimar über den Frieden geredet. Montags erscheinen nicht alle Tageszeitungen. Die Woche beginnt. Eine gewöhnliche Woche. Feiertage stehen nicht ins Haus, auch für die Juden nicht. Am Sonntag hat das »Jüdische Gemeindeblatt für Berlin« wie an jedem Sonntag die Gottesdienste der 18 Gemeinde- und zahlreichen Vereinssynagogen für die laufende Woche bekanntgegeben. In der Synagoge Lützowstraße gibt es eine Anlage für Schwerhörige. Eine normale Woche deutet sich an, wenn davon abgesehen wird, daß die Repressalien gegen Juden in diesem Jahr zugenommen haben. Im April 1938 leben in Deutschland 310000 Menschen, die sich zum Judentum bekennen. Bei der Volkszählung von 1933 waren es noch 503000.[1] Werden die, die das Gesetz von Nürnberg wieder zu Juden macht, gesondert gezählt?

Auch in dieser Woche wird man an die Arbeit gehen und vielleicht abends ins Kino. Wann wußten die ersten in Deutschland vom Attentat? Hat der Rundfunk die Meldung sofort durchgegeben? Die Abendzeitung erwähnt es nicht. Aber es ist die Rede von einer Mondfinsternis, die gegen dreiundzwanzig Uhr ihren Höhepunkt erreicht haben wird.

Am *Dienstag* kann es jeder wissen: In Paris hat ein junger Jude auf den dritten Botschaftsrat der Deutschen Botschaft geschossen. Wer kennt diesen Herschel Feibel Grynszpan, einen Emigranten? Wer weiß, daß seine Eltern seit 1911 in Hannover leben, bis sie wie weitere rund 17000 andere polnische Staatsbürger auf deutschen Befehl von einem Tag auf den anderen in das nicht aufnahmewillige Polen ausgewiesen werden? Von sechs Kindern sind drei früh gestorben. Eine arme Familie. Die Weltwirtschaftskrise 1929 führt in den Ruin. Nach 1933 kommt der Judenhaß zur Armut hinzu. Herschel Grynszpan, der eigentlich nach Palästina will, geht 1936 nach Paris. Er hat keine Aufenthaltsgenehmigung, keine Arbeitskarte, er wohnt bei Verwandten, wird am 15. August 1938 ausgewiesen. Wohin soll er gehen? Die Dachkammer, die ihm der Onkel zuweist, verläßt er nun vor allem abends. Herschel ist 17 Jahre alt. Das alles erfahren die Berliner Zeitungsleser nicht. Auch nicht, daß er am Anfang dieses Monats eine Postkarte bekommen hat. Seine Schwester schreibt:

»Lieber Herschel,

Du hast gewiß von unserem großen Unglück gehört. Ich gebe dir eine Beschreibung der Vorgänge. Donnerstagabend liefen Gerüchte umher, alle polnischen Juden ei-

1 Siehe: Juden unterm Hakenkreuz. Verfolgung und Ausrottung der deutschen Juden 1933–1945, Berlin 1973, S. 203.

ner Stadt seien ausgewiesen worden. Allerdings weiger-
ten wir uns, es zu glauben. Donnerstagabend um 21 Uhr
ist ein Schupo zu uns gekommen und hat uns erklärt, wir
müßten ins Polizeirevier kommen und unsere Pässe mit-
bringen. So wie wir waren, gingen wir alle zusammen in
Begleitung des Schupos zum Polizeirevier. Dort war bereits fast unser ganzes Viertel versammelt. Ein Polizei-
wagen hat uns sofort alle ins Rathaus gefahren. Alle
wurden dorthin gebracht. Man hatte uns noch nicht gesagt, worum es sich handelte, aber wir hatten gesehen,
daß es um uns geschehen war. Man steckte jedem von
uns einen Ausweisungsbefehl in die Hand. Wir sollten
Deutschland vor dem 29. Oktober verlassen. Man hat
uns nicht mehr erlaubt, nach Hause zu gehen. Ich hatte
gebeten, man lasse mich in die Wohnung zurück, um
wenigstens einige Sachen zu holen. Ich bin dann in Begleitung eines Schupos heimgegangen und hatte die
notwendigsten Kleider in einen Koffer gepackt. Und das
ist alles, was ich gerettet habe. Wir haben keinen Pfennig. Könntest du uns nicht etwas nach Lodz schicken?
Küsse von uns allen.   Berta«[2]

Was folgt, ist hinreichend dokumentiert: Herschel
Grynszpan kauft eine Pistole, geht frühmorgens zur
Deutschen Botschaft, verlangt, einen Diplomaten zu
sprechen. Er trägt einen hellen Mantel, einen dunklen
Anzug mit Weste, Krawatte. Man läßt ihn ein. Er wartet.
Als zwischen halb zehn und zehn Uhr morgens der dritte
Botschaftsrat Ernst vom Rath das Zimmer betritt,
schießt er mehrmals und verletzt ihn lebensgefährlich.
Festgenommen gibt er zu Protokoll, diese Tat soll auf
das Schicksal der Juden in Deutschland aufmerksam
machen.
In Berlin heult die Nazipresse auf und schreit nach Rache. Die »feige jüdische Mordtat« wird als »wohlvorbe-
reitete Tat, um den Beschluß einer jüdischen Clique, einen Vertreter des deutschen Reiches zu ermorden«, ausgegeben. Im Ausland wird gemunkelt, dies könne eine
deutsche Provokation gewesen sein, eine wie damals

2 Rita Thalmann/Emmanuel Feinermann: Die Kristallnacht,
Frankfurt (Main), 1987, S. 41.

der Reichstagsbrand. Das aber ist nicht zu beweisen.

In Deutschland stehen an diesem Dienstag, dem 8. November 1938, offiziell ganz andere Dinge im Mittelpunkt. Vor genau 15 Jahren hat Hitler mit einer Schar Gefolgsleute in München einen Putsch versucht. Ein lächerliches Unterfangen? Nur 15 Jahre später ist er der Mächtigste im Land. Ein schauriges Szenario mit Blutfahne und Fackelzug, Kernsätzen, Drohgebärden, Kameradschaftsabend und Aufmärschen, Kranzniederlegungen und Standarten, mit heldischer Musik und schlichter Kostümierung ist bis ins Detail inszeniert. Die Krönung des Abends ist eine »Führerrede« aus dem Münchener Bürgerbräukeller, jener Stätte, die sie »historisch« nennen. Zehn Millionen Radiohörer können dabeisein.

Man kann an diesem Abend auch ins Kino gehen. »Kautschuk« mit Renè Deltgen ist gerade angelaufen, »Chicago« in Originalfassung zu sehen, Zarah Leander, Paul Hörbiger, Marika Rökk und Heinrich George locken wie viele andere Namen in die Kinos. Die 408 Berliner Filmtheater hatten bis September fast 49 Millionen Zuschauer. Ein Rekordjahr, wie es heißt. Die letzte Vorstellung beginnt allabendlich gegen neun. In Berlin annoncieren über 30 Theater. Schauspiel und Oper, Operette und Kabarett sind gut besucht. Überall gibt es Tanzdielen und Ballsäle, Restaurants und Kneipen. 6000 Billardtische stehen zur Verfügung. Und natürlich wird Sport getrieben, der meistens Leibesertüchtigung heißt. Und dann gibt es Veranstaltungen, Versammlungen und Museen. Was machen die ärmeren Leute außerhalb der Arbeit? Lesen sie Zeitung? Haben sie ein Radio? Dort spielt man dem Tage angemessen heldische Musik, Marschmusik, Militärmusik, getragene Musik. Viel Wagner.

Am Dienstag wird in der Zeitung auch an den 16. und 20. November erinnert: Bußtag und Totensonntag. Der S-Bahn-Verkehr soll verstärkt werden. Lesen die Berliner die »Berliner Morgenpost«, die 880000 Exemplare verkauft? Der »Völkische Beobachter« erscheint mit 580000. Allein 300000 davon gehen nach Berlin. Am Dienstag ist der Attentäter zu sehen: Die Zeitungen bringen Fotos. Ein schmaler junger Mann. Die Zeitungsunterschriften machen ihn zum skrupellosen Mörder. Auch der 29jährige Ernst vom Rath ist abgebildet. Und die Verwandten Herschels: Onkel Abraham und Tante Chawa.

Im Zusammenhang mit dem Attentat erinnern die Zeitungen daran, daß 1936 in der Schweiz der junge David Frankfurter auf den Naziführer Wilhelm Gustloff geschossen hat: Mit dieser Tat versuchte auch er, auf die Lage der Juden in Deutschland aufmerksam zu machen.

Die deutsche Presse stellt auf die ihr offiziell vorgegebene Art Zusammenhänge her. Entsprechend den Anordnungen entwickelt sie propagandistisch ausbaufähige Behauptungen: Zwischenfälle wie dieser machen es notwendig, legal und prinzipiell zu reagieren. Die Medien sind Helfershelfer in der Legitimation von Terror und Gewalt. Terror und Gewalt werden im Namen einer Idee gerechtfertigt, die Deutschland genannt wird.

Die Demagogie trifft auf eine Mischung aus Furcht vor der Obrigkeit, auf Angst vor Bespitzelung, Mißtrauen, Einschüchterung. Die emotionale Ablehnung der Nazis führt nicht selbstverständlich zum organisierten Widerstand, erschöpft sich aber auch nicht im mißbilligenden Schweigen, sondern schafft Beispiele einer alltäglichen privaten Solidarität, die selten in den Annalen der Zeit erscheinen.

Das Wetter ist bedeckt bis trübe, gelegentlich aufheiternd, fast mild. Aus München verlangt der »Führer« die Kolonien zurück und spricht vom Frieden, der bald zum Krieg werden wird. Das Attentat erwähnt er an diesem Dienstag nicht. Hat sich jemand darüber gewundert?

Am nächsten Tag steht es in den Zeitungen. Der *Mittwoch*, der 9. November, ist ein Gedenktag. In München zumindest sind Geschäfte und Schulen geschlossen. Die »Berliner Morgenpost« schreibt vom »frechen Zynismus des jüdischen Mordbuben«, der nunmehr und durchgängig Herschel Grünspan heißt. In Kurhessen ist es zu »spontanen Demonstrationen der Bevölkerung« gekommen, die sich gegen »jüdische Geschäfte und Einrichtungen« wandten. Auf zwei Seiten prangert blutrün-

stig der »Völkische Beobachter« den »jüdischen Mord-
anschlag«, »Die jüdische Bluttat von Paris« an. Unzufrieden ist man mit der reservierten Reaktion eines Teils der
französischen Presse. Doch die dortige Regierung ver-
hält sich deutschen Erwartungen gemäß.
Der Mittwoch ist voll und ganz den Ereignissen in München gewidmet. Der Tagesablaufplan steht in den Zeitungen: Vom Bürgerbräukeller, wo sich die alte Garde
trifft, geht der Marsch in Richtung Feldherrnhalle. Alles
wie damals am 9. November 1923, nur viel pompöser:
»Schon lodern die Flammen der Phylonen.« Göring
kommt kurz vor zwölf. Danach geht es los. Der »Opfer-
gang« führt durch die Stadt. Hunderttausende stehen ju-
belnd Spalier. Es folgen die Kranzniederlegung Hitlers,
das »Trauerschweigen«, dann der »Triumphmarsch«.
»Kompanie um Kompanie«, ein »letzter Appell«. Die
Rundfunkhörer können wieder dabeisein. Auch am
Abend, beim »kameradschaftlichen Beisammensein im
Festsaal des Alten Rathaus«. Den Abschluß dieses Tages bildet die Vereidigung der Rekruten der SS-Verfü-
gungstruppe und der SS-Totenkopfverbände vor der
Feldherrenhalle: 10 600 junge Männer in München. Im
gesamten Land sind es 40 000. Himmler nimmt die Vereidigung vor. Hitler spricht knapp von der Ehre, die Treue
heißt. Goebbels ist einer der Ehrengäste. Mitternacht ist
vorbei. Anschließend feierliches Konzert im Radio.
Nach 50 Jahren erinnert sich kaum jemand dieses orgia-
stischen Aufmarschs. Niemand denkt an die 16fachen
Salutschüsse für die »Toten der Bewegung«; wer interessiert sich heute für 600 Standarten, die zur Inszenierung dieser kultischen, gespenstisch anmutenden und
doch verführerischen Kulisse gehörten? Das sind nicht
einmal Fußnoten der Geschichtsschreibung.

Das Lodern der Flammen in dieser Nacht wird unverges-
sen bleiben: Es sind Synagogen, die den Morgenhimmel
anstrahlen, nicht die Fackeln der Altgarde.

Forthin werden wir jener Nacht gedenken.
Vor dieser Nacht liegen fast sechs Jahre Leben in Nazideutschland, sechs Jahre Staatsdoktrin und -praxis mit

Judenhaß, Kommunistenhaß, Sozialdemokratenhaß, Haß auf Zigeuner, Freimaurer und Homosexuelle, Haß und Verfolgung aller Andersdenkenden und Anderslebenden. Diese Jahre sind Zeit des Wegduckens, der Anpassung, Gewöhnung, der Gleichgültigkeit, der Angst, aber auch der Hilfe und des Widerstands. Diese Novembernacht ist nicht allein Ausgangspunkt und Umschlag, sondern auch Zwischenbilanz des Grauens. Es ist die Nacht vom Mittwoch auf den Donnerstag, vom 9. auf den 10. November.

Später wird sie als »Reichskristallnacht« bezeichnet werden.

Andere sagen Pogrom. Oder schweigen.

Es ist kühl, aber nicht kalt. Es ist neblig.

Um Mitternacht sind die Entscheidungen gefallen.

Die Aktionen werden ihren Verlauf nehmen. Die Nachwelt rekonstruiert. Rekonstruiert wird auch das Ereignis: Wer hat die Befehle erteilt? Wer hat sie entgegengenommen? Wie wurden sie umgesetzt? Was sind die Ergebnisse? Viele der Tatsachen sind dokumentiert.

Der Nachwelt liegen Aussagen vom Nürnberger Prozeß vor. Die Nachwelt kann Biographien lesen.

Die Nachwelt besitzt das Fernschreiben aus Berlin. Der Chef der Geheimen Staatspolizei, Heinrich Müller, gibt um 23.55 Uhr an alle nachgeordneten Dienststellen durch:

»1. Es werden in kürzester Frist in ganz Deutschland Aktionen gegen Juden, insbesondere gegen deren Synagogen, stattfinden. Sie sind nicht zu stören, jedoch ist im Benehmen mit der Ordnungspolizei sicherzustellen, daß Plünderungen und sonstige besondere Ausschreitungen unterbunden werden können.

2. Sofern sich in Synagogen wichtiges Archivmaterial befindet, ist dies durch eine sofortige Maßnahme sicherzustellen.

3. Es ist vorzubereiten die Festnahme von etwa 20 000–30 000 Juden im Reiche. Es sind auszuwählen vor allem vermögende Juden. Nähere Anordnungen ergehen noch im Laufe dieser Nacht.

4. Sollten bei den kommenden Aktionen Juden im Besitz von Waffen angetroffen werden, so sind die schärf-

sten Maßnahmen durchzuführen. Zu den Gesamtaktionen können herangezogen werden Verfügungstruppen der SS sowie Allgemeine SS. Durch entsprechende Maßnahmen ist die Führung der Aktionen durch die Stapo auf jeden Fall sicherzustellen.«[3]

Eindeutig ist, daß die Aktionen jener Nacht im wesentlichen *einem* Verlaufsmuster folgen. Wann ist das damals aufgefallen? SA- und SS-Leute in Zivil haben zugeschlagen. Nur sie? Und die Hitlerjugend? Die Historikerin Thalmann schreibt, daß die Anordnungen der SA-Führer über die der Gestapo aus Berlin hinausgegangen sind, daß bei der Zerstörung der Synagogen auch die »Sicherstellung der Kultgegenstände« und die Anwesenheit der Feuerwehr signalisiert wird — »zum Schutz der nahe liegenden ›arischen‹ Häuser«. Thalmann schreibt weiterhin: »Die SA-Führer erteilen ausdrücklich den Befehl, die jüdischen Geschäfte zu zerstören und an diese sowie an die zerstörten Synagogen ein Schild anzubringen mit der Aufschrift: ›Rache für Mord an vom Rath. Tod dem internationalen Judentum! Keine Verständigung mit Völkern, die judenhörig sind!‹« Und sie rekonstruiert: »... die Hauptführer der SA, die am Kameradschaftsabend ... anwesend waren, (gingen) nach Ende der Veranstaltung gegen 23 Uhr in ihr Quartier, ins Hotel Rheinischer Hof, zurück ... und (gaben) ihren Gauleitungen die Anweisungen für den Pogrom telefonisch durch.«[4] Aber wie? Und um wie viele Führer handelte es sich? Das »Deutsche Reich« ist in über 40 Gaue gegliedert. Da waren die Frauen in den Telefonzentralen, Funker und Empfänger. Hat man notiert, was durchgesagt worden ist? Haben die Hauptführer direkt mit den Diensthabenden in ihren Orten gesprochen? Und dann? Wie ist es weitergegangen?

Nicht in jedem Ort lebten Juden. Der Pogrom findet vor allem in Städten statt. Wußten die Männer der SA, daß etwas geschehen würde? Haben sie geschlafen, weil sie

3 In: Verfolgung, Vertreibung, Vernichtung. Dokumente des faschistischen Antisemitismus 1933 bis 1942. Leipzig 1983, S. 168/169.
4 Rita Thalmann/Emmanuel Feinermann: Die Kristallnacht, S. 83, 82.

tagsüber arbeiteten? Hat man sie angerufen? Gab es Telefone in den Arbeiter- und Angestelltenhaushalten? Wurden sie von Männern auf Fahrrädern aus den Betten geklingelt? Sie sammelten sich, erhielten Order, drangen in Synagogen ein, gossen Benzin über die Holzverkleidungen. Auf diese Weise brannte die Inneneinrichtung schnell aus. Wie viele Männer braucht man dazu? Und die Nachbarn? Da haben vielleicht Lastautos gehalten. Das Klingeln muß zu hören gewesen sein, das Treppauf-Treppab. Türenknallen, Krach, Rauch, Feuer, Geschrei. »Das hat alles seine Richtigkeit«, wurde der Berlinerin, mit der ich spreche, gesagt, als sie die Feuerwehr alarmierte.

Über Kompetenzen und Differenzen zwischen Gestapo, SA, SD, SS, NSDAP erfährt der Zeitungsleser von damals nichts. Vielleicht informiert er sich bei den Sendern Prag, London und Straßburg? Gingen die SA- und SS-Männer nach den Synagogen auf die Geschäfte los? Waren es die gleichen Männer? Liefen sie von den Synagogen zu den Geschäften? Beispielsweise in Berlin: Da waren Entfernungen zu überwinden. Woher wußten sie, daß die Geschäfte jüdisch waren?

Ich sehe Bilder vor mir: Männer in Uniform, mit haßverzerrten Gesichtern, klirrende Scheiben, einer steckt etwas in die Tasche, die Polizei schützt die Aktion, Menschen, die verbittert zusehen. Doch das ist Kino, nachgestellte Wirklichkeit. Laut Befehl sollten sie keine Uniformen tragen. Sie waren jung. In welcher Verfassung schlagen junge Männer Scheiben ein, in welcher Verfassung zertreten sie Bilder, zerreißen sie Kleidung, zertrümmern sie Möbel, Schreibmaschinen, Lampen? Wie kommen sie dazu, wehrlose Männer, Frauen und Kinder zu verprügeln, mitten in der Nacht? Wie fühlen sie sich, wenn sie Wohnungen verwüsten und Menschen anschreien? Können sie das als Pflichterfüllung mit sich selbst verrechnen? Wer sind diese Männer? Ich will mehr über sie erfahren, mehr von jenen über zwei Millionen Mitgliedern dieser SA, mehr über die Zivilen, die Unbeteiligten, die Zuschauer.

In Hanau soll es so gewesen sein: »Am Vormittag des 10. wurden … zunächst in schnellen Aktionen, bei denen

17

die Durchführenden völlig unerkannt blieben, Synagogen und jüdische Geschäfte beschädigt. Natürlich strömten überall dahin, wo es Lärm gab, zahlreiche Neugierige. In die immer größer werdenden Ansammlungen mischten sich einzelne Parteiführer, brachten die Stimmung durch geschickte Hetzreden in dumpfe Bewegung, warfen immer kräftigere Worte in die Menge und steigerten die Erregung schließlich so, daß der erste von ihnen mitgebrachte Stein geradezu wie eine natürliche Entladung gegen die Synagoge oder das Schaufenster flog. Damit war der Bann gebrochen, die Menge begann zu stürmen und in das Innere der Synagogen, Geschäfte und Wohnungen einzudringen ...«[5]

Man hat die SA-Leute in ihren Wohngebieten wüten lassen und sie auch an andere Orte gefahren. Kannten sie einander? Wurden sie erkannt?

In Deutschland sollen 7500 Geschäfte zerstört worden sein. Die glatten Zahlen machen mißtrauisch. 281 Synagogen wurden ausgebrannt oder demoliert. Wir wissen nicht, wie viele Wohnungen verwüstet worden sind. Mindestens 90 Juden haben diese Nacht nicht überlebt. Die genaue Zahl der Opfer kennen wir nicht. 7500 Geschäfte. Wie viele davon in Berlin? Am 11. November wird über jene Nacht informiert werden. Fast harmlos heißt es im »Angriff«: »Das Klirren der berstenden Scheiben und das Krachen der eingeschlagenen Türen war übrigens so ziemlich das einzige Geräusch, das während ein paar Stunden in diesen judenreichen Straßen zu hören war ... Sonst ging alles ziemlich schweigsam vor sich.« Und: »Als heute morgen die Berliner zu ihren Arbeitsstätten gingen, zeigte *jeder* jüdische Laden das gleiche Bild: die große Fensterscheibe war eingeschlagen, das Glas dieser Scheibe in unzählige allerkleinste Splitter zertrümmert. Die Auslagen in den Schaufenstern waren zum größten Teil durcheinandergeworfen, man sah aber, daß an ihnen nichts fehlte ...«

Alle Geschäfte? Vielleicht 1000 in Berlin? Sind die Trupps von Laden zu Laden gezogen, wie viele Stunden

5 Hermann Graml: Der 9. November. »Reichskristallnacht«. Schriftenreihe der Bundeszentrale für Heimatdienst (Bonn), 1957, H. 2, S. 30.

dauerte es? Sie müssen nach Rauch gerochen, staubig, schmutzig gewesen sein. Sie sind an diesem Tag nicht zur Arbeit gegangen, an diesem Donnerstag, dem 10. November.

»Nach den nächtlichen antijüdischen Demonstrationen der Berliner Bevölkerung ... sind nun von heute auf morgen mit einemmal die jüdischen Geschäfte gekennzeichnet! Geräumte Auslagen, zertrümmerte Fensterscheiben und Schaukästen sind die *neue Visitenkarte der Judenläden*, die bestimmt besser wirken dürfte, als der vielfach geforderte, aber niemals angebrachte Hinweis ›Jüdisches Geschäft‹. Im ganzen Berliner Westen, wie überall auch sonst ... ist kein Schaufenster eines jüdischen Geschäfts heilgeblieben.« Und in den Arbeiterbezirken, behauptet der »Völkische Beobachter«, habe es Verwunderung gegeben: »Nanu, das ist ein jüdisches Geschäft gewesen?«

Plünderungen waren strengstens verboten. Sie paßten nicht ins Bild. In diesem Sinne berichtet der »Völkische Beobachter« von der Bestrafung des 21jährigen Wilhelm Klein wegen Plünderung: »Mit dieser *unverantwortlichen Tat* hat er ... den Kampf gegen das Judentum und die Aktion vom 9. November in unerhörter Weise herabgewürdigt.« Dem Zeitungsleser wird Recht demonstriert. Mordfälle untersucht und vertuscht das Oberste Parteigericht: »... man rechnete ... nicht etwa den Mord, sondern nur die Disziplinlosigkeit an.«[6] Bei Vergewaltigung geht es um die Ahndung der »Rassenschande«.

Elf der vierzehn großen Berliner Synagogen mit je über 1 000 Plätzen sind ausgebrannt. Wir wissen nicht, wie viele kleinere Synagogen und wie viele Betstuben in dieser Nacht zerstört wurden.

Alle, die ich frage, erinnern sich an das Glas, über das sie gehen mußten, auf dem Weg zur Schule beispielsweise: »Ich war acht Jahre. Ich erinnere mich an ein Gefühl. Ich sehe mich in Adlershof stehen, an der Ecke, wo der kleine Wäscheladen war, neben dem Fleischer, wo wir immer einkauften. Ich sehe mich in einer Menge Passanten. Ich erinnere mich an das Gefühl der Beklom-

6 Ebenda, S. 53.

menheit und daran, daß zwei oder drei Männer die Sache rechtfertigen wollten. Da war so ein Rein- und Rausgehen aus dem Laden. Die Tür war eingetreten. Waren die Fenster eingeworfen? Stand da JUDE? Ich weiß nicht genau. Nur an dieses Gefühl, daran erinnere ich mich genau. Und daran, daß ich gehört hatte, ein Deutscher ist in Paris erschossen worden. Sicherlich fand ich das schlimm: So ein gutaussehender Mann, und adlig, das tut man nicht. Vielleicht habe ich den Attentäter für verschlagen gehalten. Ich weiß es nicht mehr.«

Immer denke ich an eine dunkle Nacht. Aber es ist längst Tag! Aus der »Pariser Tageszeitung« können die deutschen Emigranten mehr erfahren: »Überall ... das gleiche furchtbare Schauspiel: Die Bürgersteige bedeckt mit Glassplittern, ein Durcheinander von Waren und vor jedem Geschäft Gruppen von Neugierigen, die die Ereignisse kommentieren. Das in der Nacht begonnene Zerstörungswerk wurde am Donnerstag fortgesetzt. Jetzt spielten sich die Zerstörungs- und Plünderungsszenen hauptsächlich in der Friedrichstraße ab. Überall wurden die Schaufensterscheiben der jüdischen Geschäfte zerschlagen und die Inneneinrichtung demoliert. Die Münzstraße am Alexanderplatz, wo sich zahlreiche jüdische Geschäfte befinden, bietet ein jammervolles Bild ... Die Ausschreitungen (setzen sich) am Nachmittag und namentlich bei Einbruch der Dunkelheit fort und nehmen vielfach den Charakter ausgesprochener Plünderungen an ... Die Menge beobachtet schweigsam die Vorgänge. Von Zeit zu Zeit bringt ein Schupo eine Person zur Wache, die wohl eine für deplaziert gehaltene Bemerkung gemacht hat. Kein Jude zeigt sich auf den Straßen und in den Läden ... Hunderte von Menschen wohnten unbeweglich den Ereignissen bei ... Dennoch liest man von zahlreichen Gesichtern sehr gemischte Gefühle und oft Zeichen einer großen Trauer.«

Immer hatte ich vermutet, da wäre Applaus gewesen. Nie ging ich so weit zu fragen, wie aus der Mischung von Befehl, Terror und Gewalt sowie Angst und Gehorsam jenes soziale Milieu entsteht, in dem solche Ereignisse massenhaft geduldet werden. Die Bevölkerung

reagierte verschieden: »Auf dem Lande reicht hier die Skala der Formen von schroffster und unmißverständlich ausgesprochener Ablehnung der gesamten Einwohnerschaft eines Dorfes oder eines Marktfleckens über die zögernde, schwer zu weckende oder auch freudige, rasch gewonnene Teilnahme kleinerer Gruppen bis zur begeisterten Zustimmung, zum begeisterten Mitmachen des überwiegenden Teiles der Bevölkerung. In den Städten fanden die Nationalsozialisten natürlich immer zahlreichen Mob, der sich mit Lust und Liebe am Zerstörungswerk beteiligte. ... Doch offensichtlich stand gerade in den mittleren und großen Städten die Mehrzahl ihrer Einwohner den Ausschreitungen feindselig gegenüber. Überall aber, auf dem Land so gut wie in den Städten, bildeten schaulustige Massen einen äußerst wirkungsvollen Hintergrund für das düstere Treiben.«[7]
In der Emigrantenpresse steht, daß etwa 300 Nichtjuden verhaftet wurden. Bewiesen wird es nicht. Vielleicht macht es den Lesern Mut.

Kann sich jemand in Paris, Prag, London, New York vorstellen, was zeitgleich in Berlin und ganz Deutschland öffentlich geschehen ist? Ist Deutschland immer noch ein zivilisiertes Land?

Der Alltag wird nicht unterbrochen. Am *Mittwoch* ist es scheinbar wie immer. Zum 100. Male spielt Gründgens vor ausverkauftem Haus den »Hamlet«, in der Volksoper hat Glucks »Alceste« Premiere, und Herbert von Karajan dirigiert meisterhaft, wie die Kritik der kommenden Tage hervorhebt, »Tristan und Isolde«. In der »Volksbühne« gibt es Hauptmanns »College Crampton«. Die Kinos spielen. Berlin ist Reichshauptstadt, Großstadt, Weltstadt. In den Arbeiterbezirken sind die Kneipen geöffnet.
Das Wetter verlockt nicht zum Spazierengehen.
Der nächste Tag ist wieder ein Arbeitstag. Dazwischen liegt jene Nacht, an die die Nachwelt sich erinnern wird: Die »Reichskristallnacht«, die in diesen Tagen noch »Ereignis« heißt und in der Presse mit Genugtuung vorgeführt wird.

7 Ebenda, S. 43.

21

Am *Donnerstag* sieht die Stadt anders aus.

Wie verhalten sich Menschen, wenn sie frühmorgens an zertrümmerten Geschäften vorbeigehen? Es hat ein Unbehagen gegeben, sagen die, die ich frage. Und ein Schweigen aus Angst. Und alle, die ich frage, wußten, was geschehen war. Und alle sagen mir, es war die SA, »der Mob«. Und sie sagen es mit Verachtung. Was hat diesen Rausch bewirkt, diese Wut, diese Brutalität, die Kraft, die es braucht, um stundenlang zu zerstören? Hat man darüber gesprochen? Die Kinder untereinander? Die Eltern? Nachbarn, Arbeitskollegen? Es ist anders gewesen als heute, sagen die, die sich erinnern. Da gab es diese unglaubliche Angst vor Bespitzelung, vor dem »Blockleiter«, vor dem Nachbarn, ein ungefähres Wissen um das Schicksal jener, die zuviel gesagt hatten.

Das Sichtbare hatte vor allem Adressaten: jüdische Geschäfte, Synagogen. Man merkt sich Fakten: den Juwelierladen in der Schönhauser Allee, Nähe Ecke Danziger Straße (Dimitroffstraße). Man merkt sich ein Bild: das Glas und die Leute, die mittags darin wühlen, um vielleicht doch noch einen Edelstein zu finden.

Und die Juden? Sie erinnern sich genau, schmerzlich genau.

Aufwachen und besser nicht in die Schule gehen.

Aufwachen und keine Arbeit mehr haben.

Aufwachen und kein Geschäft mehr besitzen.

Herausgeprügelt werden. Verhaftet werden. KZ. Die Perspektive des Lebens schrumpft auf Überlebenshoffnung.

Hätte man gehen sollen? Aber wohin?

In den Zeitungen stehen die Ereignisse des gestrigen Tages: Unfälle, Blick hinter die Kulissen, Hehlereien, auch hin und wieder ein Mord. Da sind Rätsel zu lösen und der Fortsetzungsroman zu lesen. Sport findet statt, und die Börse ist in Bewegung gekommen. Für den »Eintopfsonntag« bietet vormals Wertheim Lebensmittel an. Man raucht auch Juno. Die »Broadway Follies« gastieren. In Mitteleuropa gab es ein Erdbeben, besonders in Wien. Auch in Chemnitz und Jena war es zu spüren.

Am Donnerstag äußert sich Goebbels im »Völkischen

Beobachter«: »Die berechtigte Empörung des deutschen Volkes ... hat sich in der vergangenen Nacht in umfangreichem Maße Luft verschafft. In zahlreichen Städten und Orten des Reichs wurden Vergeltungsaktionen gegen jüdische Gebäude und Geschäfte vorgenommen. Es ergeht nunmehr an die gesamte Bevölkerung die strenge Aufforderung, von allen weiteren Demonstrationen und Vergeltungsaktionen gegen das Judentum, gleichgültig welcher Art, sofort abzusehen. Die endgültige Antwort auf das jüdische Attentat in Paris wird auf dem Wege der Gesetzgebung bzw. der Verordnung dem Judentum erteilt werden.« Und: »Wenn trotz der so berechtigten Wut aller Deutschen keinem Juden ein Haar gekrümmt wurde, so mag man das in der Welt der Diszipliniertheit des deutschen Volkes zugute halten. Auf jeden Fall soll nicht versäumt werden, nachdrücklichst darauf hinzuweisen, daß bei einer neuen Herausforderung durch das Weltjudentum das deutsche Volk kaum wieder so glimpflich mit den Verbrechern abrechnen wird.«

Am gleichen Tag verbietet Himmler den Waffenbesitz für Juden. Zuwiderhandlung wird mit KZ bestraft.

Die Zeitungen berichten in der ihnen eigenen Manier. Sie zählen Ereignisse auf: »spontane« Kundgebungen in Stettin, Eberswalde, Landsberg (Warthe), Stuttgart, Frankfurt (Main), Leipzig, Hannover, München, Wien, Reichenberg. »Am Vormittag des 10. November gingen die Synagogen in Eberswalde, Angermünde, Bad Freienwalde, Wriezen an der Oder und Strausberg in Flammen auf«, summiert der »Völkische Beobachter«.

Ich versuche, mir Berlin vorzustellen. Aber Angermünde? In Angermünde konnte sich niemand verstecken, niemand zusehen, ohne gesehen zu werden. Was wußten sie in Angermünde? Hörten sie dort auch die Sender Straßburg, London und Prag? Sie werden dort keine liberale Auslandspresse bekommen haben, wie dies in Berlin noch möglich war. In Angermünde könnte es noch schlimmer gewesen sein. In Angermünde muß man die jungen Männer gekannt haben, die die Synagoge in Brand gesteckt haben. Oder kamen sie aus anderen, fernen Orten?

Am *Freitag*, dem 11. November, wird im Berliner Marmorhaus erstmals das »köstlichste Lustspiel Amerikas« aufgeführt: »Wie leben wir doch glücklich.« Die erste Vorstellung beginnt um dreiviertel sieben, die zweite um viertel zehn. Das Marmorhaus am Kurfürstendamm muß von zertrümmerten Läden umgeben gewesen sein. Am Vortag war Hitler zur Namensgebung bei der Familie Heß. Am Vortag hatte die Trauerfeier in Paris stattgefunden: Ernst vom Rath ist am 9. November den Verletzungen erlegen. Die Zeitungen veröffentlichen ihnen genehme ausländische Reaktionen.
Das S-Bahn-Netz soll erweitert werden.
Wie las sich damals Goebbels' Aufruf zur Beendigung der Aktion? Beruhigte er, weil nun das Gesetz ordnend eingreifen sollte? Wer ahnte damals, was das bedeuten würde?
Und die Juden? Welche Alternative hat es für sie gegeben? Flucht? Emigration? Untergrund? Widerstand? Aber wie? Und die armen, unbemittelten Juden? Wie kommt man zu einem Visum und Paß, wenn man in Angermünde wohnt? Ist vorstellbar, daß auch Juden noch immer nicht glauben wollten, was ihnen geschah? Da gab es jene, die sich deutsch gewähnt hatten: »Ich war, als ich die Nürnberger Gesetze gelesen hatte, nicht jüdischer als eine halbe Stunde zuvor.«[8]
Am Freitag, dem 11. November, gibt es kaum noch Synagogen in Deutschland. Aber es gibt Juden. Haben die Frauen am Abend die Kerzen gezündet, die Männer das Brot gebrochen, wurden Segenssprüche gesagt? Wo befanden sich die 20000 bis 30000 verhafteten Männer in diesem Augenblick? Und die Verletzten, die Gestorbenen, die Erschlagenen, die Verwirrten, was ist mit diesen gewesen? Und die Nachbarn?

Ich kann mir nicht vorstellen, daß das Leben einfach

8   Jean Améry: Jenseits von Schuld und Sühne. Bewältigungsversuche eines Überwältigten, München 1966, S. 135.

weitergegangen ist mit Kino und Tanz und dem Bier an der Ecke. Auf den Straßen lagen die Scherben.

In der Zeitung wurde über die geplante Umgestaltung Berlins berichtet. Und der »Stürmer« zeigt Pfarrer Schön an wegen »Judentaufen« in der Gethsemane-Kirche für Max Binkowsky, dessen Frau und drei Kinder aus der Schönhauser Allee 56 in Berlin. Eine »Einheitsfront in der evangelischen Volkskirche gegen Volksschädlinge« wird erwähnt. Was war das?
Wieder das Rätsel, der Fortsetzungsroman und neue Briefmarken. Einfach so, ein Freitag? Noch kein Wochenende. Am Sonnabend wird gearbeitet. Er ist der Ruhetag, Sabbat, für die traditionsbewußten Juden.
Auch »Fidelio« ist auf dem Spielplan.
Die Temperaturen gehen etwas zurück, zeitweilig regnet es. Ging man allmählich zur Tagesordnung über? Ein Berliner Arbeitersportler, den ich frage, sagt: »Was hätte man denn machen sollen? Die normalen Leute, die waren nicht dafür. Die haben dann den Arm gehoben, wenn so ein Trupp kam. Wir haben versucht, in einen Hausflur zu gehen. ›Kristallnacht‹: Da lag alles herum, Bücher und so. Und überall die Sterne, die hatten sie überall hingeschmiert. Das konnte man nicht übersehen. Genauso war's, wie in den Filmen, die man heute darüber sieht. Die Leute sind vorbeigegangen, haben weggesehen, sich ihren Teil gedacht. Die Verhaftungen, die gingen ja 33 los. Da war dann 38 auch nichts mehr zu machen. Manche sind zuerst mit uns marschiert, dann waren sie plötzlich Nazis. Die haben einen auch nicht gleich angezeigt, so war das auch nicht. Die wollten eben was werden.«
Ich unterschätze die Dimension der Angst.
Ich will sie als Feigheit erklären. Feigheit? Warum weiß ich nicht, was damals Angst und was Mut bedeuten:
»Zu der Hochzeit der Tochter des Gastwirts Kleinemeier von Barenfell (Krs. Wiedenbrück) wurde auch ein Jude eingeladen«; »Frau Elisa Brandt, wohnhaft in der Marchandstraße 4 zu Stettin, war bei dem Judenarzt Dr. A. Michaelis in Zülchow in Behandlung«; »Die Ehefrau Marie Scheraus, wohnhaft in der Scharnhorststraße 11

zu Pforzheim, geht mit der Jüdin Gottschalk auf den Wochenmarkt«; »Der Vg. Karl Leicht aus Suhl begrüßte den Juden Rehbock freundlich und schüttelte ihm die Hand«. Wöchentlich reihenweise, listenweise Denunziationen. Jeder konnte das lesen. Der »Stürmer« veröffentlicht unter der Rubrik »Was das Volk nicht verstehen kann«, was eifrige Gefolgsleute ihm zutragen.

Was mag aus diesen Frauen und Männern geworden sein? Wie haben sie die Novembernacht erlebt?

Am *Sonnabend*, dem 12. November, ergeht eine »Letzte Mahnung an das Judentum der Welt«. Goebbels faßt in einem ausgedehnten Leitartikel des »Völkischen Beobachter«, den die meisten Zeitungen ganz oder ausschnittweise nachdrucken, das Geschehen zusammen. Er hetzt, verleumdet, verdreht, spekuliert.

Er stellt Fragen, will Hintermänner des Attentats entlarven, bemüht die »erschöpfte Geduld« als Grund für die »Reaktion auf den feigen Meuchelmord«. Dann die Feststellungen, die auf Ruhe und Ordnung im Lande und rechtliche Schritte gerichtet sind. Am Vortag hat er 150 Vertreter der Auslandspresse empfangen und sich über die Berichterstattung beschwert, er »verwahrte sich gegen die maßlosen Entstellungen und Übertreibungen in einem gewissen Teil übelwollender Auslandspresse«.

Gerade ist die Ausstellung »Der ewige Jude« im Reichstag eröffnet. Zuvor wurde sie mit großem Erfolg in München und Wien gezeigt. Für Berlin und die Vororte wird der »Kirchenzettel« veröffentlicht: Wann finden welche evangelischen und katholischen Gottesdienste statt. Bußtag und Totensonntag stehen ins Haus.

Neue Bücher sind auf dem Markt. Die Sonnabendbeilage der »Morgenpost« ist farbig. Kemal Atatürk ist gestorben. Beileidstelegramme sind unterwegs.

Und dann die Judenhetze: »Der Jude ist international und volksfeindlich, wo er auch steht. Das ist nationalsozialistische Erkenntnis, und danach wird jeder Jude von Stund an ohne Gnade behandelt. Er hat es so gewollt«, schreibt der »Völkische Beobachter«. Angekündigt wird: »Alle jüdischen Geschäfte in kürzester Frist deutsch!«

Und die Menschen, denen die Geschäfte gehören, die in den Geschäften arbeiten, in ihnen einkaufen? Und ihr Alltag?

In der »Pariser Tageszeitung« liest man dieser Tage: »Der Vernichtungsfeldzug gegen die deutschen Juden wird mit aller Schärfe weitergeführt ... Aus Leipzig wird berichtet, daß sich dort so gut wie alle männlichen Juden in Haft befinden. Überall werden die Bahnhöfe bewacht und jüdisch aussehende Personen angehalten. Das Leben der deutschen Juden ist zu einer Hölle geworden. In unbeschreiblicher Aufregung und Verzweiflung verbringen sie die Nächte, jedesmal entsetzt auffahrend, wenn die Klingel an der Wohnungstür schellt. Viele wagen sich nicht in ihre Behausungen zurück und irren frierend und hungernd herum ...«

Massenhaft sind auch jüdische Ärzte verhaftet. In den jüdischen Krankenhäusern bricht die medizinische Versorgung fast zusammen. Auch zahlreiche Rechtsanwälte sind verhaftet. Kein Rechtsbeistand mehr im Unrechtsstaat für Juden. 20 000 bis 30 000 jüdische Männer in Gefängnissen und Konzentrationslagern.

Tagebucheintragung Goebbels: 12. November 1938 (Sa.) »Gestern: nach Ankunft gleich nach Schwanenwerder. Magda hat Geburtstag. Es ist sehr nett. Die Kinder führen ein herziges kleines Theaterstück auf. Viel zu tuen. In Berlin ist in der Nacht alles ruhig geblieben. Die Juden haben sich bereiterklärt, für die Schäden des Tumults aufzukommen. Das macht in Berlin allein 5 Millionen Mk. Das ist ein ganz guter Aderlaß. Die Lage im Reich hat sich allgemein beruhigt. Es ist kaum noch etwas vorgekommen. Mein Aufruf hat Wunder getan. Die Juden können mir obendrein noch dankbar sein. Die Auslandspresse ist sehr schlecht. Vor allem die amerikanische. Ich empfange die Berliner Auslandsjournalisten und erkläre ihnen die ganze Frage. Das macht großen Eindruck. Dann diktiere ich einen schmissigen Aufsatz für die deutsche Presse. Da wird nochmal für unsere Öffentlichkeit das Problem dargelegt und erörtert. Für den Diplomaten vom Rath lasse ich das Staatsbegräbnis vorbereiten. Mit Hinkel lege ich eine Verordnung fest, daß die Juden keine Theater und Kinos mehr besuchen dürfen. Saukel teilt mir mit, daß auch in Thüringen alles wieder in Ordnung ist. Alle Gauleiter haben Berichte dazu gemacht. Die ganze Frage ist nun ein gutes Stück weitergeführt worden. Ich lege mit Ley den Reichstheatertag fest. Am Tage der R. K. K. Da soll das Volk das Theater feiern. Ein großer und schöner Plan ... Noch etwas mit Magda parlavert. Und dann müde ins Bett. Heute trotz Samstag ein schwerer Arbeitstag.«[9]

Wieder ist *Sonntag*, es ist der 13. November. Am Vortag gab es bei Generalfeldmarschall Göring eine Ministersitzung, in der »grundsätzlich Einigkeit« herrschte. Die Nachwelt weiß mehr darüber. Die Zeitungen melden: »Zur Sühne der Pariser Mordtat«. Die »Ordnung« ist wiederhergestellt. Es wird eine andere Ordnung sein, als die zuvor. In Danzig verspäteten sich die Ausschreitungen.
Göring ordnet an, und auch die »Berliner Morgenpost« druckt prompt: »Eine Milliarde Judenbuße für die Pariser Bluttat«. Das »Straßenbild« ist von den jüdischen Gewerbetreibenden *sofort* wiederherzustellen. Angekündigt wird die »Ausschaltung der Juden aus dem Wirtschaftsleben«. Und Propagandaminister Goebbels weist an, daß Juden *ab sofort* keine öffentlichen Kulturveranstaltungen besuchen dürfen. Die Morgenpost kommentiert: »Der Mörder ist das gesamte Judentum, so wie das gesamte Judentum der Feind des Nationalsozialismus ist ..., weil das nationalsozialistische Deutschland antisemitisch ist.«
Novembersonntag. Es ist mild. Vormals Wertheim annonciert Modewaren. Samt, Krepp, Satin und Taft scheinen gefragt. Die Verwandten Herschel Grynszpans sind erneut inhaftiert. Der berühmte Rechtsanwalt de Moro Giafferi hat die Verteidigung Herschel Grynszpans übernommen: Die Nazipresse hetzt.
Ansonsten scheint alles zu sein wie immer: Unfälle, Brände, Einbrüche, Sport. Man kann über das Insulin und seine Entdeckung in der Zeitung nachlesen und Reiseberichte studieren. Werbung, Stellenangebote, Stel-

9 Die Tagebücher von Joseph Goebbels, Teil I (Aufzeichnungen 1924–1941), Bd. 3, München 1987, S. 532/533.

lengesuche, Tausch und Verkäufe. Im »Völkischen Beobachter« annonciert Effelborn, Berlin-Pankow, Wolfsha-
gener Straße 74, Hilfe in Sachen Ahnenpaß. Das gilt
nicht für Juden. Juden können nicht entrinnen, nicht ab-
schwören. Sie können nicht einmal als Verräter vom Judentum loskommen. Und ab sofort kein Kino, kein Theater, kein Konzert? Und wenn man doch gegangen ist?
»In der Großen Storchstraße 9 zu Magdeburg wohnt die
Volksgenossin Frau Charlotte Schenke, geb. Schulze.
Als sich ihr Mann in Strafhaft befand, besuchte diese
Frau zusammen mit dem Juden Sally Neumann die UT-
Lichtspiele in Magdeburg.« Nicht nur der »Stürmer«
paßt auf.
Eifrig kommentiert die »Wiener Zeitung« das Kulturverbot: »Dieser Erlaß des Reichsministers Dr. Goebbels
wirkt wie ein reinigendes Gewitter. Es wird also jetzt
möglich sein, Erholung im Kreise der Volksgenossen zu
finden und das Zusammentreffen mit Juden, das den
Besuch von Vergnügungsstätten schon immer unleidlich
machte,.zu vermeiden. Man wird nun nicht mehr heraus-
gefordert werden durch das anmaßende Gehaben der
Juden und Jüdinnen, die sich in den Theatern, Konzert-
sälen und im Kino breitmachten und ihre häuslichen ›Sitten‹ ziemlich ungeniert in öffentliche Lokale verpflanz-
ten.
Die Juden sollen unter sich bleiben, und da sie ihrer Meinung nach ohnedies die besten Künstler sind, werden
sie sich gewiß entsprechend vergnügen.«
Am Sonntagabend wird man sich auf die kommende
Woche vorbereiten. Lesen die besseren Leute die
»Frankfurter Zeitung«, die, ihrer außenpolitischen Rolle
gemäß, bemerkenswert reserviert berichtet? Läßt sich
so leichter über die Geschehnisse hinweggehen? Die
Brutalität der Groschenblätter ist abstoßend. Daß sie
der Wahrheit am nächsten kommen, wird niemand ge-
dacht haben.
Goebbels schreibt in sein Tagebuch am 13. November:
»Gestern: früh von Schwanenwerder weg. Ein milder
Herbsttag! Mein Aufsatz wird in der ganzen deutschen
Presse gebracht und wirkt sehr erleichternd. Im Lande
herrscht nun absolute Ruhe. Ich gebe Weisung heraus,

daß Juden Besuch von Kinos und Theatern verboten ist. Das war notwendig und zweckmäßig. Meine Erklärungen vor der Auslandspresse werden in der ganzen Welt groß herausgebracht. Sie fassen alle meine Argumente zusammen. Wir sind schon wieder in der Offensive. Der Chefkorrespondent von Reuter kommt eigens zu einem Interview nach Berlin geflogen. Ich gebe ihm *rückhaltlos* Aufklärung und beklage mich über die Haltung der englischen Presse. Führe dafür eine Unmenge von Beispielen an. Er ist sehr betroffen. Ich glaube, er wird dementsprechend schreiben. Macht sehr guten Eindruck. Heydrich gibt einen Bericht über die Aktionen. 190 Synagogen verbrannt und zerstört. Das hat gesessen. Konferenz bei Göring über die Judenfrage. Heiße Kämpfe um die Lösung. Ich vertrete einen radikalen Standpunkt. Funk ist etwas weich und nachgiebig. Ergebnis: die Juden bekommen eine Kontribution von einer Milliarde auferlegt. Sie werden in kürzester Frist gänzlich aus dem wirtschaftlichen Leben ausgeschieden. Sie können keine Geschäfte mehr betreiben. Bekommen dafür nur Schuldbuchverrechnungen zu 6%. Die Schäden müssen sie selbst decken. Versicherungsbezüge verfallen dem Staate. Noch eine ganze Reihe dieser Maßnahmen geplant. Jedenfalls wird jetzt tabula rasa gemacht. Ich arbeite großartig mit Göring zusammen. Er geht auch scharf heran. Die radikale Meinung hat gesiegt. Ich setze für die Öffentlichkeit ein sehr scharfes Communiqué auf. Das wirkt wie die Erlösung. Die große Sensation des Tages. Der Tote kommt den Juden teuer zu stehen. Im Büro noch lange *weiter* gearbeitet. Mit Magda parlavert. Es geht ihr leider gesundheitlich nicht gut. Die Kinder dagegen sind lieb, heiter und fidel.«[10]

Am *Montag* erscheinen viele Zeitungen nicht. Doch der »Völkische Beobachter« veröffentlicht die »Amtliche Bekanntmachung« zum Kulturverbot auf Seite 5.
Im Nebel ist es zu Schiffsunfällen gekommen. Über den Südatlantik gibt es schnelle Postflüge.
Am Sonntag hat Goebbels beim Eintopfessen im Berliner Norden über Deutschland und die Winterhilfe ge-

10   Ebenda, S. 533.

sprochen. Und über die Kulturverordnungen: Man könne doch keinem Deutschen zumuten, im Kino neben einem Juden zu sitzen. Auf den Fotos lächelt er von seiner Suppenterrine hoch. Die Zuhörer jubeln ihm laut Zeitung begeistert zu.

Mir fällt auf, daß es in den Zeitungen keine Bilder aus jener Nacht gibt.

Ernst vom Rath wird gezeigt.

Die Feldherrenhalle.

Herschel Grynszpan.

Über die Ereignisse der Nacht finden sich nur Worte.

Haben Amateure fotografiert?

Das war verboten, sagen mir mehrere alte Frauen, die ich nach Bildern frage. In der »New York Times« steht am 11. November 1938, daß in Berlin Anton Celler, ein amerikanischer Tourist, beim Fotografieren verhaftet, doch schnell wieder entlassen wird. Aus dem gleichen Grund sollen südamerikanische Diplomaten Schwierigkeiten bekommen haben.

Wer las damals die illegale »Rote Fahne«, die in einer Sonderausgabe »Gegen die Schmach der Judenpogrome« über die Hintergründe der Ereignisse schrieb? Auch die ausländischen Sender sollen dies verlesen haben.

Immer stelle ich mir diesen trüben November vor. Die Menschen werden schnell in die Wohnungen gegangen sein. Waren die Geschäfte hell erleuchtet?

Und die Juden? Nicht alle konnten weg. Wie? Wohin? Für die Armen gab es kaum Hoffnung. Aber Menschen können nicht ohne Hoffnung leben. Sie müssen einkaufen, essen, schlafen, arbeiten, warten, reden.

Das Wort Auschwitz ist noch nicht bekannt.

Die Straßen haben ähnlich ausgesehen wie heute.

Kann den Juden noch mehr passieren? Es ist Montag, der Pogrom ist keine Woche alt.

Am *Dienstag* wird bekanntgegeben: Juden sind ab sofort von allen deutschen Hochschulen ausgeschlossen. Den Juden ist »die Teilnahme an Vorlesungen und Übungen sowie das Betreten der Hochschulen unter-

sagt«. Kein Zweifel ist möglich: Wer jetzt Jude ist, legt
das Gesetz von Nürnberg fest. Um die Normalität des
Gesamtbilds zu charakterisieren, gibt Hans Hinkel, Ab-
teilungsleiter im Reichsministerium für Volksaufklärung
und Propaganda, zuständig für die Reglementierung der
Kulturellen Tätigkeit Jüdischer Organisationen, eine zy-
nische Erklärung ab: Das kulturelle Leben der Juden in
Deutschland blüht seit 1933 auf. Er spricht vom Jüdischen Kulturbund, dem jüdischen Theater, von Zeitungen, Schulen und Veranstaltungen — von Juden für Juden, keine Gemeinsamkeiten mit dem Volk, zu dem sie
nicht mehr gehören sollen. Die Kultur wird aufgeteilt.
Nach Auschwitz schreibt Jean Améry vom Dilemma des
»jüdischen Intellektuellen deutschen Bildungshinter-
grunds«: »Was immer er anzurufen suchte, gehörte
nicht ihm, sondern dem Feind. Beethoven. Aber den diri-
gierte in Berlin Furtwängler, und Furtwängler war eine
geachtete offizielle Persönlichkeit des Dritten Reiches.
Über Novalis standen Aufsätze im ›Völkischen Beobachter‹, und die waren manchmal gar nicht so dumm... Von
den Merseburger Zaubersprüchen bis Gottfried Benn,
von Buxtehude bis Richard Strauss war das geistige und
ästhetische Gut in den unbestrittenen und unbestreitbaren Besitz des Feindes übergegangen.«[11]

Für mich fließen die Tage ineinander über.
Am *Mittwoch,* dem 16. November — am Bußtag? —, hat
Goebbels die Berliner Theaterintendanten empfangen,
um sich für die geleistete Arbeit zu bedanken. Die Zu-
schauerzahlen sind gestiegen. Das kann man am 17. November in der Zeitung lesen. Und auch, daß er mit dem
Sonderkorrespondenten der britischen Nachrichten-
Agentur Reuter ein Gespräch hatte. Gordon Young ist
dazu aus London angereist. In den deutschen Zeitungen
ist wie im »Völkischen Beoachter« dazu von der »reinli-
chen Scheidung zwischen Deutschen und Juden« zu lesen: »Wir wollen die Juden nicht kulturell vernichten, sie
sollen ihre eigene Kultur pflegen...«, lügt Goebbels für das
Ausland. Die neuen Maßnahmen sind nötig, weil »wir

---

11   Jean Améry: Jenseits von Schuld und Sühne, S. 20

die Juden aus dem offenen wirtschaftlichen Leben ent-
fernen wollen, damit es nicht wieder Zusammenstöße
gibt, wie sie in dieser Woche vorgekommen sind«. Das
Ganze ist eine »Frage der Zweckmäßigkeit«, kein »Ra-
chegefühl«. Es ist die »Auseinandersetzung eines Volkes
mit seinen Parasiten«, so lautet die Inlandsparole.

Hier hat sich frühzeitig Auschwitz angekündigt. Öffentlich.

In den Zeitungen werden Wintermäntel angeboten. Und
jeden Donnerstag wird für den Schnelldienst auf der
Hamburg-Amerika-Linie inseriert. Daß in New York Mas-
senproteste wegen der »Kristallnacht« stattfinden, davon liest der Berliner Leser nichts.
Aber davon, daß Argentinien seit dem 1. Oktober neue
Einreisebestimmungen hat. Für die USA sollen über
140 000 Visaanträge gestellt worden sein. Die Einwande-
rungsquote für Deutsche (Deutsche? Juden?) beträgt
pro Jahr 27 000. Welche Infamie, jetzt das Ausland für
die Notlage der Juden schuldig zu sprechen! Ab sofort
sind die deutschen Zeitungen voll davon. Sie frohlocken,
weil Grenzen nicht geöffnet werden, daß »niemand die
Juden haben will«, daß es Probleme gibt.

Am *Donnerstag*, dem 17. November, heißt es in allen
Zeitungen: »Deutsche Schulen judenfrei!«. Denn: »Nach
der ruchlosen Mordtat von Paris kann es keinem deutschen Lehrer und keiner deutschen Lehrerin mehr zuge-
mutet werden, an jüdische Schulkinder Unterricht zu erteilen. Auch versteht es sich von selbst, daß es für deutsche Schüler und Schülerinnen unerträglich ist, mit Juden in einem Klassenraum zu sitzen«, erläutert der »Völkische Beobachter«.
Also muß ich auch den Jahrgang 1930 fragen. Eine Frau
erinnert sich an die jüdischen Mädchen, die seit der ersten Klasse ganz hinten sitzen müssen, die immer das
negative Beispiel sind. Und dann? Eines Tages waren sie
nicht mehr da. Verschwunden? Wohin? Das ist nicht bekannt.

Die jüdischen Schulen sind überfüllt. Wie viele Lehrer sind unter den 20000 bis 30000 Verhafteten?

Nur eine Woche ist vergangen. Ernst vom Rath wurde mit großem Pomp nach Deutschland überführt, Staatstrauer ist angesetzt, der Leichnam wird in der Düsseldorfer Rheinhalle aufgebahrt, die Zeitungen bringen Bilder. Hunderttausende trauern, heißt es. Reichsminister Funk teilt mit, daß und wie jüdischer Besitz in deutschen »übergeführt« wird. Die Zeitungen berichten vom »jüdischen Reichtum«. Täglich auch das Handelsregister im »Völkischen Beobachter«: Neueintragungen, Veränderungen. »Erloschen« ist mit Wirkung vom 15. November die »Goro« Pfeifenmanufaktur Joseph Rotstein, ist Eduard Cohn jr., ist Marcus Fleischmann … Was steht hinter dieser Rubrik?

Nach dem Zufall des Attentats und dem geplanten Massaker sind jetzt alle Vorhaben koordiniert. Das Unrecht ist legalisiert. Mit dem Gesetz wird weiterer Terror legitimiert. Einzelmorde, Einzeldiebstähle, Einzelverleumdungen fallen unter das bürgerliche Recht und sind strafbar. Juden sind keine Bürger mehr. Damit die Börse hält, sind jüdische Wertpapierverkäufe »bis auf weiteres« untersagt, jüdisches Vermögen wird in Rentenwerten abgefunden. Das heißt Ruin. Wir wissen nicht genug über die armen Juden. Ihnen hilft die Jüdische Wohlfahrt, die Jüdische Winterhilfe …[12]

Es ist Donnerstag.

Der Bußtag ist vorbei.

Was hat man in den Kirchen gepredigt?

Die Konzerte in Berlin waren gut besucht, auch die in der Singakademie, in der Nikolai-Kirche, im Beethovensaal, in der Skala. Juden haben keinen Zutritt.

Es ist zu erfahren, daß die »Sühnemaßnahmen« eine »gesunde und richtige Organisation« brauchen: Zwei Drittel der jüdischen Geschäfte werden verschwinden, ein Drittel soll »arisiert« werden. Auch die Wohnungsfrage wird gelöst werden. Juden dürfen ab sofort nicht

12 Kennzeichen J. Dokumente und Berichte zur Geschichte der Verbrechen des Hitlerfaschismus an den deutschen Juden 1933–1945, Berlin 1981, S. 104, 105.

mehr Mitglieder von Wohnungsgenossenschaften sein, teilt die »Berliner Morgenpost« mit.

Ausgrenzung.

Der Alltag geht immer weiter.

Für die Juden ist ein anderer Alltag angesagt.

Die Börse hat sich erholt.

Das Wetter ist unverändert trübe.

Der Paragraph 218 gilt nicht für jüdische Frauen, er ist »Schutzparagraph für Nachwuchs arisch-völkischer Rassen«. Also wird die Jüdin freigesprochen, die abgetrieben hat. Die Logik ist fehlerlos. Die Zeitung informiert über einen Sachverhalt.

Es ist schon wieder *Freitag*.

Die »Entjudung der Wirtschaft« wird fortgesetzt. Das geistige Leben ist »judenfrei«, Wohnungen werden geräumt. Der Mieterschutz findet keine Anwendung, wenn »Deutschblütige« in einem Haus mit Juden wohnen, darf Juden laut »Frankfurter Zeitung« gekündigt werden.

Jeden Tag wird der Handlungsspielraum für Juden weiter eingegrenzt.

Jeden Tag rücken die Juden näher an Auschwitz heran

Das weiß die Nachwelt.

Die Zeitungen haben über das Geschehen auf die ihnen nahegelegte Weise berichtet. Die Richtlinien für die Presse sind geheim. Für die Berichterstattung über den 10. November gilt, was das Propagandaministerium anweist: »Im Anschluß an die heute morgen ausgegebene DNB-Meldung können eigene Berichte gebracht werden. Hier und dort seien Fensterscheiben zertrümmert worden, Synagogen hätten sich selbst entzündet oder seien sonstwie in Flammen aufgegangen. Die Berichte sollen nicht allzu groß aufgemacht werden, keine Schlagzeilen auf der ersten Seite. Vorläufig keine Bilder bringen. Sammelmeldungen aus dem Reich sollen nicht zusammengestellt werden, aber es könne berichtet werden, daß auch im Reich ähnliche Aktionen durchgeführt worden seien. Einzeldarstellungen darüber hinaus sind zu vermeiden. Über örtliche Vorgänge könne ausführlicher berichtet werden. Dies alles nur auf der zweiten oder dritten Seite. Wenn Kommentare für nötig befunden würden, so sollen sie nur kurz sein und etwa sagen, daß eine beträchtliche und begreifliche Empörung der Bevölkerung eine spontane Antwort auf die Ermordung des Gesandtschaftsrates gegeben habe.«[13]

Und da ist noch dieser vielfache kleine tägliche Verrat: Freunde, die keine mehr sind, Nachbarn, die wegsehen, der Verrat von Patienten, Lehrern und Pförtnern. Und die Vorteile: eine Wohnung mit Balkon, das Geschäft an der Hauptstraße, der billige Ausverkauf vor dem Exil, Genugtuung über fehlende Konkurrenz. Und dann gibt es auch diese Solidarität im Geheimen, oft alltäglich, von der erst viel später berichtet worden ist.
Manche Erinnerungen kehren zurück.
Da ist auch noch die Geschichte des Mannes, der von seinem Kinderentsetzen erzählt, das er, siebenjährig, erlebt. Am Morgen geht er durch die Innenstadt und sieht in die aufgerissenen Geschäfte. Abends kauft die Mutter ein großblumiges Sommerkleid beim jüdischen Händler an der Ecke. Der Mann formt mit den Händen große Blumen in die Luft: »Ich erinnere mich genau an das Kleid. Meine Mutter hatte mir eingeschärft, daß ich über diese Sache niemals sprechen dürfe.« Ein Sommerkleid? An einem solchen Abend? Ist auch das denkbar? Ich bin mißtrauisch. Er hat 50 Jahre nie an den Worten der Mutter gezweifelt.

Wir kennen heute das Drehbuch zu dieser Geschichte und wissen, die Inszenierung ist so verlaufen wie geplant, damals 1938, im November.
Die Bevölkerung verhielt sich auf verschiedene Weise.
Das Ausland reagierte entsprechend seiner Beziehungen zum Reich. Die amerikanische Presse empörte sich. Nicht nur jüdische Organisationen riefen zum Boykott deutscher Waren auf und verlangten deutliche Gegenmaßnahmen. Präsident Roosevelt leitete diplomatische Schritte ein. Aus England sind heftige Unterhausdebat-

13 Bayern in der NS-Zeit II, Teil A: Herrschaft und Gesellschaft im Konflikt, München/Wien 1979, S. 325/326.

ten und Protestkundgebungen überliefert. In Belgien verurteilten alle Parteien in der Abgeordnetenkammer die Ereignisse in Deutschland. In der Sowjetunion, den Niederlanden, Schweden, Dänemark und anderen Staaten kam es zu machtvollen Massenprotesten. An vielen Orten unterstützte und organisierte der Jüdische Weltkongreß und seine Vertretungen diese Welle der Empörung.

In Deutschland wurde in jenem November kalt und rapide gehandelt. Da war dieses Lebensgefühl aus Trunkenheit und Glück wegen eines »friedlichen« Krieges, der Österreich und das Sudetenland eingebracht hatte.

Den Leuten muß es gut gegangen sein. Besser als zuvor.

Hat diese Novembernacht 1938 traumatische Wunden geschlagen?

Bei wem?

In Deutschland ging der Alltag weiter.

Am Totensonntag fuhr man auf die Friedhöfe.

Waren alle Scheiben wieder eingesetzt?

Wer dachte am ersten Advent an jene Juden, die keine Hoffnung, keinen Studienplatz, kein Geschäft, keine Nachricht von Vätern und Söhnen, kein öffentliches Kino mehr hatten?

Die »Scheidung« zwischen Deutschen und Juden wird »reinlich« genannt. Unsauberkeit, Schmutz, Bedrohlichkeit werden denen angelastet, die durch die Zusatznamen Sara und Israel gekennzeichnet worden sind. Die jüdischen Nachbarn, Kollegen, Ärzte, Kinder, die Frommen, die Reformierten, die Assimilierten, sie alle sollen als Fremde wahrgenommen werden, so, als wären sie Angehörige einer feindlichen Übermacht, und nicht Deutsche, deutsche Juden, Juden in Deutschland.

Ein Teil der Fragen fällt auf mich zurück.

Selbst die exakteste Dokumentation der Abläufe erklärt nicht restlos, wie Millionen einzelner Menschen in diesen Sog geraten sind, wie für viele Schweigen zum Mitwissen, Mitwissen schließlich zum Mitmachen werden konnte. Das Phänomen einer mißbilligenden Loyalität bleibt zu untersuchen. Und wie läßt sich verstehen, daß in der Erinnerung vieler, die ich heute frage, jüdische

Kinder als besonders begabt und besonders intelligent
bewahrt sind?

Geblieben ist weit mehr als ein unangenehmes Gefühl.
Das Vergessen stellt sich nicht ein.
Der triviale Satz, daß aus Geschichte zu lernen sei, be-
kommt Namen für das eigene Verhalten: Zivilcourage,
Mitleid, Verantwortung, Verweigerung, Solidarität, Wi-
derstand.

Aufgeschrieben in Berlin
im November 1987

Kurt Pätzold

Der Pogrom und sein Platz in der Geschichte der Vertreibung der jüdischen Deutschen

Das Attentat in Paris

Am 7. November 1938 verschaffte sich ein junger Jude unter einem Vorwand Zutritt zum Gebäude der Botschaft des Deutschen Reiches in Paris. Da er darauf bestand, sein Anliegen selbst vorzutragen, wurde er an einen ihrer Mitarbeiter verwiesen. Mit Schüssen aus einer Pistole verletzte der Besucher den Diplomaten schwer. Während Ernst vom Rath in ein Krankenhaus transportiert wurde, wo er die folgenden Tage mit dem Tode rang, ließ sich Herschel Grynszpan ohne Widerstand festnehmen und in ein Gefängnis bringen. Französische Beamte begannen mit seiner Vernehmung.

Nur Stunden später hatten die Nachrichtenagenturen das Ereignis in aller Welt verbreitet. Die faschistischen Machthaber in Deutschland ließen augenblicklich behaupten, der Täter sei das Instrument einer »Verschwörung des Weltjudentums«. Seine Anführer hätten Grynszpan zu diesem Anschlag angestiftet. Er habe einen jungen Diplomaten getroffen, aber Deutschland gegolten, dessen Hauptfeind dieses diffamierend und mysteriös auch »Alljuda« genannte »internationale Judentum« sei. In antinazistischen Kommentaren im Ausland wurde hingegen vermutet, Grynszpan könne so etwas wie ein Agent provocateur sein, hinter dem freilich nicht die Juden, sondern die deutschen Faschisten selbst steckten, die sich einen Vorwand zu schärferer Verfolgung der jüdischen Deutschen schaffen wollten. Diese Annahme bildete sich in Erinnerung an die Reichstagsbrandstiftung von 1933 und die Rolle des Marinus van der Lubbe.

Der aus Hannover stammende Grynszpan, der, nachdem er Deutschland verlassen mußte, vorübergehend in Belgien gelebt hatte, war ein Einzelgänger. Und das »Weltjudentum« wie dessen vorgebliche Verschwörung waren Schreckbilder der Antisemiten, die in der Ideologie und Propaganda der deutschen Faschisten einen zentralen Platz besetzten.

Die Juden, deren geschichtlich-ethnischer Ursprung ostwärts des Mittelmeeres liegt, lebten in Europa, in den USA und verstreut in den verschiedensten Teilen der Welt, ohne eine Einheit zu bilden. Ihre soziale Lage war ganz unterschiedlich. Unter ihnen gab es Arme und Reiche und eine weitgefächerte Skala von Daseinsweisen. Die einen hatten sich den Völkern und Nationen, mit denen sie seit Jahrhunderten lebten, weitgehend oder vollständig assimiliert. Die anderen lebten, vor allem im Osten Europas, von Polen, Rumänen, Litauern und andern Nationen und Nationalitäten relativ gesondert. Die einen konnten sich kein anderes Leben als dasjenige vorstellen, das sie irgendwo in der Welt führten. Andere, namentlich die in ärmlichen und bedrückenden Verhältnissen im Osten Europas lebenden, erstrebten ihre Auswanderung in andere Länder. Eine Minderheit davon betrachtete Palästina, das sich seit der Niederlage des Osmanischen Reiches im ersten Weltkrieg und dessen Zerfall unter dem Mandat der britischen Regierung befand, als das Land ihrer Zuflucht und ihrer Zukunft.

Das gemeinsame Band von Millionen Juden in aller Welt bildete die Treue zur Religion ihrer Väter. Nicht alle hatten sie bewahrt. Manche schlossen sich anderen Glaubensrichtungen an. Diejenigen, die zur Arbeiterbewegung stießen, trennten sich von jeglichen religiösen Vorstellungen. Wie andere große Weltreligionen prägte sich auch das Judentum in unterschiedlichen dogmatischen und kultischen Formen aus. Kurzum: Der Begriff »internationales Judentum« war ein zu politischen Zwekken geschaffenes Phantasieprodukt. Es hat bereits vor der Anwendung durch die deutschen Faschisten für ihre imperialistischen Zwecke anderen Kräften zur Propagierung und Durchsetzung reaktionärer Ziele gedient.

In einem Punkte war die sozial, politisch, kulturell und religiös vielfach gegliederte Menschengruppe jüdischen Glaubens eines Sinnes. Sie wollte nach ihrem Willen und ihren Geboten gemäß leben. Sie wandte sich gegen die Diffamierungen, Benachteiligungen und Verfolgungen, denen sie seit Jahrhunderten an vielen Orten der Welt ausgesetzt war. 1938 nirgendwo stärker als im faschistischen deutschen Staat. Die Juden waren zwangsläufig zu Gegnern dieses Regimes geworden, das sich dreist mit Deutschland gleichsetzte. Doch bekämpften sie es weder vereint, noch schickten sie gar Pistolenschützen aus, um Repräsentanten Nazideutschlands niederzumachen. Das Attentat in Frankreichs Hauptstadt war nicht das erste, das im Ausland auf einen deutschen Faschisten unternommen wurde. Zwei Jahre zuvor, im Februar 1936, hatte der junge Jude David Frankfurter den höchstgestellten Nazifunktionär in der Schweiz, NSDAP-Landesgruppenleiter Wilhelm Gustloff, in dessen Wohnung in Davos durch Schüsse tödlich verletzt.

Beide Aktionen individuellen Terrors hatten Gemeinsames. Frankfurter wie Grynszpan erklärten nach der Tat, daß sie mit ihr auf das Unrecht aufmerksam machen wollten, das den Juden in Deutschland geschah. Sie hätten das Gewissen der demokratischen Öffentlichkeit im Ausland wachrufen und Hilfe für die Verfolgten mobilisieren wollen. Grynszpan sagte den französischen Untersuchungsbeamten, er sei zu seinem Schritt durch die Nachricht veranlaßt worden, daß die faschistischen Behörden kurz zuvor seine bis dahin in Hannover lebenden Eltern und zwei seiner Geschwister aus Deutschland nach Polen verjagt hätten. Was damals geschehen war, wurde im Adolf-Eichmann-Prozeß, der 1961/1962 in Jerusalem stattfand, von Herschels Vater berichtet. Klar und knapp, ohne alles schmückende Beiwerk, so schrieb eine Beobachterin des Prozesses, habe Zindel Grynszpan die damals nahezu ein Vierteljahrhundert zurückliegenden Ereignisse dem Gerichtshof erzählt.

Er sei am 27. Oktober durch einen Polizisten mit seiner

Frau, einem seiner Söhne und seiner Tochter zu einem Polizeirevier gebracht worden, ohne zu ahnen, was ihnen bevorstand. Auf dem Revier trafen sie auf verzweifelte und weinende Menschen, denen Erklärungen abgepreßt wurden. Dann seien sie alle in ein Gebäude transportiert worden, wo schließlich etwa 600 aus Polen stammende Juden versammelt waren. Vierundzwanzig Stunden später habe man sie auf Lastwagen zum Bahnhof gefahren, in Eisenbahnwaggons geladen und in nächtlicher Fahrt bis in die Nähe der deutsch-polnischen Grenze gebracht. Dort trafen auch Züge aus anderen Städten ein. Nachdem die Verschleppten durchsucht und bis auf 10 Reichsmark aller Barschaft beraubt worden waren, trieben SS-Leute die nach Tausenden zählende Menge schreiend und schlagend auf einen Fußmarsch in Richtung Grenze. Auf polnischem Boden angekommen, von den Strapazen zermürbt, ausgehungert, in Ungewißheit über ihr künftiges Geschick, schrieben die Grynszpans dem Sohn und Bruder in die französische Hauptstadt, was ihnen angetan worden war.

Es ist möglich, daß Herschel von der Tat Frankfurters gewußt hat. Gewiß ist aber, daß er sich über deren Untauglichkeit keine Rechenschaft gab. Frankfurters Anschlag in Davos hatte nichts bewirkt. Weder ließen sich die Machthaber in Deutschland durch diese Tat im geringsten von ihrer antijüdischen Politik abbringen, noch war sie zu einem Signal für einen stärkeren Druck des Auslands auf die Regierenden in Berlin geworden, damit diese von der Drangsalierung der Juden abließen. Selbst die Hilfsaktionen für die Verfolgten hatten nicht entscheidend zugenommen.

Seit Februar 1936 hatten sich die außenpolitischen Bedingungen erheblich verändert. Sie ermöglichten es den Faschistenführern, auf Herschel Grynszpans Aktion anders zu reagieren, als sie es zweieinhalb Jahre zuvor auf die Frankfurters taten. Auch 1936 war der Anschlag auf Gustloff von der faschistischen Propaganda benutzt worden, um wiederum die Mär von einer »jüdischen Weltverschwörung« gegen das neue Deutschland unter die Leichtgläubigen zu bringen. Doch folgte dieser demagogischen Aufpulverung keine Aufforderung zur Rache an den deutschen Juden. Die Leitungen der NSDAP und die Kommandos der SA- und der SS-Formationen erhielten Weisung, Terrorakte zu unterlassen. Sie paßten nicht in die damaligen Pläne der Machthaber.

Denen ging es auch, aber erst in zweiter Linie darum, den Ablauf der Olympischen Spiele 1936 nicht zu gefährden. Im bayerischen Garmisch-Partenkirchen hatten die Wettkämpfe begonnen, die im Sommer in Berlin und Kiel fortgesetzt werden sollten. Mit Rücksicht auf die vollständige Ausbeutung dieser Spiele für ihre Zwecke ließen die faschistischen Antisemiten sogar kosmetische Operationen am Bild vor allem jener Städte und Gemeinden vornehmen, in die ausländische Gäste des Sportspektakels gelangen würden. Die an Ortseingängen angebrachten, an Menschenverachtung kaum zu überbietenden Aufschriften, die Juden das Betreten dieser Ortschaften verboten oder ihnen davon »abrieten«, verschwanden ebenso wie jene Tafeln, auf denen Juden das Baden in Flüssen oder Bädern untersagt wurde. Die Machthaber wollten vor dem Ausland gesittet und friedfertig erscheinen.

Die Naziregierung hatte zudem nach längeren, zum Teil kontrovers verlaufenden Beratungen Ende 1935 beschlossen, zunächst eine gewisse Grenze der Judenverfolgung nicht zu überschreiten. Umstritten war vor allem die Frage, ob einschneidende Maßnahmen gegen die wirtschaftliche Betätigung jüdischer Gesellschaften und Personen ergriffen werden sollten. Vorschläge, die darauf zielten, wurden wegen der befürchteten Störungen verworfen, die sich für die Rüstungswirtschaft ergeben konnten. Dies war der alleinige Grund dafür, daß vorerst jüdische Firmen weiter existierten, Geschäfte und Läden geöffnet und selbst noch die als Zitadellen von Ausbeutung und Betrug verteufelten jüdischen Banken aktionsfähig blieben.

Als Gustloff erschossen wurde, und dieser Gesichtspunkt dürfte für die Reaktion des Naziregimes ausschlaggebend gewesen sein, konzentrierte sich die Aufmerksamkeit der faschistischen Führung und namentlich die Hitlers auf einen Punkt: die Remilitarisierung des Rheinlandes. Die Zone entlang der französischen und der belgischen Grenze, in der es laut Bestimmungen des Versailler Friedensvertrages von 1919 weder militärische Anlagen noch stationierte Truppen geben durfte, sollte nicht länger respektiert werden. Die faschistischen Machthaber wollten, eine ihrem Vorhaben entgegenkommende internationale Situation ausnutzend, die Einheiten der Wehrmacht überraschend über den Rhein bis an die Grenzen vorrücken lassen. Sie hofften dabei, daß Frankreichs Regierung die Herausforderung nicht annehmen, sondern den Vertragsbruch geschehen lassen würde. Verglichen mit diesem riskanten Plan, dessen Verwirklichung eine Macht vortäuschte, über die der deutsche Imperialismus in Wahrheit noch nicht verfügte, war die Behandlung des tödlichen Anschlags von Davos dritt- oder viertrangig. Seinetwegen sollten außenpolitische Komplikationen nicht riskiert werden.

So existierte 1936 eine Fülle von Gründen, die dafür sprachen, die antijüdischen Aktionen zu begrenzen. Gustloff wurde mit einem Staatsakt in Schwerin beigesetzt; Hitler hielt dem NSDAP-Landesgruppenleiter die Begräbnisrede. Damit und mit der weiteren Ausschlachtung dieses Ereignisses für die permanente antijüdische Aufhetzung gab man sich zufrieden.

Wie anders war die Situation im Herbst 1938, als Grynszpan schoß! Die außenpolitischen Rücksichten des Jahresanfangs 1936 existierten nicht mehr. Das internationale Kräfteverhältnis war zugunsten des faschistischen Deutschland gewandelt, das mit Italien einen expansionshungrigen Verbündeten gewonnen hatte. Inzwischen hatten die faschistischen Politiker in Berlin auch wiederholt erfahren, daß ihre Kontrahenten in London und Paris zu weitgehenden Zugeständnissen bereit waren, wenn ihnen nur der Eindruck erweckt würde, daß Deutschland sich mit Großbritannien und Frankreich friedlich vergleichen wolle und sich seine aggressiven Pläne gegen Osten, namentlich gegen die UdSSR richteten. Außenpolitische Alleingänge der deutschen Faschisten, wie die Liquidierung Österreichs, waren hingenommen worden und hatten die Bereitschaft und das Interesse der Kapitalisten in Großbritannien, Frankreich, den USA und anderen bürgerlichen Staaten nicht gemindert, mit dem faschistischen Staat Handel zu treiben und an dessen Aufrüstung nach Kräften zu profitieren. Unter dem Eindruck dieser und weiterer Erfahrungen wähnten die führenden faschistischen Politiker, daß das Gesetz des Handelns in Europa auf sie übergegangen sei. Die Dreistigkeit ihrer Maßnahmen und die Abenteuerlichkeit ihrer Schritte nahmen beständig zu.

Als Herschel Grynszpan schoß, waren die Projektanten des Antisemitismus in Deutschland dabei, Zug um Zug Maßnahmen zu ergreifen, mit denen das Dasein der Juden weiter unter jene Stufe herabgedrückt werden sollte, die 1935 durch die Politik der Nürnberger Gesetze bestimmt worden war. Seit dem Frühjahr 1938 wurde der Übergang zur forcierten Vertreibung der jüdischen Deutschen aus ihrem Vaterland vorbereitet.

Ohne die Fähigkeit, sich die Folgen seiner Aktion vorstellen zu können, handelte Herschel Grynszpan in einem Moment, da ein neues Attentat den Hitler, Göring, Goebbels und Streicher gerade recht kam. Diesmal paßte das Ereignis ganz in das Konzept faschistischer Pläne.

Strategie und Taktik der Judenverfolgung

Wenige Wochen, nachdem den faschistischen Politikern die Macht übergeben worden war, erhob die Regierung Hitler den Antisemitismus zur Staatsdoktrin. Noch im Verlauf des Jahres 1933 wurde jüdischen Deutschen die Ausübung einer immer größeren Zahl von Berufen und Tätigkeiten verboten. Die erste antijüdische Bestimmung enthielt ein Gesetz, das am 7. April 1933 unter der demagogischen Bezeichnung »Gesetz zur Wiederherstellung des Berufsbeamtentums« verabschiedet wurde. Es schuf die juristische Basis für die Entfernung aller nichtnazistischen Beamten, von Sozialdemokraten, Demokraten, Liberalen und jener wenigen Kommunisten, die in der Weimarer Republik im Staatsapparat tätig gewesen waren, und es verlangte von allen Beamten den Nachweis ihrer »arischen« Abstammung.

Mit den Begriffen »Arier« und »arisch« gelangten

neue und fiktive Normen in die Gesetzgebung und Praxis der Gesellschaft, die bis dahin nur in der Demagogie der Nazifaschisten und anderer reaktionärer Kräfte existiert hatten. Die Deutschen waren nach ihrer ethnischen Herkunft wie viele andere Völker und Nationen ein buntes Gemisch. Ihre fernen Vorfahren waren vor allem Germanen, Slawen und Romanen. Eine weit geringere Zahl von ihnen stammte aus Asien. Zu ihnen gehörten Hunderttausende Menschen jüdischer Herkunft, deren Vorväter vor Jahrhunderten in die deutschen Feudalstaaten eingewandert waren. Sie hatten sich in einem langwierigen Prozeß, der im 19. Jahrhundert im wesentlichen abgeschlossen war, zumeist der deutschen Nation assimiliert. Nach ihrem eigenen Verständnis waren sie Deutsche jüdischen Glaubens. Deutschland war ihr Vaterland, sie besaßen kein anderes. Ihre Muttersprache war das Deutsche.

Wie ihre Vorgänger, so waren auch die deutschen Faschisten, die nach 1933 zu diesem Zweck einen kostspieligen pseudo-wissenschaftlichen Aufwand betrieben, nie in der Lage, den Begriff »Arier« zu definieren. Die Scharlatane, die in Diensten der Machthaber die Existenz der »Arier« beweisen wollten, beriefen sich auf deren angeblich besondere Blutzusammensetzung, dann wieder auf äußere Kennzeichen, wie Körperbau und Schädelform, und zogen sich schließlich immer mehr auf das Feld mystischer Unbestimmtheit zurück. Schließlich sollte es der Charakter sein, der diese »Edel- und Herrenmenschen« ausmache. Als »Arier« galt den Faschistenführern jedoch nur ihre eigene blinde Gefolgschaft.

Unbestimmt wie die »Arier« blieben im faschistisch bestimmten Menschenbild folglich auch die »Nichtarier«. Zu ihnen wurde die Mehrheit der Erdbevölkerung gezählt, mit anderen Europäern vor allem die Slawen, die Masse der Afrikaner und der Asiaten und viele andere Völker. Vor allem und zuerst kehrten die Faschisten den instrumental benutzten Begriff der »Nichtarier« aber gegen die Menschen jüdischen Glaubens und jüdischer Herkunft, die sie mit der herabsetzend gebrauchten und ebenfalls haltlosen Bezeichnung »Rassejuden«

belegten. Von ihnen wurde behauptet, sie seien in Deutschland ausnahmslos Fremde und hätten allenfalls den Status von Gästen zu beanspruchen. Alsbald wurden die Juden, wenn auch vorerst noch nicht in offiziellen Verlautbarungen des Nazistaates, zu Deutschenfeinden abgestempelt.

Die Diffamierung der jüdischen Deutschen richtete sich von Anfang an gegen alle Angehörigen dieser erst durch die faschistischen Gesetze konstituierten Menschengruppe. Unmittelbar wurden von der juristischen Bestimmung und bürokratischen Erfassung der »Rassejuden« noch im Frühjahr 1933 zunächst die in Dienststellen des Reichs, der Länder und der Kommunen, in wissenschaftlichen Forschungseinrichtungen, Universitäten, Hoch- und Fachschulen, bei kulturellen Institutionen, wie Theatern, Museen, Bibliotheken und Orchestern, in Krankenhäusern und Apotheken angestellten jüdischen Mitarbeiter getroffen. Sie verloren ihre Arbeitsplätze. Weitere Gesetze nahmen jüdischen Deutschen die Möglichkeit, als Journalisten, Redakteure, Reporter oder Schriftsteller tätig zu sein.

Dieser Auftakt der faschistischen Judenverfolgung richtete sich unmittelbar auf das Ziel, jüdische Angehörige der Intelligenz, die sich in großer Zahl hohe Verdienste um die Entwicklung von Wissenschaft, Kunst und Kultur erworben hatten, aus ihrem Vaterlande zu drängen und damit die Vertreibung aller Juden einzuleiten. Doch wurde das 1933 von den faschistischen Machthabern noch nicht öffentlich eingestanden. Sie erklärten ihre Maßnahmen als Reaktion auf den angeblich zu starken Einfluß, den die Juden in den bewußtseins- und meinungsbildenden Einrichtungen der Gesellschaft und des Staates gewonnen hätten. Das heuchlerische Argument war mit der Behauptung verknüpft, durch diesen Einfluß seien fremde, un- und antideutsche Ideen und Gefühle in die Nation gelangt, die bekämpft und deren weitere Ausbreitung unterbunden werden müßten. Die jüdischen Deutschen, ob sie an führendem oder maßgeblichem Platz in der Gesellschaft wirkten oder in untergeordneter oder einflußloser Stellung sich befanden, hatten im wesentlichen keine anderen sozialen, politischen und kulturellen Ideen und Vorstellungen als die Mehrheit der Deutschen. Auch unter ihnen befanden sich Verfechter fortschrittlicher wie reaktionärer Gedanken. Wofür sich der eine oder der andere entschied, das wurde durch seine soziale Lage, seine Erziehung und viele andere gesellschaftliche Faktoren, auch durch familiäre Traditionen und persönliche Neigungen bestimmt.

Die übergroße assimilierte Mehrheit der in Deutschland lebenden Juden dachte und fühlte nicht weniger deutsch als die Nichtjuden. Was ihrem gemeinsamen Vaterlande diente oder schadete, darüber waren richtige und falsche Erkenntnisse in beiden Gruppen gleichermaßen verbreitet. Das hatte sich namentlich bei Ausbruch des ersten Weltkrieges gezeigt, als auch viele jüdische Deutsche nationalistisch hochgestimmt zu den Waffen des deutschen Imperialismus geeilt waren. Von den 100 000 Juden, die als Offiziere und Soldaten der kaiserlichen Armee angehört hatten, waren nachweislich mehr als 12 000 aus dem Kriege nicht zurückgekehrt. Folglich konnte es den Faschistenführern gar nicht darum gehen, einen tatsächlichen »undeutschen« Einfluß der Juden zu unterbinden. Vielmehr zielten sie darauf, deutsch und »nationalsozialistisch« gleichsetzend, den faschistischen Einfluß planmäßig zu verbreiten.

Die Hetze gegen die Juden markierte und schuf einen imaginären inneren Feind, der, je weniger greifbar er war, sich um so besser dazu eignete, für alles verantwortlich gemacht zu werden, was breite Teile des Volkes als schlecht empfanden oder was ihnen die Machthaber als schlecht hinstellten. Die faschistischen Antisemiten benutzten das »internationale Judentum«, wie die jüdischen Deutschen, auch darin ganz den Praktiken ihrer Vorbilder folgend, als den universellen Sündenbock. Der Judenhaß und die Judenverfolgung erfüllten zuerst die ideologisch-politische Funktion, von den wahren Ursachen der sozialen und nationalen Übel abzulenken.

Der wissenschaftlich fundierten These vom Klassenkampf als der Triebkraft der Weltgeschichte setzten die Nazi-Ideologen die Behauptung vom Rassenkampf als angeblichem Grundgesetz der Menschheitsentwicklung entgegen.

Damit suchten sie nicht nur den Marxismus geistig zu überwinden, sondern vor allem eine allseitig verwendbare Kriegsideologie unter den Deutschen zu verbreiten. Die Feindbilder vom »jüdischen Bolschewismus« und vom »jüdischen Plutokratismus« waren darauf zugeschnitten, sowohl die Aggression gegen die UdSSR wie den Krieg gegen die imperialistischen Rivalen zu begründen.

Die antijüdische Aggressivität der Naziführerschaft bedrohte eine Minderheit in Deutschland, die etwa ein Prozent der Gesamtbevölkerung ausmachte. Zu ihr gehörte – und sie allein war bisher statistisch erfaßt – die Gruppe der Juden, die sich zum mosaischen Glauben bekannte. Bei der Volkszählung, die am 16. Juni 1933 durchgeführt worden war und bei der noch nicht nach der »Rassenzugehörigkeit« gefragt, sondern lediglich das religiöse Bekenntnis erfaßt wurde, deklarierten sich 499 682 Menschen in diesem Sinne als Juden. Sie waren, wie schon erwähnt, nicht allein Zielscheibe des faschistischen Antisemitismus. Auch die erst während der faschistischen Diktatur durch verschiedene Erhebungen erfaßten Deutschen (oder in Deutschland lebenden Personen) jüdischer Herkunft wurden zu »Rassejuden« erklärt. Da sich Juden und Nichtjuden seit Generationen zunehmend durch Eheschließungen verbunden und Nachkommen gezeugt hatten, gingen die Nazis nun auch daran, diejenigen zu ermitteln, die sie als »Halb-«, »Viertel-« und »Achteljuden« erfaßten. Ohne, daß die Machthaber zu diesem Zeitpunkt sich schon schlüssig geworden waren, welche Maßnahmen sie gegen diese, nun abwertend »Mischlinge« genannten Personen ergreifen wollten, bedeutete die Diffamierung doch zugleich eine Herabsetzung und potentielle Gefährdung aller, die nicht als »reine Arier« galten.

Die antijüdischen Maßnahmen der faschistischen Machthaber entsprangen einer in ihren letzten Wurzeln irrationalen Judenfeindschaft der Nazis und anderer reaktionärer Kräfte, die mit den Faschisten bei der Drangsalierung der Juden seit 1933 kooperierten und durch ihre Mitwirkung das Ausmaß und das Tempo der Verfolgungen erst möglich machten. Zugleich war dieser jenseits und unabhängig von allen Vernunftsgründen wuchernde Judenhaß mit nüchternem Kalkül gepaart. Die faschistischen Politiker wußten aus fremder und eigener Erfahrung, zu wievielen Zwecken Antisemitismus und Judenfeindschaft verwendet werden konnten. Vor allem ließ sich mit antijüdischen Maßnahmen der eigenen erwartungsgeladenen Anhängerschaft ein Ersatz für die versprochene »Revolution« anbieten. Die Machthaber erweckten den Anschein eingreifender Veränderungen in die Gesellschaft, und sie setzten sich durch die Vertreibung der Juden in den Stand, einen Teil ihrer Gefolgsleute politisch und andere auch materiell zufrieden zu stellen. Die aus ihren Berufen verdrängten Juden machten Arbeitsplätze für »Arier« frei, und für einige von ihnen eröffneten sich Aufstiegschancen. Verließen die Drangsalierten Deutschland, so verfügten die lokalen Behörden zudem über Wohnraum, der besonders rar war.

Anfang 1934 ließ das Reichsinnenministerium, die in der Regierung federführende Institution der antijüdischen Politik, alle weiteren gesetzgeberischen Maßnahmen und sonstigen Aktionen gegen die Juden auf unbestimmte Zeit einstellen. Das enttäuschte die mit antijüdischen Parolen vollgestopften Nazis auf mittlerer und unterer Ebene und führte in Kreisen der Juden zur Illusion, das Regime werde seine antisemitischen Maßnahmen und Aktionen in den bis dahin markierten Grenzen halten. In Wahrheit waren es einzig außenpolitische, besonders außenhandelspolitische Rücksichten, die es der Regierung geraten sein ließen, die Praxis des Antisemitismus zunächst nicht auf den Wirtschaftsbereich auszudehnen. Jüdische Geschäfts- und Ladeninhaber, die Eigentümer von Warenhäusern und industriellen Firmen, Privatbankiers und Besitzer von Kinos wurden nicht behelligt, wenngleich der ideologische Druck auf die »Arier« zunahm, die aufgefordert und erpreßt wurden, mit Juden keine Geschäfte zu machen. Doch selbst Staatsbehörden unterhielten auf höchster Ebene zunächst noch wirtschaftliche Verbindungen mit jüdischen Unternehmen.

Was aber würde geschehen, wenn die Rücksichten als

überflüssig angesehen werden würden? Diesen Zeitpunkt sahen die Machthaber Ende 1935 noch nicht für gekommen. Der faschistische Reichstag verabschiedete zwar im September diesen Jahres die Nürnberger Gesetze, die eine neue Stufe der Diffamierung und Isolierung der jüdischen Deutschen darstellten und auch die mildere Behandlung bestimmter Gruppen von Juden beseitigten, doch die Eskalation der judenfeindlichen Maßnahmen gegen das bürgerliche und kleinbürgerliche Eigentum und dessen Betätigung blieben wiederum aus. Klar wurde aber, daß es für die Machthaber keine Grenze des Antisemitismus gab. Wenn Hitler in seiner Rede zur Begründung der Nürnberger Gesetze den Anschein wecken wollte, es würde vom Verhalten der jüdischen Deutschen abhängen, ob sich in Zukunft weitere Maßnahmen gegen sie richteten, so war das nur täuschendes Gerede.

Unter dem Druck der sich in Wellen steigernden Judenverfolgungen hatten seit der Machtübergabe an die Faschisten Jahr für Jahr Zehntausende von jüdischen Deutschen ihr Vaterland verlassen. Die größte Zahl an Flüchtlingen wurde 1933 verzeichnet, als aufgrund der rassistischen Maßnahmen etwa 30000 Menschen emigrierten. In den folgenden Jahren war die Zahl der Zwangsauswanderer wieder leicht zurückgegangen, und auch das Inkrafttreten der Nürnberger Gesetze hatte sie nicht gravierend anwachsen lassen. Würde sich der Flüchtlingsstrom weiter »nur« wie in den Jahren 1934 bis 1937 aus dem Deutschen Reich herausbewegen, so konstatierten die Strategen der Judenverfolgung, dann werde es noch beträchtlich länger als ein Jahrzehnt dauern, bevor alle Juden vertrieben wären und der faschistische Staat »judenrein« sein würde.

Über diese Perspektive war man in führenden Kreisen des Regimes unzufrieden, zumal sich abzeichnete, daß schließlich vor allem arme, kranke und hilfsbedürftige Juden in Deutschland zurückbleiben würden. Im Apparat des Sicherheitsdienstes (SD), der sich seit 1937 intensiv mit den strategischen Fragen der antijüdischen Politik befaßte, wurden Möglichkeiten der forcierten Vertreibung erörtert. In diesem Zusammenhang kam gelegentlich auch die Wirkung eines Pogroms zur Diskussion. Unter allen verfügbaren Mitteln galt aber der Angriff auf die wirtschaftliche Existenz der jüdischen Deutschen als das durchschlagendste. Über dessen Anwendung und den Zeitpunkt, an dem sie erfolgen konnte, mußten die faschistischen Experten der Rüstungswirtschaft und letztlich Hitler entscheiden.

Es waren vor allem zwei Entwicklungen, die schließlich in verschärfte Maßnahmen zur Austreibung der Juden mündeten. Die eine wurde durch den seit Ende 1937 immer bestimmter fixierten Kriegskurs des faschistischen deutschen Imperialismus gebildet. An der Spitze des Regimes steuerten Politiker und Militärs auf den großen Krieg mit den europäischen Hauptgegnern zu, den sie in der ersten Hälfte der vierziger Jahre beginnen wollten. Damit verband sich — als eine von vielen ungelösten Fragen — auch das Problem, wie viele Juden in den verbleibenden Vorkriegsjahren noch aus Deutschland herausgedrängt werden könnten. Die Absicht der Machthaber war klar: Es sollten so viele wie irgendmöglich sein, ließ sich doch kaum annehmen, daß die Verfolgten, die 1935 auch für wehrunwürdig erklärt worden waren, Deutschlands Sieg im Kriege herbeiwünschen könnten. Daraus ergab sich die Taktik, den Druck sowohl auf die jüdischen Deutschen wie auch auf die Regierungen der kapitalistischen Staaten zu verstärken, denen die faschistische Politik eine wachsende Zahl von Flüchtlingen aufzwingen wollte.

Der Kriegskurs und seine Beschleunigung verschlang Unsummen von Staatsgeldern, die vor allem aus den Werktätigen herausgepreßt wurden. Die bis zum Kriegsbeginn ins Auge gefaßten Fristen verkürzten sich fortgesetzt. Immer neue Auswege wurden gesucht, um finanzielle Mittel für die Steigerung der Militärproduktion zu mobilisieren. Hermann Göring, der seit 1936 zunehmend ins Zentrum der Leitung der Rüstungswirtschaft trat, sorgte sich nicht um die langfristigen, die Volkswirtschaft deformierenden Folgen der Hochrüstung. Mit der erhofften und sicher geglaubten Kriegsbeute sollte die Industrie wieder ins Lot kommen.

Aus diesem Rüstungsfieber ergab sich die zweite gefahrdrohende Entwicklung; denn es lag in der Logik der faschistischen Antisemiten, daß sie bei ihrer ständigen Fahndung nach Finanzquellen auf das Eigentum der Juden stießen. So entstand der Plan, deren Besitz im größtmöglichen Umfang zu rauben. Zunächst wurden die Werte erfaßt, die Juden gehörten. Ihnen wurde auferlegt, zu deklarieren, was sie an mobilem und immobilem Eigentum besaßen.

Seit dem Erscheinen der »Verordnung über die Anmeldung des Vermögens von Juden«, die am 26. April 1938 im Reichsgesetzblatt veröffentlicht wurde, konnte man nicht mehr daran zweifeln, daß die Nazis den Generalangriff auf die wirtschaftlichen Positionen der jüdischen Deutschen vorbereiteten. Auch ihre bisherigen Erfahrungen im Außenhandel ermutigten die Machthaber dazu, diesen wiederholt aufgeschobenen Schritt jetzt zu gehen, durch den die Lebensgrundlagen der deutschen Juden an der Wurzel getroffen werden sollten. Es hatte sich gezeigt, daß die ausländischen Konzerne sich in ihren Entschlüssen nicht durch die alle Menschenrechte mißachtende, brutale Verfolgung der Nazigegner oder durch die Drangsalierung der Juden bestimmen ließen, sondern von dem Interesse geleitet wurden, an der Aufrüstung Deutschlands direkt oder indirekt zu profitieren. Negative Rückwirkungen auf die Rüstungswirtschaft waren also als Folge auf eine gesteigerte Judenverfolgung kaum zu erwarten. Jedenfalls würde der Vorteil, die Beute, das schien gesichert, eventuelle Nachteile der Aktion bei weitem überwiegen.

Der geplante Raubzug galt den 8,5 Milliarden Reichsmark jüdischen Vermögens, das im Reichsgebiet, einschließlich des ihm im März 1938 einverleibten Österreichs, ermittelt worden war. Davon existierten 1,2 Milliarden Reichsmark, das entsprach 14 Prozent, in Form von Betriebsvermögen. 4,8 Milliarden Reichsmark oder 60 Prozent des Gesamtvermögens waren in Form von liquiden Wertpapieren vorhanden. Der Rest bestand aus Grundvermögen.

Dieser Zusammenhang von Rüstungsfinanzierung, Judenvertreibung und »Arisierung« gehörte freilich zu den gehüteten Geheimnissen der faschistischen Machthaber. Seit der unter außerökonomischem Druck alsbald nach 1933 in Gang gekommene Verkauf jüdischen Kapitals erfolgte, war in der Nazipresse davon wenig Aufhebens gemacht worden. Nur die Leser der Wirtschaftsteile der Zeitungen und diejenigen, die sich genauer mit den Anzeigen-Spalten der Tagespresse befaßten, nahmen wahr, daß immer mehr Juden Fabriken, Banken und Warenhäuser veräußern mußten. Am wenigsten wurde über die Rolle der in »arischem« Eigentum befindlichen Großbanken bekannt, die diese »Arisierung« mit ihren vielfältigen Mitteln steuerten und an ihr profitierten.

In der abschließenden Phase der »Arisierungen«, die den Charakter von Enteignungen annahmen, wurde der Bevölkerung, die glauben sollte, es handle sich um eine Straf- und Vergeltungsaktion aufgrund des jüdischen »Anschlags gegen das neue Deutschland«, das ökonomische Interesse von Großkapital und Staatsmacht vollends verborgen. Nur intern gestand Göring nach dem weitgehend abgeschlossenen Coup ein, der Raub des jüdischen Eigentums habe über eine kritische Situation der Rüstungsfinanzierung hinweggeholfen. Während die Nazipropaganda die Juden als diejenigen hinstellte, die das deutsche Volk seit Jahrhunderten beraubt hätten, waren die politisch und wirtschaftlich herrschenden Kreise des deutschen Kapitals die wirklichen Räuber.

Entschluß und Befehl

In der Geschichte der faschistischen Diktatur in Deutschland gibt es eine Kette schwerwiegender Entscheidungen, über deren Vorgeschichte und Zustandekommen letzter Aufschluß kaum zu gewinnen ist. Das liegt zum einen und wesentlich in der Natur des Regimes selbst und in der Art und Weise begründet, in der in ihm regiert wurde und Kompetenzen verteilt waren. Zum anderen hatten die Machthaber mehrfach von vornherein ein Interesse daran, der Öffentlichkeit Ursprünge und Triebkräfte von Ereignissen und Handlungen nicht erkennbar zu machen.

Für den Entschluß, der zum Pogrom führte, gilt das in besonderem Maße. Hitler, Staatsoberhaupt und Regierungschef in einer Person und seit Februar 1938 auch höchster unmittelbarer Befehlshaber der Wehrmacht, sollte und wollte nicht als Anstifter eines Pogroms erscheinen, der in weitesten Teilen der Welt Entsetzen, Abscheu und Protest hervorrufen würde. Nichtsdestoweniger zweifelte nach dem Bekanntwerden des Pogroms kaum einer daran, daß kein Mann aus der langen zweiten Reihe der Naziführerschaft den Befehl gegeben haben konnte, ohne mindestens Hitlers ausdrückliches Einverständnis für das barbarische Vorgehen erhalten zu haben. Denn die Judenverfolgung bildete in besonderem Maße eine Domäne Hitlers. Das hatte sich vor aller Weltöffentlichkeit zuletzt 1935 gezeigt, als er die Rede zur Begründung der Nürnberger Gesetze selbst hielt, obwohl Göring, Goebbels, Frick oder Streicher sich mit ihr auf einen bloßen Wink des »Führers« hin bereitwillig in Szene gesetzt hätten.

Hitler dürfte sich schon von dem Moment an, da ihn die Nachricht vom Vorfall in Paris erreichte, mit der Frage beschäftigt haben, wie das Attentat für die Zwecke faschistischer Innen- und Außenpolitik ausgebeutet werden könnte. Daß eine gegen die deutschen Juden gerichtete Gewalttat in den Tagen zwischen dem Attentat und dem Tode Ernst vom Raths in seinen Überlegungen eine Rolle spielte, kann angenommen, aber nicht bewiesen werden. Für die Annahme spricht, daß die Methode nackter Erpressung in Hitlers politischem Instrumentarium einen festen Platz einnahm. Durch das Attentat in Paris aber war ein unerwarteter Anlaß für erpresserisches Vorgehen geschaffen und dies in einem Augenblick, da – wie erwähnt – an der Spitze des Regimes ohnehin nach einem Eröffnungszug für eine schärfere Judenverfolgung gesucht wurde.

Den endgültigen Entschluß darüber, einen antijüdischen Pogrom auszulösen, hat Hitler am Abend des 9. November in München gefaßt, nachdem ihm die Nachricht vom Tode Ernst vom Raths überbracht worden war. Dieses Datum spielte in der Geschichte der Nazipartei und in ihrer diese Geschichte beschönigenden und verfälschenden Traditionspflege eine erstrangige Rolle. Jahr für Jahr versammelte sich in der bayerischen Hauptstadt, die in Deutschland den politisch-geographischen Ausgangspunkt der faschistischen Bewegung gebildet hatte, eine Gruppe ausgesuchter »alter Kämpfer«. Es waren vornehmlich jene, die am 9. November 1923, exakt fünf Jahre nach dem Beginn der Novemberrevolution, versucht hatten, durch einen Putsch in München den Sturz der Weimarer Republik einzuleiten und danach mit einem Marsch nach Berlin die faschistische Diktatur zu errichten.

Aus dem Marsch der Putschisten war aber nichts geworden. Schon ihrer Demonstration zur Münchener Feldherrenhalle hatten einige Gewehrsalven, abgefeuert von Truppen der Landespolizei, ein rasches und unrühmliches Ende bereitet. Das hinderte faschistische Führer nicht, das episodenhafte Ereignis zu einem nationalen Geschehen zu stilisieren. Vor allem lieferten die Jahrestagsfeiern des Putsches immer wieder Gelegenheit und Kulisse, um Hitler zu verherrlichen und den um ihn betriebenen Kult zu steigern.

Hitler war auch bei den Feierlichkeiten des Jahres 1938 der Mittelpunkt des Spektakels. Alljährlich nutzte er es, sich der Gefolgstreue der obersten Parteiführer aus allen Gauen zu versichern und – umgekehrt – ihnen seine Treue zu den »nationalsozialistischen« Parteizielen zu bekunden. Während die engste Führerschaft der NSDAP im Münchener Rathaus um Hitler versammelt war, in Erinnerungen an die verklärte Vergangenheit und in Gedanken an die Zukunft »Großdeutschlands« schwelgte, beriet dieser sich mit Reichspropagandaminister Joseph Goebbels, was auf die Todesnachricht aus Paris folgen solle. Ohrenzeugen des Gesprächs gab es nicht. Weder Hitler noch Goebbels, die sich in den Trümmern der Reichskanzlei in Berlin kurz vor ihrer Gefangennahme durch die Sowjetarmee selbst umgebracht hatten, konnten nach dem Kriege über den Hergang befragt werden. Doch gewann schon der Internationale Militärgerichtshof, als er 1945/46 in Nürnberg gegen die Gruppe der Hauptkriegsverbrecher verhandelte und Angeklagte wie Zeugen befragen konnte, Aufschluß über die Ereignisse, die sich in München in der Nacht vom 9. zum 10. November 1938 zutrugen.

Hitler verließ die Veranstaltung und begab sich in seine nahe gelegene Privatwohnung, ein exklusives Appartement in der Münchener Innenstadt, das er bereits in den Jahren der angeblich so entbehrungs- und leidensreichen »Kampfzeit« bewohnt hatte. Er überließ Goebbels die weitere Regie. Der Propagandaminister hielt den Naziführern eine aufputschende, zum Pogrom gegen die Juden aufhetzende Ansprache. Ihr Text ist im Wortlaut nicht überliefert, doch läßt ihre Wirkung unabweisbare Schlüsse darauf zu, was Goebbels wirklich gesagt hatte. Kaum hatte er seine Rede beendet, da löste sich die Versammlung der Naziführer auf. Die Kommandeure der SA-Gruppen eilten an die Telefone, um ihren Dienststellen in den Gauen zu befehlen loszuschlagen. (1) Die Leiter der über das gesamte Reichsgebiet verteilten Gaupropagandaämter informierten ihre Mitarbeiter, was geschehen würde und welche Rolle sie dabei zu spielen hätten. Alle diese Befehle und Nachrichten stimmten nach ihrem Inhalt und vielfach auch nach ihrem Wortlaut weitgehend überein. Ziele und Methoden der Aktion wurden genau bezeichnet und exakt verstanden. Auch auf den weiteren Stufen des Apparates der Nazipartei und der SA traf unverfälscht der Befehl ein, daß die Mannschaften zu alarmieren, die Einzelhandelsgeschäfte der Juden zu zerstören und die Synagogen in Brand zu setzen seien und daß die SA an den Juden »Rache« zu üben hätte. Klar wurde auch verstanden, daß zwar kein Massenmorden befohlen war, jedoch auf Gesundheit und Leben der Juden keine besondere Rücksicht zu nehmen sei. Diese Übereinstimmung der erteilten Befehle und der sich aus ihnen ergebenden Verbrechen lassen nur einen Schluß zu: Der Propagandaminister hatte sich nicht vage, sondern sehr bestimmt darüber geäußert, was die SA, der Hauptträger der Gewalttat, tun sollte.

Während Goebbels die ihm zugewiesenen Aufgaben öffentlich erledigte, so daß er bei Untersuchungen, die das Oberste NSDAP-Gericht später durchführte, zweifelsfrei als der direkte intellektuelle Urheber des Pogroms benannt wurde (77), war Hitler auf andere Weise tätig. Er beriet mit Himmler, wie verhindert werden könnte, daß die gerade befohlenen Gewalttätigkeiten ausuferten und das gedachte Maß überschritten. Dafür sollte die Sicherheitspolizei sorgen, die SS-Gruppenführer Reinhard Heydrich kommandierte. Deren Berliner Zentrale ließ daraufhin ihren Dienststellen im Reichsgebiet per Funkspruch und mittels Fernschreiber mitteilen, welche Aktionen der SA während der nächsten Stunden zu erwarten seien. (2) So waren die Beamten der Sicherheitspolizei darüber in Kenntnis gesetzt, wie weit der Pogrom getrieben werden sollte und ab wann und in welchem Sinne sie allenfalls einschreiten sollten. Auch die Ordnungspolizei erhielt entsprechende Befehle. Sie hatte dafür zu sorgen, daß der Straßenverkehr nicht behindert würde. Die Feuerwehr sollte nur eingreifen, wenn die Brandstiftungen auch Gebäude gefährdeten, deren Zerstörung nicht beabsichtigt war.

Die Art und Weise, in der über das Stattfinden des Pogroms entschieden wurde, charakterisiert die Entwicklungsstufe der fünfeinhalb Jahre alten faschistischen Diktatur. Hitler hatte allein, nur mit einem Reichsminister, den seinen »Führer« bis zur Anbetung bewundernden Goebbels, sich knapp konsultierend, über eine politische Aktion entschieden, die in der neueren deutschen Geschichte ohne Beispiel war. Das Stattfinden des Pogroms wurde selbst Ministern, Staatssekretären und anderen hochgestellten Politikern des Nazistaates erst durch Augenschein oder Rundfunkmeldung bekannt, nicht früher als dem sprichwörtlichen »Mann auf der Straße«.

Nicht nur, daß Hitler die Entscheidung über den Pogrom allein getroffen hatte, charakterisierte Situation und Tendenz der faschistischen Staatsentwicklung, mehr noch verdeutlicht sie sich an der Antwort auf die Frage, warum er so verfahren konnte. In der Führungsclique war ein Regierungsstil üblich geworden — die Reichsregierung trat seit Februar 1938 nicht mehr zu Sitzungen zusammen —, der Hitler selbst immer mehr persönliche Vollmachten zugestand und überließ, gleichzeitig aber auch den anderen Kabinettsmitgliedern einzeln

oder gruppenweise Entscheidungsbefugnisse ein-
räumte, die kein Minister eines bürgerlich-demokratischen Staates besaß. Die Arbeits- und Machtteilung der
faschistischen Regierungsmitglieder und die weitgehend eigenmächtige Arbeitsweise eines jeden Faschi-
stenführers, der an der Spitze einer obersten Reichsbe-
hörde stand, bedeutete indessen nicht, daß die Teile der
staatlichen Zentrale gleichsam auseinandertrieben oder
das Ganze gar zerfiel. Die Minister leiteten ihre Bereiche
vielmehr in allen Grundsatzfragen in abgestimmter und
auf vereinbarte Ziele gerichteter Weise. Das galt voll
und ganz auch für ihren jeweiligen Anteil an der »Lösung der Judenfrage«.

Auf dem vereinbarten Generalkurs hatten die Regierungsmitglieder, Staatssekretäre und Unterstaatssekre-
täre im Verlauf des Jahres 1938 die verschiedensten Initiativen ergriffen, um die Existenzbedingungen der Juden sukzessiv zu verschlechtern. Alle diese höchsten Faschistenführer waren daran beteiligt, den Juden den Le-
bensfaden in Deutschland gänzlich zu durchschneiden,
um sie außer Landes zu treiben. Gesetze und Verordnungen, die dieser Austreibung dienten, trugen mit der Unterschrift Hitlers auch die der verschiedensten Ressort-
minister. An der juristischen Fixierung der Judenverfolgung waren am stärksten Reichsinnenminister Wilhelm
Frick, der Reichsminister der Justiz Franz Gürtner und
der sogenannte Stellvertreter des Führers Rudolf Heß
beteiligt gewesen. Doch hatten vom Reichsministerium
für Wissenschaft, Erziehung und Volksbildung bis zum
Amt des Reichsgesundheitsführers viele weitere Reichsbehörden die antijüdische Aktion vorangebracht.

Erfolgte der Pogrom auch nicht auf vereinbarten Entschluß dieser Führungsclique, so lag er doch auf der gemeinsam verfolgten Linie und richtete sich auf das von
allen erstrebte Ziel. Abrupt neu war die Methodik des
Vorgehens. Sie hätte während einer Beratung in der
Reichsregierung möglicherweise taktische Kontroversen
und Einwände hervorgerufen, deren Quelle nicht Skrupel, aber die unterschiedliche Beurteilung von Nutzen
und Nachteil eines Pogroms gewesen sein könnten. Göring wäre, wie aus einer späteren Äußerung geschlossen

werden kann, womöglich gegen die Zerstörung so vieler Werte gewesen.

Die Frage, ob seine Entscheidung unter seinen engsten Mittätern ernsthafte Einwände auslösen oder gar zu Spannungen im Reichskabinett führen werde, brauchte sich Hitler aber nach allen Erfahrungen nicht zu stellen. In der Tat war der Pogrom für keinen Minister oder einen anderen hochgestellten Reichsbeamten Anlaß, seinen Abschied zu nehmen oder auch nur seine Versetzung auf einen Posten zu erstreben, auf dem ihm weniger Mitverantwortung für die Verfolgung der Juden zugefallen wäre.

Das Verbrechen

In München begannen faschistische Einheiten den Pogrom noch in den letzten Stunden des 9. November. Dort waren die Befehls- und Informationswege am kürzesten, und die paramilitärischen Verbände befanden sich ohnehin noch auf den Beinen; denn in einem mitternächtlich-gespenstischen Ritual sollten, wie alljährlich, die neueingetretenen Mitglieder der SS vereidigt werden. Während sich Hitler aus seiner Wohnung, nachdem er die Weisungen an die Sicherheits- und Ordnungspolizei besprochen hatte, zu den tempelähnlichen Bauten am Königsplatz begab, in denen die Toten des 9. November 1923 beigesetzt waren, wurden in Bayerns Hauptstadt schon die ersten Synagogen in Brand gesetzt.

In anderen Gauhauptstädten traten die Faschisten in den ersten Stunden des neuen Tages in Aktion. Manche Formationen setzten mit ihrem Zerstörungswerk in der Morgendämmerung ein, als Arbeiter zu Fuß, mit öffentlichen Verkehrsmitteln oder auf Fahrrädern in die Betriebe gelangten. In Kleinstädten und ländlichen Gemeinden trafen die Trupps, die aus größeren Städten oder Stützpunkten herangefahren wurden, erst am Vormittag des 10. November ein. Seit Tagesanbruch sammelten sich um die Täter Gruppen von Neugierigen und Schaulustigen, von denen die einen zum faschistischen

Mob gehörten, während andere, denen die unglaubliche Nachricht zugekommen war, sich selbst überzeugen wollten, was geschah. Sie fanden die Nazis, in deren Formationen schon in der »Kampfzeit« vor 1933 vom »Judenblut« gesungen wurde, das »vom Messer spritzen« sölle, bei dem ihnen befohlenen Zerstörungswerk. Zumeist agierten die Angehörigen der faschistischen Verbände in Zivil, gemäß dem Befehl, die Organisiertheit der Aktion nicht sofort erkennbar werden zu lassen. In manchen Orten, wie in weiten Teilen Oberschlesiens, traten sie auch uniformiert an. (3, 20) Die hauptsächlichen Kontingente der gewalttätigen Trupps stellte die SA, doch wirkten Mitglieder der SS — im Gegensatz zu der ihnen eigentlich zugedachten Rolle der Kontrolleure — auch bei den Zerstörungen und Gewaltakten aktiv mit. Selbst Gruppen der Hitlerjugend waren, wenn auch nur vereinzelt und in geringerer Zahl, am Pogrom beteiligt. In Städten und Gemeinden wurden Synagogen, Gebetssäle, Andachtsräume auf Friedhöfen und in Gemeindehäusern der Juden total verwüstet. Vor allem von den Synagogen sollte kein irgendwie brauchbarer Rest bleiben. Gewaltsam drangen die Trupps in die Gebäude ein, wenn nicht ein Bediensteter der Gemeinde oder ein herbeigeschleppter Rabbiner, durch Drohungen gepreßt, ihnen die Tore und Türen öffnete. Bewegliches Inventar wurde auf die Vorplätze und Straßen geworfen, um es dort anzuzünden. Thorarollen, Gebetsmäntel, Gebetsbücher wurden in den Dreck getreten und gingen in Flammen auf. Danach wurden Benzin oder andere leicht entzündliche Flüssigkeiten herangeschleppt und über die hölzernen Teile der Inneneinrichtungen gegossen, von denen Leuchter und andere zerbrechliche Gegenstände bereits unter den Schlägen der SA-Leute in Trümmer gegangen waren. Dann wurden die Brände gelegt. In ihren Flammen verbrannten unersetzliche Werte der jüdischen und der Menschheitskultur.

Inzwischen waren zumeist auch die Polizeikräfte eingetroffen. Die Feuerwehrleute standen mit an Hydranten angeschlossenen Wasserschläuchen und allem Material zur Brandbekämpfung einzig dazu bereit, um das Übergreifen der Flammen auf benachbarte Gebäude zu verhindern, deren Dächer mitunter vorbeugend beregnet wurden.

Wo die Nähe von Häusern und anderen Gebäuden die Brandstiftung verbot, beschränkten sich die Faschisten auf manuelle Zerstörungen. Auf diese Weise wurde beispielsweise die Synagoge zu Potsdam ruiniert, deren ursprünglicher Bau zu Zeiten Friedrich II. ausgeführt worden und in deren Innerem der preußische Adler an gut sichtbarem Ort angebracht war. Vielerorts ging die Verwüstung der jüdischen Gotteshäuser mit tätlichen Angriffen auf Rabbiner und Angestellte der Gemeinden einher. (6)

Fürchterlich wüteten die SA-Trupps, in manchen Orten von SS und auch von Angehörigen der Hitlerjugend unterstützt, in Geschäften und Läden der Juden. Gitter, Rolläden und andere Sicherungen der Geschäftsfronten wurden herausgerissen, Tür- und Schaufensterscheiben eingeschlagen, Auslagen auf Bürgersteige und Straßen geworfen und niedergetrampelt. Auch das Innere der Verkaufsstätten wurde systematisch zerstört. Waren, Vitrinen, Regale, Verkaufstische, Kassen, Lampen, Schreib- und Rechenmaschinen gingen in Trümmer. Das Chaos bot massenhaft Gelegenheit, auf bequeme Weise zu plündern und zu rauben. Gauleiter Josef Bürckel beschrieb die Vorgänge in Wien als die »Nacht der langen Finger«. Der prunksüchtige Göring echauffierte sich insbesondere wegen der in einem Geschäft in der Berliner Prachtstraße Unter den Linden geraubten Juwelen, die einen Gesamtverlust von 1,7 Millionen Mark darstellten. Wertvolle Pelze gehörten zu dem besonders bevorzugten Diebesgut. Wochenlang waren die faschistischen Dienststellen und die Polizei damit beschäftigt, nach dem Geraubten zu fahnden. Niemals wurde auch nur intern ein Bericht darüber gegeben, was sich wieder angefunden hatte.

Dabei hatten die Mitglieder der SA-Formationen nicht nur in die privaten Taschen gestohlen. Der Reichsschatzmeister der NSDAP, Xaver Schwarz, wußte alsbald, daß SA-Führer durch Erpressung oder Raub Bargeld und Wertgegenstände in Organisationsbesitz gebracht hatten. Um seine Finanzoberhoheit zu wahren, verlangte er, die auf diesem Wege geschaffenen »schwarzen Kassen« aufzulösen. Die skandalösesten Methoden der Erpressung wurden im nordbayerischen Nazigau Franken angewendet. An dessen Spitze stand Julius Streicher, der Herausgeber des antijüdischen Hetzblattes »Der Stürmer«, einer der ältesten Mitkämpfer des Faschismus und einer der wenigen Duzfreunde Hitlers. Unter der Oberregie Streichers, der den Anspruch erhob, im faschistischen Staat der »Antisemit Nr. 1« zu sein, preßte sein Stellvertreter den jüdischen Eigentümern von Häusern, Grundstücken und Autos Schenkungen oder »Kaufverträge« ab, die faschistische Organisationen für Spottgelder zu Besitzern von Millionenwerten machten. (39, 68) Auch in anderen Gauen waren Autos diejenigen Gegenstände, nach denen repräsentationshungrige Faschistenführer besonders gierten.

Hemmungslos wurden viele Privatwohnungen von Juden verwüstet. Möbel, Einrichtungsgegenstände und Hausrat aller Art wurden zertrümmert oder flogen aus Balkons und Fenstern auf die Straßen. Gleiches geschah mit Kunstgegenständen, Büchern, Dokumenten und anderen wertvollen Papieren. Als sie in die Wohnungen eindrangen, trafen die rasenden Antisemiten anders als in den nächtens verlassenen Geschäften auch auf Menschen, rissen sie aus den Betten, verprügelten sie, jagten sie auf und durch die Straßen, trieben andere – als der Befehl zur Verhaftung männlicher Juden inzwischen ergangen war – auf Polizeireviere, in Gefängnisse oder zu provisorischen Sammelplätzen. In Todesangst sprangen manche der Bedrohten aus den Fenstern, andere starben infolge Herzschlags. Durch Pistolenschüsse oder Verletzungen wurde eine nie genau ermittelte Zahl von Juden umgebracht.

Viele Untaten offenbarten, daß in der SA-Mannschaft die Praktiken lebendig waren, die sie 1933 und bereits davor gegen Antifaschisten angewendet hatten und die zum »Repertoire« jener Mannschaften zählten, welche die damals eingerichteten Konzentrationslager bewachten. Juden wurden gezwungen, Nazilieder, zu singen. In Baden-Baden mußten sie in der Synagoge, bevor das Gebäude in Flammen aufging, der Reihe nach Passagen aus Hitlers Buch »Mein Kampf« vorlesen. Andernorts machten sich die Faschisten einen Jux daraus, die Juden vor deren Abtransport in die Lager »strafexerzieren« zu lassen.

Am späten Nachmittag des 10. November wurden die Leitungen und Kommandos der faschistischen Organisationen angewiesen, den Pogrom zu beenden. (15) Heydrichs Befehl an die Sicherheitspolizei besagte, daß die Unterbindung weiterer Gewalttätigkeiten so zu erfolgen hätte, daß Konfrontationen zwischen Polizei und SA sowie SS vermieden würden. Im Einzelfall, wenn die Zerstörungen nicht weit genug fortgeschritten waren, durfte die Polizei die Trupps noch weiter am Werk lassen. (16)

Gleichzeitig wurde bereits angewiesen, die Spuren des Verbrechens zu beseitigen. Das Regime war nicht daran interessiert, Straßen tagelang in einem Abscheu und Ekel erregenden Zustand zu belassen. Den Juden wurde daher aufgetragen, Fahrbahnen und Bürgersteige vor ihren Geschäften zu reinigen und die Fensterhöhlen mit Brettern zu vernageln, bis sie neu verglast werden konnten.

Noch am 10. November begann die faschistische Propaganda auf verlogenste Art das Geschehene darzustellen. Sie behauptete, das deutsche Volk sei nach dem Mord an Ernst vom Rath am Ende seiner Geduld angekommen gewesen und habe sich spontan gerächt. Die Führung des faschistischen Staates habe für diese Reaktion Verständnis gehabt, ihr aber schließlich ein Ende gesetzt. (15) Diese Lüge vom Volkszorn, der sich angeblich Luft gemacht habe, mochte in abgelegenen Gegenden kurze Zeit geglaubt werden, aber selbst dort mußte die vollständige Übereinstimmung der Angriffsziele jeden stutzig machen, der eigenen Denkens noch fähig war. Die Mehrheit der deutschen Bevölkerung fiel, wie in Stimmungsberichten der Nazi-Organisationen und der Polizeidienststellen ausgeführt wurde, auf diesen Schwindel nicht herein. Manche faschistischen Funktionäre schrieben ihm unumwunden systemschädigende Wirkung zu. (59)

Sehr rasch mußten die faschistischen Initiatoren auch

erkennen, daß die Aktion ihnen kaum neue Anhänger und Sympathien verschafft hatte. Die Beobachter der Volksstimmung vermerkten, daß aus sehr unterschiedlichen Motiven heraus gegenüber den Ausschreitungen spürbare Distanz bewahrt wurde. Die wiederholten ideologischen Kampagnen der Nazidemagogen, die sich gegen »Gefühlsduselei« wandten und ein herzloses Verhalten zu den Verfolgten forderten, hatten bis dahin offensichtlich den gewünschten Erfolg nicht gezeitigt.

Die Täter

Das Verbrechen an den deutschen Juden wurde in der Nacht vom 9. zum 10. November und am folgenden Tage nicht von faschistischen Spezialeinheiten begangen, sondern von den regional gegliederten Formationen der faschistischen SA und der Allgemeinen SS. Sie bestanden, von einigen hauptberuflichen Inhabern höherer Führerränge abgesehen, aus Mitgliedern und Unterführern, die zivile Berufe ausübten und wöchentlich nach festgesetztem Reglement zu Diensten antraten, bis sie aus Alters- oder Krankheitsgründen in die Reserve versetzt wurden. An diese SA-Einheiten, die etwa zwei Millionen Mitglieder zählten und sich in Gruppen, Brigaden, Standarten, Stürme und Trupps gliederten, erging — wie erwähnt — der von Hitler gegebene, von den Gruppenführern erteilte Befehl, sich an den Juden zu »rächen«. Die ihn ausführten, waren Angestellte, Beamte oder Arbeiter, Besitzer von kleinen Läden oder Handwerksstätten. Andere betätigten sich in sogenannten geistigen oder freien Berufen. Sie alle lebten in ihren privaten Wohnungen, aus denen sie durch ein eintrainiertes Benachrichtigungssystem an jene Stellplätze befohlen wurden, die ihnen von früheren Einsätzen her bekannt waren.

Als Folge der absichtsvollen Vernichtung faschistischer Akten bei Kriegsende hat sich nur ein geringer Teil von jenen Berichten erhalten, in denen SA- und SS-Führer, Bürgermeister, Polizeipräsidenten und Staatsanwälte den Verlauf des Pogroms meldeten. Das macht es bis heute und womöglich auch für die Zukunft unmöglich, ein vollständiges Bild jener mit Sicherheit nach Tausenden zählenden Tätergruppe zu gewinnen, die an der Ausführung des Verbrechens direkt beteiligt war. Es ist nicht feststellbar, wie viele SA-Leute während des Pogroms tatsächlich alarmiert und eingesetzt wurden. Die den Führern abgeforderten Berichte enthielten einzig quantitative, vielfach ungenaue Angaben über die zerstörten Gebäude und die verhafteten, getöteten und verletzten Juden. Auch dort, wo das eine oder andere Mitglied nicht erreicht oder zufällig von der Benachrichtigung ausgelassen worden war, wurde die Aktionsfähigkeit der SA-Trupps nicht eingeschränkt. Die Formationen in den Groß- und Mittelstädten, in denen sich der Pogrom vor allem vollzog, waren so mitgliederstark, daß sie die ihnen zugedachte Aufgabe lösen konnten, ohne daß eine Mobilisierung bis zum letzten Mann erfolgen mußte. Nirgendwoher wurde nach vollbrachter Untat gemeldet, es habe ein Mangel an Tätern geherrscht.

In manchen Gebieten Deutschlands brauchte die SA überhaupt nicht mehr in Aktion zu treten. Auf dem flachen Lande hatten weithin überhaupt keine Juden gelebt. Andernorts waren sie nach 1933 aus Dörfern und Kleinstädten weggezogen, weil ihre Lage dort wegen fehlender Verdienstmöglichkeiten und eines durch keine Anonymität geschützten Lebens unhaltbar geworden war.

Daß die SA-Einheiten in der ihnen anbefohlenen Weise mit der sprichwörtlichen Präzision eines Uhrwerks funktionierten, war nicht ganz selbstverständlich. Die Zerstörungen, die sie anrichteten, waren nicht nur nicht eingeübt, sondern ihnen seit Jahren durch ausdrückliche Befehle ihrer Führer verboten worden. Diese Befehle wiederum gingen auf generelle Entscheidungen zurück, die im August 1935 getroffen worden waren und die Mitgliedschaft der NSDAP, der SA und der SS strikt anwiesen, insbesondere jüdische Geschäfte und Warenhäuser unbehelligt zu lassen und keine sogenannten Einzelaktionen gegen Juden zu unternehmen. Die strikte Einhaltung dieser Befehle war, nach anfänglichen Schwierigkeiten, auch durchgesetzt worden. Nach dem

Erlaß der Nürnberger Gesetze hatten die faschistischen Führer und unter ihnen auch Julius Streicher öffentlich versichert, die Hitlerfaschisten lehnten Pogrome ab. Die Nazis gaben sich als Verfechter eines wissenschaftlich begründeten Antisemitismus aus, der sich auf den Verstand, nicht aber auf dunkle Gefühle gründe.

Auch Aufgaben zur Terrorisierung anderer, nichtjüdischer Personen oder Personengruppen waren der SA nach 1935 nicht mehr übertragen worden. Antifaschisten und andere Nazigegner aufzuspüren, war Sache der Geheimen Staatspolizei (Gestapo), und wer in ihre Netze und Fänge geriet, kam in ein Konzentrationslager oder wurde der Nazijustiz zur Aburteilung übergeben. Aus der unmittelbaren Verfolgung der Feinde des Regimes war die SA vollständig herausgenommen worden. Jedoch gehörte es zu den selbstverständlichen Pflichten ihrer Mitglieder, Regimegegner zu denunzieren und Spitzeldienste zu leisten.

Der Alltag des Dienstes in der SA war seit Jahren von dem Ziel bestimmt, den durch sie erfaßten Teil der männlichen Bevölkerung militärtüchtig und kriegsverwendungsfähig zu halten. Körperlicher Drill durch Sport und Wehrsport, ausgedehnte Gepäckmärsche und strapaziöse Wettkämpfe sowie die Ausbildung an Infanteriewaffen machten den erheblichsten Teil des SA-Dienstes aus. Zu ihm gehörten außerdem viele besondere Einsätze wie das Sammeln von Geld und Warenspenden während der alljährlichen Kampagne des Winterhilfswerks, die Arbeit während der Erntezeit auf den Feldern und immer wieder demonstrative Massenaufmärsche und Massenappelle, mit denen die Allgegenwart und die Übermacht der faschistischen Herrschaft vor der eigenen Bevölkerung wie vor dem Ausland zur Schau gestellt werden sollten. Mitunter, wenn hochgestellte Führer oder gar Hitler in Person Städte besuchten, hatte die SA Straßen und Plätze abzusperren.

Warum war eine so ausgebildete und eingesetzte paramilitärische Gruppe fähig, im eigenen Land und im Frieden auf plötzlichen Abruf derart zu wüten? Wie kann erklärt werden, daß die Parteigerichte der NSDAP sich nach der Untat mit sadistischem und mörderischem

Treiben zu befassen hatten, weil es die gegebene Order sprengte, daß sie aber nirgendwo über SA-Leute richten mußten, die sich geweigert hatten, die ihnen erteilten Befehle auszuführen? Die Antworten ergeben sich in erster Linie aus der Geschichte der SA, aus ihrer Traditionspflege und aus dem Geist, in dem ihre Mitglieder erzogen worden waren.

Geschaffen worden war die SA in den zwanziger Jahren, als der Nazifaschismus an die Macht strebte. Damals wurde sie eingesetzt, um Macht zu demonstrieren und die Gegner des Faschismus, vor allem aus der Arbeiterbewegung und ihre Kader, zu terrorisieren. Während dieser Jahre, die später mit dem verklärend-heroisierenden Begriff »Kampfzeit« bezeichnet wurden, hatte die SA eine Serie von Verbrechen begangen, die von Diebstahl und Raub am Eigentum der Arbeiterorganisationen bis zu Körperverletzung, Totschlag und Mord an Mitgliedern der KPD, der SPD, des Roten Frontkämpferbundes, der Eisernen Front und des Reichsbanners reichten.

Die Verherrlichung des politischen Verbrechens, begangen an Marxisten, Sozialdemokraten, Demokraten und Pazifisten — Juden und Nichtjuden —, gehörte zum festen Bestandteil der Traditionspflege in der SA. In diesem Geiste wurden auch die nach 1933 neu zu den Sturmabteilungen gestoßenen Faschisten erzogen und von jenen »alten Kämpfern« ausgebildet, die sich bei Überfällen auf die »Kommune« und die »Sozis« hervorgetan hatten. Die Brutalität dieser SA-Schläger bekamen schon vor 1933 auch Juden zu spüren, die an politischen Kämpfen unbeteiligt waren. Von öffentlichen Beleidigungen und Belästigungen über Angriffe auf Gut und Leben bis zu Friedhofs- und Synagogenschändungen reichten die Verbrechen, in denen sich bereits im Weimarer Staat Judenhaß äußerte und betätigte.

Was die SA vor und nach 1933 zur Wegbereitung und Befestigung der faschistischen Herrschaft verbrochen hatte, war inzwischen propagandistisch in den Rang einer »nationalen Tat« gehoben, wurde in Gedichten gepriesen, in Liedern besungen und in Zeichnungen und auf Gemälden heroisiert. Nicht weniger wichtig war, daß alte und junge SA-Führer und -Mannschaften unausgesetzt mit Antisemitismus und Judenhaß vollgestopft wurden. Das geschah durch die allgemeine faschistische Presse wie durch SA-Zeitungen und -Zeitschriften. Besonders wintersüber, wenn dem militärischen Drill im Freien gewisse Grenzen gesetzt waren, erhielten die SA-Leute bei Schulungen die rassistisch-antijüdischen Parolen eingetrichtert. »Jüdischer Bolschewismus« und »jüdischer Plutokratismus« wurden ihnen als die sozialen und politischen Grundübel hingestellt. Was es unter Menschen an Schlechtigkeit und Gemeinheit gab, erhielt die Bezeichnung »jüdisch«. Die faschistische Agitationslosung »Die Juden sind unser Unglück« wurde mit der Aktionslosung »Juda verrecke!« verbunden.

Zwischen den grenzenlos aggressiven und morddrohenden Parolen der faschistischen Führung und der praktischen Behandlung der »Judenfrage« existierte jahrelang ein — aus dem Blickwinkel der aufgehetzten SA-Mannschaft gesehen — ärgerlicher Widerspruch. Nach ihrer Ansicht lebten in Deutschland noch viel zu viele Juden, und sie lebten zu gut, besaßen noch Läden und Geschäfte, wohnten weiter in Vierteln der Reichen oder doch der Begüterten, waren wie vordem Eigentümer von Fabriken, Privatbanken und von Mietshäusern. Zwischen der faschistischen Programmatik und Doktrin und dem Tempo der versprochenen »Lösung der Judenfrage« existierte bis 1938 eine offensichtliche Diskrepanz. Sie bildete seit Jahren eine Quelle des Unmuts in der Mitgliedschaft der NSDAP und ihrer paramilitärischen Verbände. In deren Reihen, namentlich in der unausgesetzt aufgewiegelten, aber nicht losgelassenen SA-Mannschaft, hatte sich ein Judenhaß aufgestaut, dem die Schleusen nur geöffnet zu werden brauchten, damit er sich vernichtend, brandschatzend und mordend über die deutschen Juden ergoß.

Dieser bornierten braunen Gefolgschaft hatte Hitler in seiner Rede anläßlich der Verkündung der Nürnberger Gesetze im September 1935 versprochen, er werde ihr die »Judenfrage« zur weiteren Behandlung übergeben, wenn die Juden die Nazigesetze nicht befolgen sollten. Auch diese Bezugnahme auf das Verhalten der Juden war pure Demagogie. Die deutschen Juden hatten zwischen 1935 und 1938 nichts getan, was die Machthaber auch nur im geringsten hätte herausfordern können. Jetzt hatte der »Führer«, auf dessen Machtwort ungeduldige Nazis in diesem Falle wie bei vielen anderen Gelegenheiten immer wieder verwiesen wurden, den Zeitpunkt des Losschlagens der SA bestimmt. Allerdings durften ihre Mitglieder, der offiziellen Propagandaversion gemäß, sich am Tage danach zu ihren Taten öffentlich nicht bekennen oder sich ihrer rühmen. Denn nicht sie, sondern der Volkszorn sollte sich in der eben vergangenen Nacht ausgetobt haben. Bei dieser Lüge blieb es.

Die Opfer

Zu den Opfern des Pogroms gehörten alle deutschen Juden. Er hatte sie nicht gleichermaßen getroffen, aber mit seinen Folgen traf er sie allesamt. Genau darin bestanden Absicht und Ziel der faschistischen Führung.

Während die Urheber des Pogroms in den Zeitungen über die Zerstörung von jüdischem Eigentum und die Brandschatzung der Synagogen berichten ließen, über Tatsachen, die angesichts des Zustands deutscher Städte und Straßen ohnehin nicht zu verheimlichen waren, schwiegen sie sich über die Todesopfer aus. Goebbels log dreist, es sei keinem Juden ein Haar gekrümmt worden. Nur lokal wurde ruchbar, daß die SA- und SS-Leute jüdische Bürger umgebracht hatten. Ein Geheimbericht der Sicherheitspolizei vom 11. November bezifferte die Zahl der Ermordeten mit nur 36 Personen und nannte die gleiche Zahl von Schwerverletzten, unter denen sich Männer und Frauen befanden. (22) In Wahrheit wurden in der Pogromnacht direkt oder indirekt weit mehr Juden umgebracht. Von den Ermordeten war nur eine Minderheit niedergeschossen oder erschlagen worden. Weit mehr starben an den Folgen all dessen, was sie in den furchtbaren Stunden erlitten und erlebt hatten. Zu den Opfern gehörten alle, die ihren Verletzungen erlagen. Zu ihnen zählten auch die Kranken und Schwachen, die dem Schock nicht standhielten. Auf das Konto der Mörder gehen jene, die unter dem Eindruck des schrecklichen Ereignisses nur noch die Kraft aufbrachten, Hand an sich zu legen. Die größte Zahl der Opfer machten aber jene aus, die in Konzentrationslagern zu Tode geschunden wurden.

Das Leid, das der Pogrom bewirkte, war grenzüberschreitend; denn die Flucht von Juden aus dem faschistischen Staat hatte viele Familien und Freundeskreise auseinandergerissen. Noch in den entlegensten Teilen des Erdballs sorgten sich Verwandte, Freunde, einstige Arbeitskollegen und Nachbarn um das Schicksal ihnen nahestehender Menschen in Deutschland. Viele Kinder, die von den Eltern in die Emigration geschickt worden waren, weil sie in ihrer Heimat weder Ausbildungs- noch Berufschancen besaßen, bangten um zurückgebliebene Angehörige.

Großes Leid schuf die barbarische Zerstörung der Gotteshäuser, die Vernichtung der in ihnen verwahrten Heiligtümer, die Besudelung und der Raub von Gegenständen religiöser Verehrung und Anbetung. Indem die faschistischen Antisemiten die Synagogen in Brand steckten, sie ruinierten, ihre Gemäuer in den folgenden Tagen von Spezialkommandos sprengen und die Trümmer dann wegschaffen ließen, beseitigten sie Stätten, die seit 1933 für die frommen Juden und für eine wachsende Zahl von Angehörigen des Judentums, die sich den Religionsgemeinden wieder enger angeschlossen hatten, in zunehmendem Maße auch zu Fluchtorten geworden waren. In ihnen ließ sich in der Gemeinsamkeit der Andacht angesichts der immer feindlicheren Umwelt Trost und Kraft finden, um weiter aus- und durchhalten zu können. Der Schlag gegen die Synagogen war mithin ein Schlag gegen Menschen, darauf berechnet, ihnen eine Stütze ihres Lebens, einen geistigen und seelischen Kraftquell zu nehmen.

In den Tagen nach dem Pogrom herrschte unter den jüdischen Deutschen größte und verzweifelte Ungewißheit. Sie gebar Gerüchte und immer neue Befürchtungen. Würden die Gewalttätigen wieder ausziehen dürfen? Würden die Verhaftungen und Verschleppungen andauern? Wieviel Raum zum Leben würde das Regime diesmal den Juden lassen? Nahezu jeder Novembertag brachte neue Nachrichten über weitere antijüdische Verordnungen. Die faschistischen Minister und andere Leiter von Reichsbehörden überboten sich darin, den Juden innerhalb Deutschlands alle Lebensbedingungen zu entziehen.

Die Verordnung des Reichsinnenministers, wonach Juden Waffen nicht mehr besitzen und sie entschädigungslos abzuliefern hatten, besaß hauptsächlich demagogischen Charakter. Sie sollte den Eindruck erwekken, als habe den »Deutschen« bisher ein partiell bewaffneter Gegner gegenübergestanden, der nun entwaffnet würde. Schwerwiegender war, daß Reichspropagandaminister Goebbels den Juden den Zutritt zu »Darbietungen der deutschen Kultur« verbot, was sie von allen öffentlichen Veranstaltungen der Theater, Kinos, Konzertsäle, Varietés und Kabaretts ausschloß. (29) Unübersehbare Probleme schuf die Anordnung des Reichsministers für Wissenschaft, Erziehung und Volksbildung, der die Entfernung aller jüdischen Schüler und Schülerinnen von »deutschen Schulen« verfügte. (30) Denn von den laut Reichsgesetz schulpflichtigen jüdischen Mädchen und Knaben hatten sich Ende 1937 zwar 23670, das entsprach etwa 60 Prozent ihrer Gesamtzahl, auf jüdischen Schulen befunden, doch waren bis dahin noch mehr als 15000 jüdische Schüler gemeinsam mit ihren nichtjüdischen Altersgenossen zur Schule gegangen.

Unter allen Maßnahmen der Machthaber aber waren diejenigen am schwerwiegendsten, die den Juden in Deutschland die Arbeits- und Verdienstmöglichkeiten weiter und drastisch beschnitten. Die faschistischen Antisemiten schufen in den folgenden Wochen und Monaten ein System von Vorschriften, das — in Abhängigkeit von den individuell unterschiedlichen Ausgangssituationen — die Betroffenen früher oder später verarmen lassen mußte. Schon im Winter 1937/38 hatte ein Fünftel der Juden aus der jüdischen Winterhilfe mit Nahrungsmitteln und Heizmaterial versorgt werden müssen. Die Juden wurden aus der Wirtschaft vollständig verdrängt, sie hatten ihre Unternehmen, Geschäfte, Läden und

Handwerksstätten zu schließen. (27) Mit Akribie fahndeten die Ministerialbürokraten nach allen Gelegenheiten, die es Juden noch erlaubten, auf diese oder jene Weise ihren Lebensunterhalt zu verdienen, um auch diese zu liquidieren. Die Tendenz aller Maßnahmen der faschistischen Regierung richtete sich darauf, den jüdischen Deutschen die eigene Wohnung zu einem Gefängnis ohne Gitter und bewachte Tore werden zu lassen, indem sie – wenn überhaupt – nur den gelegentlichen Besuch von Leidensgefährten empfingen und aus dem sie nur aufbrachen, um das Nötigste einzukaufen, das Büro der Reichsvertretung der Juden oder der Gemeinde aufzusuchen, sich bei einer Nazidienststelle zu melden, wo Unerläßliches zu regeln oder die Emigration zu betreiben war.

Der Pogrom traf die Juden nicht alle gleichermaßen, verfügten sie doch im einzelnen noch über sehr unterschiedliche Möglichkeiten, auf die gänzlich veränderte Situation zu reagieren. Manche hatten sich bereits vor dem 9. November darauf eingerichtet, Deutschland zu verlassen, besaßen dafür alle notwendigen Papiere und Mittel und waren sich bisher nur über den Augenblick ihres Aufbruchs noch nicht schlüssig geworden. Andere waren darauf eingestellt, im Lande zu bleiben und standen nun vor der Notwendigkeit, ihre bisherigen Pläne umzustoßen. Höchst unterschiedlich war der Grad an Verbindungen und Beziehungen der Betroffenen ins Ausland. Wie noch bei jedem Pogrom, wurden die Ärmsten und Hilflosesten am schwersten getroffen. Insgesamt war die Situation der deutschen Juden dadurch gekennzeichnet, daß ihr Massenauszug aus Deutschland nicht vorbereitet und nicht möglich war.

Das ärgste und längste Märtyrium hatten nach der Pogromnacht die Juden zu erdulden, die verhaftet und in Konzentrationslager geschleppt wurden. Ihre Zahl kann nur geschätzt werden. Mit Sicherheit waren es mehr als 20 000 Männer und Jünglinge, die nach Sachsenhausen, Dachau und Buchenwald verschleppt wurden, wo sie für eine kurze Zeit die Mehrheit der Inhaftierten ausmachten. Ihrem aufs höchste ungewissen Los galt die Hauptsorge der Familien und Freunde, der jüdischen Gemeinden und der Dienststellen der Reichsvertretung der Juden.

Um die Gefangensetzung und den Abtransport Tausender Juden rasch durchführen zu können, benötigte die Gestapo zusätzliche faschistische Büttel. Sie bediente sich dazu der anderen Polizeikräfte und der Formationen der Allgemeinen SS, deren Angehörige die Verhafteten an den Sammelplätzen und während der Eisenbahntransporte in die Lager bewachten. An den Zielorten angelangt, wurden die Opfer, von denen die jüngsten dem Kindesalter noch kaum entwachsen waren und die ältesten im Greisenalter standen, in den Machtbereich anderer SS-Leute übergeben, die an den Kragenspiegeln ihrer Uniformen den Totenkopf trugen, gleichsam als Symbol dafür, daß sie zu den Herren über Leben und Tod gehörten.

Was in den folgenden Stunden, Tagen und Wochen mit den durch die Lagertore geprügelten Juden geschah, ist durch die Berichte vieler Leidensgefährten mitunter in bis in die Wortwahl übereinstimmenden Formulierungen niedergelegt worden. (32, 33, 34, 35) Alle diese Berichte lassen nur einen Schluß zu: SS-Führer und -Mannschaften waren darauf eingestellt worden, den Juden einen mörderischen Empfang zu bereiten und jedem von ihnen bereits während der ersten Stunden seiner KZ-Haft die Todesdrohung im buchstäblichsten Sinne vor Augen zu führen. Schon die ersten zermürbenden »Appelle«, das Stunden um Stunden währende Strammstehen auf den zentralen Lagerplätzen, überstanden die Schwächsten der Gefangenen nicht.

Die Juden, die im November 1938 den Leidensweg in die Konzentrationslager antraten, waren dort nicht die ersten jüdischen Häftlinge. Bereits 1933, als Kommunisten, Sozialdemokraten und andere politische Gegner des Faschismus nach der Reichstagsbrandprovokation in die neuerrichteten Lager geworfen wurden, befanden sich unter den Häftlingen, deren Zahl im Frühjahr 1933 nahezu 50000 betragen hatte, auch jüdische Deutsche. Sie gehörten zu jener Minderheit von Menschen jüdischer Herkunft, die in den verschiedensten antinazistischen Organisationen dem an die Macht drängenden Faschismus Widerstand geleistet und ihn auch nach der Machtübergabe fortgesetzt hatten. Wie alle politischen Gefangenen wurden sie unvorstellbaren Quälereien, Schindereien, Martern aller Arten ausgesetzt. Wenn es bei der Behandlung der Antifaschisten durch die Wachmannschaften – seinerzeit gebildet durch SA- und SS-Leute, die von Polizeikräften ausgebildet wurden – überhaupt noch Steigerungen an gnaden- und seelenloser Grausamkeit gab, so richteten sie sich gegen die jüdischen Nazigegner. Kommunist und Jude, Sozialdemokrat und Jude zu sein, das galt den faschistischen Wächtern und Folterern geradezu als die Leibhaftigkeit von »jüdischem Bolschewismus« oder »jüdischem Marxismus«. Die jüdischen Häftlinge wurden, wenn die pervertierten Hirne ihrer Peiniger noch scheußlicherer Einfälle fähig waren, immer noch mehr geschunden als ihre nichtjüdischen Kampf- und Leidensgenossen.

In einem Frauenlager im KZ Moringen war es den jüdischen Gefangenen verboten, den engen Aufenthaltsraum zu betreten. In anderen Konzentrationslagern wurden Juden, um sie ständig zusätzlich schikanieren zu können, in »Judenkompanien« zusammengefaßt. Überall ließ man jüdische Gefangene die widerwärtigsten Tätigkeiten verrichten, wie das Säubern und Leeren der Latrinen. Im hessischen KZ Osthofen mußten sie die Jauche mit Konservendosen auf Misthaufen schöpfen. Als einzelne Häftlinge aus den Lagern freikamen, bestimmte der Gauleiter der bayerischen Rheinpfalz für die Entlassung jüdischer Insassen aus dem ihm unterstehenden Lager zusätzlich verschärfte Bedingungen. Schon 1933 waren Juden in den Lagern auf die verschiedenste Weise umgebracht worden. In Dachau »feierte« die SS die Übergabe des KZ in ihre Regie durch die Ermordung von vier jüdischen Häftlingen.

In einer Reihe von Fällen kamen nach der Machtübergabe auch Juden in die Lager, die sich den Nazis nie politisch entgegengestellt hatten. Kaufleute wurden in sie gebracht, um sie zu erpressen. 39 jüdische Zöglinge einer Erziehungsanstalt inhaftierte man im KZ Oranienburg, der jüngste war 13 Jahre alt, weil das Gebäude, das sie bewohnten, den Faschisten für andere Zwecke dienen sollte. Vorherrschend aber war nach 1933 die Inhaftierung der politischen Gegner.

Im November 1938 galten andere Grundsätze, und die Festsetzung von Juden in den Konzentrationslagern diente nun einem anderen Zweck. Die Häftlinge und vor allem deren Angehörige sollten dazu gepreßt werden, jedwede Gelegenheit zu ergreifen, um Deutschland zu verlassen – eher heute als morgen. Die Machthaber hatten keine Skrupel, diese neue Funktion der KZ-Haft offen einzugestehen. Den Inhaftierten wurde mitgeteilt, daß sie wieder entlassen würden, wenn sie Absicht und Fähigkeit glaubhaft machten, in kürzester Frist über die Grenze zu gehen und niemals zurückzukehren. Man ließ die Gefangenen vor ihrer Freilassung Erklärungen unterschreiben, in denen sie sich zur Emigration verpflichteten. Sollten sie diese Verpflichtung nicht erfüllen, wurde ihnen erneute KZ-Haft angedroht. Die Opfer sollten fortan nicht mehr prüfen, welche Verhältnisse sie in den Ländern antreffen würden, in denen sie Zuflucht suchten, sondern einzig dafür sorgen, daß sie über die Staatsgrenzen kamen. Keine Ungewißheit über ihr zukünftiges Leben im Ausland durfte sie stärker schrekken, als die Gewißheit der sicheren Bedrohung ihrer Gesundheit und ihres Lebens in Deutschland. Es ging den Verfolgern letztlich darum, die deutschen Juden in anhaltende Panikstimmung zu versetzen. Sie schien die sicherste Gewähr dafür zu bieten, daß die Vertriebenen nicht mehr fragten, welche materiellen Werte sie zurückließen, so daß sich die Machthaber am kräftigsten bereichern konnten.

Der Pogrom und die auf ihn folgenden antijüdischen Gesetze, Verordnungen und Maßnahmen schufen für die jüdischen Deutschen eine grundlegend neue Situation. Hatten viele von ihnen sich bisher noch an die Hoffnung geklammert, wenn auch auf bedrängte und kärgliche Weise, so doch in ihrem Vaterland weiterleben zu können, so war nun gewiß geworden, daß den in Deutschland verbleibenden Juden ein Leidensdasein bis zum Tode bevorstand. Die Aussichten waren um so düsterer, als das faschistische Regime nach innen wie nach außen immer mehr Macht gewonnen hatte und

Voraussetzungen und Bedingungen seiner Schwächung oder gar seines Untergangs am Jahresende 1938 kaum vorstellbar waren.

... und die Mehrheit der Deutschen?

Der Pogrom und die auf ihn folgenden verschärften Maßnahmen der Judenaustreibung waren keine Verbrechen im Verborgenen. Was im einzelnen geschah, wie es den direkt betroffenen Menschen erging, darüber waren die Deutschen, wenn auch in unterschiedlichem Maße, informiert. Am genauesten waren die Bewohner vieler Städte, vor allem in Großstädten, wie Berlin, Frankfurt (Main), Leipzig oder Breslau, darüber im Bilde, was die Juden zu erleiden hatten. In allen Vierteln dieser Industrie- und Verwaltungszentren lebten, in jeweils unterschiedlichem Anteil an der Gesamteinwohnerschaft, noch Juden. Gewiß machte es auch einen Unterschied, ob Menschen das Zerstörungswerk in den großen Geschäftsstraßen mit eigenem Augenschein wahrgenommen hatten oder ob ihr Wissen einzig aus Zeitungsberichten, Radiomeldungen oder sonst vom Hörensagen herrührte. Völliges Nichtwissen aber war selbstverschuldet.

Angesichts dieser zweifelsfreien Situation wurde schon bald nach dem Bekanntwerden der Ereignisse im Ausland und im deutschen Exil gefragt, wie sich die Bevölkerungsmehrheit während des Pogroms verhalten habe und wie sie wohl weiter auf ihn reagieren würde. Alsbald gelangten auch verläßliche Nachrichten über das distanzierte Verhältnis erheblicher Teile der Bevölkerung zu den Gewalttätigkeiten über die Grenzen. Daran wurden Hoffnungen und Vermutungen geknüpft. Es schien vielen Beobachtern undenkbar, daß in einem Lande, das an der bürgerlichen Aufklärung einen eigenen beträchtlichen Anteil besessen hatte, nach nur wenigen Jahren faschistischer Herrschaft ein derartiges Ereignis im Volke nicht als eine Herausforderung aufgenommen würde. Derartige Erörterungen wiesen mehr auf die schwierige Situation derjenigen hin, die sich über dieses Deutschland ein Bild zu machen suchten, als auf die Lage des Regimes.

In der Bevölkerungsmehrheit bildeten die Fähigkeit, etwas wissen zu können, und der Wunsch zu wissen, zwei sehr verschiedene Dinge. Der Faschismus hatte es seit 1933 darauf, angelegt, dieser Mehrheit — in der die Machthaber nur einen für imperialistische Zwecke knetbaren Stoff erblickten — einzuprägen, daß es besser sei, nach bestimmten Tatsachen nicht zu fragen, über sie nichts zu wissen und vor allem, von ihnen nicht zu reden. Das sich den Befehlen der Führer widerstandslos unterordnende Duckmäusertum wurde mehr und mehr »Volksgenossen« eingedrillt, die nach den Geschehnissen in den Konzentrationslagern ebensowenig fragten, wie nach der Entwicklung und Produktion von Kriegsgerät und dessen künftiger Verwendung. Wer die Wahrheiten über den faschistischen Staat, die beispielsweise von ausländischen Rundfunkstationen verbreitet wurden, nicht zur Kenntnis nahm, mochte ruhiger leben. Viele Deutsche hatten begonnen, sich selbst eine Praxis der Verdrängung von Kenntnissen einzuüben, die ihnen so oder so zugekommen waren. Das galt auch für Nachrichten, welche die Juden und deren Schicksal in Deutschland betrafen.

Das Verhältnis dieser Mehrheit zum faschistischen Regime entwickelte sich im Jahre 1938 vor dem Pogrom außerordentlich wechselhaft. Ein Stimmungshoch vermochten die Machthaber im März und im April dadurch zu bewirken, daß Österreich »heim ins Reich geholt« wurde. Auf den Ausbruch nationalistischer Hochgefühle folgte aber bereits im Mai schärfste Ernüchterung, als die faschistische Politik mit ihren erpresserischen Forderungen an die Tschechoslowakei Europa an den Rand eines Krieges steuerte. Da hatte sich, und dann noch einmal während der sogenannten Septemberkrise, deutlich und für die Machthaber spürbar gezeigt, daß die Mehrheit der Deutschen keinen neuen Weltkrieg wollte. Die Erinnerung an die Entbehrungen, Leiden und Opfer der Jahre von 1914 bis 1918 war weithin noch lebendig. Und wenn es auch unter den älteren Generationen viele Unbelehrte gab und andere unter dem Druck der Nazipropaganda einst vertretene pazifistische Ansichten wieder aufgegeben hatten, so verband sich doch der Gedanke an jeden Krieg bis in die Anhängerschaft des Regimes hinein mit Gefühlen des Unbehagens. Sie ergaben sich vor allem aus der Überlegung, daß jeder Krieg Deutschland wieder mit einer Übermacht konfrontieren würde und daß insbesondere die beiden Großmächte im Westen Europas so wenig wie 1914 zu besiegen sein würden. Daher nahmen viele Deutsche die heuchlerischen Friedensbeteuerungen Hitlers und der anderen Naziführer bereitwilliger auf als die von diesen gleichzeitig unausgesetzt verbreiteten Kriegsdoktrinen.

Als im Oktober die deutschen Imperialisten mit Hilfe der Regierungen Großbritanniens und Frankreichs die Grenzgebiete der Tschechoslowakei ohne einen Schuß besetzen konnten und nun die Sudetendeutschen ins Deutsche Reich »heimkehrten«, dem sie seit dessen Gründung 1871 nie angehört hatten, schlug die Stimmung in weiten Kreisen wieder zugunsten der Abenteurer um Hitler um. Die Bewunderung für den »Führer«, der vermeintlich, was er wollte, auch ohne Krieg erreichte, nahm erneut zu. Hielten die durch außenpolitische Erfolge erreichten nationalistischen Gemütsaufwallungen auch unter dem Einfluß der Alltagsbedingungen jeweils nicht lange vor, so war die Massenbasis der faschistischen Diktatur doch weiter gefestigt worden. Die Schaffung des »Großdeutschen Reiches«, wie sich der Nazistaat jetzt nannte, galt vielen Deutschen als eine gerechte und herausragende geschichtliche Tat. Von der Machthabern wurde sie in eine die Wahrheit grob verfälschende Linie gestellt und als die Vollendung der Leistungen des Preußenkönigs Friedrichs II. und Otto von Bismarcks gepriesen. Diese Traditionsreihe habe in Hitler ihren Höhepunkt gefunden, der als der »größte Deutsche aller Zeiten« gefeiert wurde.

Kurzum: Zu keinem Zeitpunkt vorher konnte sich das faschistische Regime auf eine derart breite Massenbasis stützen wie im Herbst 1938. Deren Zustandekommen war dadurch wesentlich vorangetrieben worden, daß die Arbeitslosigkeit auf dem Wege der Rüstungskonjunktur nahezu vollständig beseitigt worden war und sich für zahlreiche Gruppen der Bevölkerung Verbesserungen ihrer materiellen Lebenslage ergeben hatten. Was die Machthaber weiterhin besorgt machte, war das unter dem Gesichtspunkt ihrer künftigen Pläne kritische Defizit an Kriegsbereitschaft oder gar Kriegslust.

Ob Hitler oder Goebbels sich am 9. November im Münchener Rathaus irgendwelche Gedanken darüber gemacht und erwogen haben, wie die Mehrheit der Bevölkerung den antijüdischen Pogrom aufnehmen würde, ist ungewiß und nicht sehr wahrscheinlich. Hitler beschäftigte sich, wie durch eine Geheimrede bekannt ist, die er am 10. November vor 400 ausgesuchten Spezialisten der faschistischen Propaganda in München hielt, mit der Haltung der Deutschen zum geplanten Kriege und damit, wie sich der furor teutonicus wecken und eine Kriegsbegeisterung wachrufen ließe, die diejenige des August 1914 womöglich übertraf.

Auch, ob Hitler durch die Berichte über das Verhalten der Bevölkerungsmehrheit zum Pogrom irgendwie beeindruckt wurde, ist unbekannt. Doch muß angenommen werden, daß er die Berichte des Sicherheitsdienstes und der anderen Instanzen des faschistischen Staates und der NSDAP kannte, die die Stimmungen und Meinungen der Öffentlichkeit überwachten und analysierten. Sie kamen — sieht man von einigen großspurig-aufschneidenden Meldungen ab — übereinstimmend zu dem Schluß, daß die Volksmehrheit — und mit ihr ein Teil der Nazigefolgschaft —, die das durch Staatsgesetze fixierte Drangsalieren der Juden billigte, das Zerstörungswerk und die Methode des Vorgehens weithin ablehnte. (62) Die Motive, aus denen heraus dies geschah, waren aber breit gefächert.

Massenhaft knüpfte sich die Kritik lediglich an die Beobachtung, wie viele materielle Werte vernichtet, wie viele Waren, die unter den Bedingungen der auf den Krieg orientierten Vierjahresplanwirtschaft schwer oder überhaupt nicht ersetzt werden konnten und in denen Arbeitskraft und Schweiß von Juden und »Ariern« steckte, unbrauchbar gemacht worden waren.

Die Mehrheit der Deutschen hieß den Pogrom nicht gut. Ihr praktisches Verhalten wurde jedoch gleichermaßen durch unterlassene Hilfeleistung für dessen Opfer charakterisiert. Diese Verhaltensweise war durch noch näher zu erforschende Anteile von Gleichgültigkeit und von der Furcht bestimmt, die weiteste Kreise der Bevölkerung beherrschte und vielfach schon den Gedanken erstickte, sich den Machthabern entgegenzustellen.

Die Furchtsamkeit besaß Quelle und Nährboden. Jene entsprang dem zumeist unvollständigen, aber hinreichenden Wissen um die Grausamkeit, mit der die Gegner des faschistischen Regimes verfolgt, gejagt und gefangengehalten wurden. Dieser wurde durch das weitverbreitete Bewußtsein eigener Ohnmacht und den umsichgreifenden Unglauben gebildet, gegen diese Macht und ihre Apparate noch irgendetwas ausrichten zu können.

So lebten, wovon viele Zeitzeugen berichteten, in den Städten, in denen die Untaten vor allem begangen wurden, weit mehr Menschen, die den Pogrom ablehnten, als solche, die an seiner Ausführung beteiligt waren. Doch die Pogromtäter waren organisiert, bewaffnet, zu jedem Gewaltakt bereit, von Staats wegen ebenso ausgesandt wie geschützt. Der Masse fehlte jede Organisation oder auch die Verbindung zu jenen organisierten Illegalen, die eine zahlenmäßig kleine Minderheit des Volkes bildeten. Hinzu kam das Moment der Überraschung. So wurden Fäuste in Taschen geballt, Gesten des Abscheus gezeigt, Flüche halblaut riskiert, vor Arbeitskameraden auch bekundet, wie angeekelt man war – all diese Verhaltensweisen sind durch verläßliche Berichte belegt –, doch zur Gegenaktion kam es nirgendwo.

Von den augenblicklichen Reaktionen innerhalb der Bevölkerung, welche der Sicherheitsdienst registrierte, müssen die nachhaltigen und längerfristigen Wirkungen auf Denken und Verhalten der Zeitgenossen unterschieden werden. Eine Gefährdung der Massenbasis von Dauer wurde durch den Pogrom nicht hervorgerufen. Dazu trug auch der Umstand bei, daß unter denen, die ihn ablehnten, viele waren, die das Geschehene ausschließlich oder doch hauptsächlich der SA, dem ausführenden Organ des Verbrechens, nicht jedoch den Urhebern und Anstiftern sowie den Nutznießern der antijüdischen Maßnahmen anlasteten. Für das faschistische Regime aber war der Verlust oder die Einbuße an Ansehen der SA ungleich leichter hinzunehmen als eine Distanzierung von Hitler und den Machthabern an der Staatsspitze.

Gilt insgesamt für jene Gefolgsleute und Sympathisanten der faschistischen Macht, die den Pogrom nicht guthießen, daß sie sich alsbald aller Zweifel oder Skrupel wieder entledigten, so ging bei einzelnen die Erschütterung tiefer. Das Erlebte leitete einen ihnen selbst anfänglich nicht voll bewußt werdenden Bruch ihres Verhältnisses zum Naziregime ein, der sich unter dem Eindruck späterer Erfahrungen vertiefte. Dieser Prozeß läßt sich im Leben des Kustos am Naturkundemuseum der Berliner Universität, Walter Arndt, verfolgen. Als der Zoologie-Professor 1943, angesichts der militärischen Niederlagen und des beginnenden Zerfalls der faschistischen Mächtekoalition, leichtfertig und mit für ihn tödlicher Folge, seinen Haß gegen die Machthaber äußerte, geschah das auch unter Berufung auf jenes Verbrechen, das sie im November 1938 an den jüdischen Deutschen begangen hatten.

Die Erfahrungen, die im Verlaufe des Jahres 1938 im Hinblick auf die wechselvolle Bindung von faschistischer Führung und Volksmassen gemacht worden waren, beschäftigten die Teilnehmer der Parteikonferenz der KPD, die Anfang 1939 in der Nähe von Paris stattfand. (74) Klar wurde gesehen, daß die zeitweiligen Brüche, die sich in der Massenbasis des Faschismus gezeigt hatten, von der in Deutschland illegal kämpfenden Partei nicht genutzt werden konnten, um die Ablehnung von innen- und außenpolitischen Provokationen zu Widerstandsaktionen zu steigern. Angesichts künftiger Erschütterungen der Diktatur galt daher als das schwerwiegendste Problem antifaschistischer Arbeit, die noch vorhandene Kluft zwischen den Illegalen und jenen Kreisen zu überbrücken, die das faschistische Regime ganz oder partiell ablehnten, aber es nicht bekämpften.

Hilfe und Solidarität

Als die österreichische Historikerin Erika Weinzierl dem Wirken der Menschen in ihrem Land nachspürte, die den verfolgten Juden in den Jahren faschistischer Verfolgung Beistand leisteten, veröffentlichte sie das Resultat ihrer Forschungen, eine Sentenz der Bibel aufnehmend, unter dem Titel »Zu wenig Gerechte«. Das Urteil muß für die Situation im gesamten »Großdeutschen Reich« gelten.

Appelle, wie der des Zentralkomitees der KPD, in einer Sonderausgabe der illegalen »Roten Fahne« verbreitete, den Juden Mitgefühl durch praktische Hilfe und Solidarität zu erweisen, erreichten unter den Bedingungen schärfster Verfolgung der Widerstandskämpfer und der ständigen Überwachung aller politischen Regungen im Volke nur eine Minderheit. (55) Seit dem faschistischen Sieg und durch die Perfektionierung der Apparate der politischen Polizei und der mit ihr kooperierenden Nazi-Organisationen waren die Kräfte des Widerstandes Ende 1938 erheblich geschwächt. Wurde ein Teil der Nazigegner – ebenso wie die weithin bekannten Antifaschisten bereits vor 1933 – ins Exil gezwungen, so vermochten sich viele, die den Kampf in Deutschland fortsetzten, dem Zugriff der Gestapo auf die Dauer nicht zu entziehen. Sie befanden sich in qualvoller Gefangenschaft in den Konzentrationslagern und Zuchthäusern. Die im Untergrund unentdeckt wirkenden Kämpfer, zumeist in den Zellen der KPD, waren trotz all ihrer Anstrengungen von der Masse der deutschen Bevölkerung isoliert worden. Die Voraussetzungen für eine große, aus der Illegalität gesteuerte Aktion der Solidarität mit den Juden existierten mithin nicht. Was getan werden konnte, beschränkte sich auf Maßnahmen, durch die einzelnen Personen, Familien, Freundeskreisen geholfen werden konnte, sich vor dem momentanen Zugriff der Judenverfolger zu schützen oder ihre Flucht ins Ausland vorzubereiten.

Die Gesamtheit dieser Hilfsaktionen, die in vielen Fällen mit Gefahr für die eigene Lebenssituation verbunden waren, vermochte später niemand auch nur annähernd zu rekonstruieren. Denn es lag in ihrer Natur selbst, daß diese Zeugnisse menschlichen Anstandes nur wenige schriftliche Spuren hinterließen. Daß Hilfe und Solidarität überhaupt im Herbst 1938 noch wirken konnten, besaß eine Voraussetzung darin, daß sich nichtjüdische Deutsche seit Jahren im Widerspruch zu den faschistischen Forderungen verhalten hatten. Trotz aller Bedrohung waren nicht alle persönlichen und privaten Beziehungen zwischen Juden und Nichtjuden zerrissen worden. Zudem existierte zwischen den unter rassischen Vorwänden verfolgten Menschen und den »Ariern« ein von den Nazis in diffamierender Absicht festgelegtes Zwischen- und Übergangsfeld von »Halb-«, »Viertel-« und »Achteljuden«.

Kurzum: Die Absonderung der »Volljuden« war nicht vollkommen gelungen. Manche jüdischen Familien beschäftigten noch Hauspersonal, Einzelhändler zählten Nichtjuden noch immer zu ihrer treuen Kundschaft, Patienten jüdischer Ärzte waren ihren Helfern in Dankbarkeit verbunden geblieben, Freundeskreise hatten sich unter mancherlei Sicherheitsvorkehrungen erhalten.

Gemessen an den Zuständen im Weimarer Staat waren das gewiß einzig Restbestände früherer gesellschaftlicher, geselliger und privater Verbindungen. Im Augenblick des Pogroms konnte ihre Bedeutung groß sein. Jüdischen Männern bot sich, und wenn nur für Stunden oder für eine Nacht, eine Herberge, in der sie unentdeckt blieben und dem Konzentrationslager entgingen. Andere erhielten Hilfe, um über eine nahe Landesgrenze zu fliehen. Auch wo derart eingreifende Unterstützung nicht möglich war, blieben Verfolgten ihre Kontakte mit Menschen wichtig, von denen ihnen Zuspruch und praktischer Rat zukam.

Unter den Helfern befanden sich, wie sicher überliefert ist, Menschen aus allen sozialen Klassen und Schichten. Da die Mehrheit der deutschen Juden urbanisiert lebte und nach 1933 der Zuzug in die mittleren und vor allem in die großen Städte, auf der Suche nach Gemeinschaft und Anonymität, noch zugenommen hatte, waren deren Einwohner an solidarischen Maßnahmen stärker beteiligt als ländliche Bewohner. In den Städten selbst boten häufig bürgerliche Lebensverhältnisse, zum Beispiel eine großräumige Wohnung, eine Villa, der Besitz eines Autos oder eines Telefons, der vertraute Kontakt mit einem Hausarzt, die Verfügbarkeit größerer Geldbeträge, bessere Möglichkeiten zur Organisation praktischer Hilfe, als es proletarische oder kleinbürgerliche taten. Insgesamt gilt — wie in ähnlichen Fällen auch —, daß die solidarischen Aktionen bürgerlicher Kreise dichter und exakter überliefert sind als diejenigen, die sich in anderen sozialen Schichten zutrugen. Die schreibgewohnten und -gewandten Angehörigen des Bürgertums und der bürgerlichen Intelligenz hinterließen einfach ungleich mehr Lebensberichte als Arbeiter oder Handwerker, die sich dazu weniger befähigt oder berufen fühlten.

Selbst von einzelnen Mitgliedern nazistischer Organisationen ist nachgewiesen, daß in ihnen die Gebote menschlichen Anstands über die der NSDAP obsiegten. Jüdische Männer, die zeitweilig in Polizeigefängnisse gebracht oder auf ihrem Transport in das Konzentrationslager von Angehörigen der allgemeinen Polizei bewacht wurden, berichten von vielfach abgestuftem Handeln der unteren Polizeibeamtenschaft. Nicht durchweg waren diese Polizisten schon vollständig abgestumpfte Büttel des faschistischen Regimes. Davon konnte der Weg zur ärztlichen Versorgung eines mißhandelten Juden ebenso zeugen, wie die Aufgabe eines Briefes, der den besorgten oder verzweifelten Angehörigen eine Nachricht zukommen ließ. Gewiß, diese Handlungen einzelner Beamter stellten keine Verstöße gegen ausdrücklich ergangene Befehle dar, doch ebensowenig befanden sie sich im Einklang mit Geist und Absicht der Initiatoren des Pogroms.

Die lange Reihe solidarischer Menschen, in die auch jener Münchener Schlafwagenschaffner, der ein jüdisches Kind von den faschistischen Grenzkontrolleuren unentdeckt nach Frankreich brachte (36), und viele weitere hineingehören, deren Taten, nicht aber deren Namen überliefert sind, würde auch bei größerer Vollständigkeit nur das Urteil bekräftigen, daß Hilfe die Ausnahmeerscheinung, Gleichgültigkeit und Tatenlosigkeit demgegenüber aber den Normalfall bildeten. Dieser Befund ergibt sich zudem in einem Moment, da die Mehrheit der nichtjüdischen Deutschen – anders etwa als die nichtjüdischen Polen 1939 nach der Okkupation – keinerlei besonderen eigenen Belastungen oder Leiden ausgesetzt waren. Die Mehrheit der Deutschen lebte in bescheidenen, aber nicht mehr ärmlichen Umständen, wenn auch die Wohnverhältnisse vieler in den Großstädten primitiv und zum Teil menschenunwürdig waren. Es war folglich nicht eigenes Leid, das diese Mehrheit unfähig machte, fremdes Leid wahrzunehmen.

Diese Feststellung besitzt auch für die großen nichtfaschistischen Organisationen ihre Gültigkeit, für die evangelische und die katholische Kirche in Deutschland. Aus beiden sind Menschen hervorgegangen, die im November 1938 von christlicher Nächstenliebe und menschlicher Barmherzigkeit bestimmt, für die Verfolgten in Wort und Tat Partei ergriffen. Keiner von ihnen wurde später wohl bekannter und mehr verehrt als der Dompropst der Berliner Hedwigskathedrale Bernhard Lichtenberg, ein urfrommer, von den faschistischen Machthabern 1943 zu Tode geschundener Mann. Als die Tempel der Juden brannten und die Nazis ihre Brandstiftungen mit der irrsinnigen Behauptung zu rechtfertigen suchten, die Synagogen seien Stätten der Verschwörung des »internationalen Judentums gegen das neue Deutschland«, sprach dieser Kirchenmann schlicht und solidarisch aus, daß da Gotteshäuser in Flammen standen. Mit der antifaschistischen Anklage bezeugte Lichtenberg auch seine Abkehr von jenem Antijudaismus, der sich vorzugsweise in der Anprangerung der Juden als Christusmörder äußerte. Der Dompropst bezog das Geschick der verfolgten Juden in jenen Tagen ausdrücklich in sein fürbittendes Gebet ein.

Weniger bekannt ist der Name jenes evangelischen Pfarrers aus einer ländlichen Gemeinde im Württembergischen, der den Buß- und Bettag zum Anlaß nahm, um in klarster Sprache die Inbrandsetzung der Synagogen und alle Verbrechen des 10. November zu verurteilen und generell die politischen Zustände scharf anzuklagen, die anständige Menschen in die Konzentrationslager brächten. Zugleich wandte sich der Prediger gegen jene evangelischen Bischöfe, die unter diesen Umständen untätig blieben und diejenigen vom rechten Handeln noch zurückhielten, die sich gegen eine offenkundig gotteswidrige Welt empörten. (41) Die Antwort der Faschisten auf diese Predigt, in der Pfarrer Julius von Jan angekündigt hatte, daß die Missetaten eine Saat darstellten, die eines Tages geerntet werden müßte, erfolgte nur wenige Tage darauf mit einem terroristischen Überfall auf den Kirchenmann. Er wurde dann inhaftiert, später gerichtlich bestraft, zwangsversetzt und zur Wehrmacht eingezogen.

Mit ihrem mutigen Auftreten gewannen aber Männer wie Lichtenberg und von Jan keinen Rückhalt bei ihrer jeweiligen Kirchenobrigkeit. Dort wurde weder ihre theologische Position noch ihre politisch-moralische Haltung geteilt. Abmahnungen gegen ein dezidiertes politisches Hervortreten von Geistlichen — hinter wortreichen Beteuerungen über Christenpflichten kaum verborgen — bildeten die wiederkehrende Reaktion der obersten Kirchenführer, die im Grundsatz bei dem geschlossenen Frieden mit einem Regime bleiben wollten, dem sie durch Feindschaft gegen Kommunismus, Demokratismus und Liberalismus verbunden waren.

In Zeitungen des Auslands erschienen nach dem 10. November 1938 Meldungen, wonach in Deutschland mehrere hundert Menschen inhaftiert worden seien, weil sie den Pogrom verurteilt hätten. Bald darauf wurde auch erörtert, in welchem Grade die verbrecherische Aktion das faschistische Regime und die deutsche Bevölkerung einander entfremdet und das Potential antinazistischer Gegenwehr gestärkt habe. Vielfach wurde der Pogrom — fälschlich — als Versuch der Machthaber gewertet, innere soziale Widersprüche dadurch zu dämpfen, daß, wie seit altersher, die Judenverfolgung zur Verdunkelung der Ursachen von Massennot benutzt wurde. Dieser Sicht lag eine damals verbreitete Überschätzung der das Naziregime destabilisierenden Faktoren zugrunde.

Bisher vermochte die Forschung kein klares oder gar quantitativ faßbares Bild des Ausmaßes, in dem sich Hilfe und Solidarität für die drangsalierten Juden äußerte und auch mit weiterreichenden antinazistischen Bekundungen verband, zu gewinnen. Gesichertes Wissen existiert hingegen darüber, daß der demagogische wie der repressive Apparat der faschistischen Diktatur noch Monate nach dem Pogrom angestrengt tätig war, um »Judenknechte« anzuprangern und unter disziplinierenden Druck zu setzen. (67)

Der »Völkische Beobachter«, Zentralblatt der NSDAP und das Publikationsorgan, an dem sich die territoriale und lokale Presse orientierte, druckte zwischen dem 9. November 1938 und dem 30. Januar 1939 insgesamt 537 antijüdische Veröffentlichungen – von der knappen Meldung bis zum »Kulturbericht«. Pro Tag erschienen allein in diesem Blatt im November 1938 durchschnittlich neun, im Januar 1939 fünf aufhetzende Beiträge. Die vermehrten Anstrengungen der Demagogen des Rassismus und des Judenhasses deuten darauf hin, daß sie jenen Deutschen, die den Pogrom nicht guthießen, Gründe zu seiner Rechtfertigung nachliefern wollten. An dieser Kampagne beteiligten sich auch die Hochschulen. Anfang 1939 wurde in der Berliner Friedrich-Wilhelms-Universität eine antisemitische Vortragsreihe veranstaltet, zu deren repräsentativen Besuchern unter anderen hohe Militärs gehörten.

Zugleich wachten die Repressivapparate, um Bekundungen der Solidarität mit Juden zu verfolgen. Der sogenannte Werkschutz eines Berliner Betriebes vernahm Monate nach dem Pogrom einen Arbeiter, weil er in einer politischen Debatte über den Einmarsch faschistischer Truppen in Prag auch seinen Unmut über die Judenverfolgung geäußert hatte. Mit ihm wurden einige seiner Arbeitskameraden vernommen, die der Denunziant, ein im Betrieb beschäftigter Nazifunktionär, als Zeugen des Ereignisses angegeben hatte. (78) Der Arbeiter kam mit einer Verwarnung davon. Aus dem angefertigten Protokoll geht zudem hervor, daß er »außerbetrieblich« überprüft worden war. Der Leiter des Werkschutzes schlug der Gestapo war, diese Kontrolle kontinuierlich fortzusetzen.

Keine Frage: Wer in Deutschland seit jenem 10. November 1938 sich auf die Seite der verfolgten Juden stellte und ihnen half, ging ein Risiko ein. Es war nicht einmal bestimmbar, wie groß es von Fall zu Fall sein könnte. Als eine Zwischenbilanz geschichtswissenschaftlicher Forschung läßt sich feststellen, daß die Organe des Sicherheitsdienstes und der Sicherheitspolizei jedoch nicht in erster Linie darauf aus waren, möglichst viele »Arier«, die den Geboten der Mitmenschlichkeit folgten, dingfest zu machen, sondern daß ihre Taktik darin bestand, eine Atmosphäre der Furcht zu verbreiten, in der immer weniger Menschen den Mut fanden, so zu handeln, wie sie dachten und empfanden.

Der Raubzug

Nach dem 10. November 1938 ereignete sich ein in der Geschichte der kapitalistischen Wirtschaft in Deutschland beispielloser Vorgang. Eine Gruppe von Eigentümern, Kapitalisten und kleinen Warenproduzenten wurde durch außerökonomischen, vom Staat organisierten und kodifizierten Zwang aus dem Wirtschaftsleben vollständig verdrängt. Jüdische Inhaber von Industriewerken und Geldbanken, von Warenhäusern und Großhandelsunternehmen, von Aktien und anderen Wertpapieren, von Grundstücken und Forsten mußten, nachdem ihnen die Verfügungsgewalt über ihr Vermögen entzogen worden war, an »Arier« verkaufen oder ihren Besitz auf andere Weise liquidieren. Einzelhandelsgeschäfte und kleine Handwerksbetriebe hatten ebenfalls zu schließen. Die lukrativeren von ihnen gingen in die Hände neuer Besitzer über, alle anderen verschwanden ohne Nachfolger. Es gab keine Juden mehr in der »deutschen« Wirtschaft, als Monate später der Krieg begann.

Den Auftakt für diesen Totalangriff, der einen entscheidenden Strang durchtrennen sollte, der die deutschen Juden an Deutschland band, gab eine interministerielle Sitzung, die unter dem Vorsitz Hermann Görings am 12. November 1938 stattfand. (26) Ihre Entschlüsse besaßen eine lange Vorgeschichte, die vor den 30. Januar 1933 zurückreichte.

Als die Nazipartei im Weimarer Staat Masseneinfluß zu gewinnen suchte und das Kleinbürgertum die hauptsächliche Zielgruppe ihrer politischen Propaganda bildete, bedienten sich die Faschisten auch einer raffinierten sozialen Demagogie, die sie bis zu antikapitalistischen Parolen trieben. Ihr vorgetäuschter Antikapitalismus wurde dadurch jeglichen allgemeinen Sinnes entleert, daß ausschließlich das »jüdische Kapital« als dasjenige bezeichnet wurde, das Volk und Nation schädige und ruiniere. Die Juden, so sagten die Faschisten, wären als Folge ihrer Rassenatur die Inkarnation von Ausbeuter- und Betrügertum. Sie würden ihre blutsbedingten Eigenschaften, wie Verschlagenheit, List, Hinterhältigkeit und andere, einsetzen, um als Schmarotzer von »deutscher« Arbeit und »deutschem« Fleiß leben zu können.

Dieses Bild hatte keine Entsprechung in der Wirklichkeit der kapitalistischen Wirtschaft, kraft deren Gesetzen sich Juden wie Nichtjuden, wollten sie sich behaupten, im Konkurrenzkampf auf prinzipiell gleiche Weise verhalten mußten. Die jüdischen Kapitalisten, die stets gewärtig sein mußten, unter rassistischen Vorwänden diffamiert zu werden, hatten jedoch mehr als ihre nichtjüdische Konkurrenz darauf bedacht zu sein, juristische Normen und bürgerliche Spielregeln einzuhalten, die man im kapitalistischen Wirtschaftsleben scheinheilig als »gute Sitten« bezeichnete. Der jüdische Kaufmann, der ein sein Auskommen gerade sicherndes Geschäft betrieb, achtete zumeist darauf, als entgegenkommender, hilfsbereiter und ehrbarer Händler zu gelten. Von dem einzigen Textilkaufmann in einer Kreisstadt im Norddeutschen wurde berichtet, er habe jeder kinderreichen Familie im Orte kostenlos die Erstausstattung für deren Kinder geschenkt. Das war gewiß auch ein Akt der Werbung, aber doch ein anständiger.

Kurzum: Das faschistische Bild vom »Schacherjuden« war verlogen, aber es kam einem doppelten Interesse entgegen. Dieser »Antikapitalismus« war der Masse der nichtjüdischen Kapitalisten nicht allein ungefährlich, sondern kam ihnen politisch zugute. Und: Die Judenhetze verhieß den rückständigsten, antisemitisch aufgeputschten Händlern und Handwerkern die Beseitigung einer Gruppe ihrer Konkurrenten.

Die soziale Demagogie, wohlfeiles Mittel des Dummenfangs vor und nach 1933, erwies sich jedoch, nachdem die faschistischen Führer an die Macht gebracht worden waren, als folgenreich. Jetzt hofften ihre Gefolgsleute, daß die Unternehmen der jüdischen Bankiers, Industriellen, Großhändler, Kaufleute und Handwerker alsbald liquidiert würden. Diese Erwartung zu befriedigen, lag in den ersten Jahren der faschistischen Herrschaft noch außerhalb der Möglichkeiten der Regierenden. Für die krisengeschwächte Wirtschaft war jeder gewaltsame Eingriff in ihren Mechanismus, und das »jüdische« Kapital war mit jedem anderen durch die verschiedensten Beziehungen eng verwoben, doppelt gefährlich und schädigend. Auch die ausländischen Kapitalisten, die in Deutschland investiert hatten, hätten auf jeden die bürgerlichen Rechtsnormen verletzenden Akt negativ und womöglich mit dem Abzug ihres Kapitals reagiert. Es war weiterhin nicht auszuschließen, daß sich aus einem Schlag gegen die wirtschaftliche Stellung der Juden für deutsche auswärtige Kapitalsinteressen und Handelsbeziehungen Nachteile ergaben. Und schließlich sollten nach dem Willen der »arischen« Kapitalisten Aktien, Gesellschaftsanteile, Betriebe und sonstige Unternehmen aus den jüdischen in die »richtigen« Hände gelangen, und das hieß: in ihre eigenen. Um dies zu gewährleisten, war wiederum Kapital notwendig, aber am Ende der Krise schwer oder nicht verfügbar. So drängten auch die »arischen« Rivalen die faschistische Regierung dahin, die wirtschaftlichen Maßnahmen gegen die Juden nicht zu überstürzen.

Obwohl es seit 1933 nicht zu durchgreifenden gesetzlichen Maßnahmen gekommen war, auch nicht – wie vielfach erwartet oder befürchtet – nach dem Erlaß der »Nürnberger Gesetze« im September 1935, vollzog sich doch eine schleichende, Mitte der dreißiger Jahre deutlich beschleunigte »Arisierung« jüdischen Eigentums. Sie verlief weit weniger spektakulär als die Boykottaktionen des 1. April 1933 oder die im Frühjahr und Sommer 1935, als wieder SA-Posten in verschiedensten deutschen Städten vor Warenhäusern aufmarschierten. Auf den Wirtschaftsseiten der Zeitungen erschienen hin und wieder Notizen, in denen der Wechsel des Eigentümers eines Betriebes oder eines Geldinstituts sachlich knapp mitgeteilt und allenfalls noch die Nominalhöhe der Kapitalsumme erwähnt wurde, die in »neue Hand« übergegangen war. Die Nutznießer der »Arisierung« besaßen kein Interesse daran, ihre Geschäfte laut ausrufen zu lassen. Dadurch wäre das Bild von der »nationalsozialistischen Volksgemeinschaft« nur gestört worden. Die Triebkräfte dieser schleichenden Verdrängung lagen letztlich im außerökonomischen Bereich. Die faschistischen Machthaber verschlechterten die Verwertungsbedingungen für das Kapitaleigentum der Juden, wodurch diese gegenüber der »arischen« Konkurrenz zunehmend ins Hintertreffen gerieten. Staatsaufträge wurden an die jüdischen Unternehmen nicht mehr erteilt, Devisen zum Ankauf von Rohstoffen und anderen Betriebsmitteln willkürlich gewährt. Der Absatz im Inland, handelte es sich um Erzeugnisse des Massenkonsums, war durch die unausgesetzte, von Drohungen begleitete Propaganda eingeengt, nicht bei »Juden« zu kaufen. Unter diesen und weiteren geschäftsabträglichen Bedingungen und ebenso angesichts der ungewissen Zukunft hatten viele, darunter traditionsreiche Firmen liquidiert.

Dennoch behauptete sich ein beträchtlicher Teil jüdischer Unternehmen von sehr unterschiedlichem Gewicht bis in das Jahr 1938. Daß die Machthaber sich damit nicht abfinden würden, signalisierte die schon erwähnte Verordnung vom 26. April 1938, die unter der Regie von Hermann Göring erging, der in das Zentrum der Politik zur Enteignung der jüdischen Kapitalisten und kleinen Warenproduzenten getreten war. Die Faschisten ließen den Gegenstand des Raubs exakt ermitteln; es blieb noch die Frage, wie er bewerkstelligt werden sollte. Sie bildete den hauptsächlichen Tagesordnungspunkt jener schon erwähnten Sitzung am 12. November 1938.

In einem Saal des Reichsluftfahrtministeriums im Zentrum Berlins fanden sich mit anderen die Reichsminister Joseph Goebbels, Walther Funk und Lutz Graf von

Schwerin-Krosigk, zuständig für Wirtschaft beziehungsweise Finanzen, der Chef der Sicherheitspolizei und des Sicherheitsdienstes, Reinhard Heydrich, der Chef der Ordnungspolizei, Kurt Daluege, sowie eine Reihe von Faschisten ein, die bei der Judenverfolgung in dem eben dem Reich eingegliederten einstigen Österreich neue Erfahrungen gesammelt hatten. Auf dessen Territorium war seit März 1938 die antijüdische Gesetzgebung und Praxis nicht nur auf jene Stufe gebracht worden, die sie im »Altreich« erlangt hatte, sondern darüber weit hinausgehende Maßnahmen waren gleichsam auf einem neugewonnenen Exerzierfeld erprobt worden. Zu ihnen gehörte die in erpresserischer Absicht vorgenommene Inhaftierung von reichen und begüterten Juden, die durch die Martern im Konzentrationslager unter Druck gesetzt und so bereit gemacht wurden, ihr Eigentum rasch zu verkaufen, das bedeutete: es großenteils zu verschleudern.

Im einstigen Österreich war auch, unter der Regie Adolf Eichmanns, ein neues Verfahren zur beschleunigten bürokratischen Behandlung der Auswanderungsanträge von Juden, die eigentlich Anträge auf Genehmigung einer Flucht waren, eingeführt worden. Diese Erfahrungen wurden jetzt auf das gesamte Reichsgebiet übertragen, wobei mit der Verschleppung der jüdischen Männer in die Konzentrationslager der erste Schritt getan wurde. Göring, der sich über das weitere Vorgehen mit Hitler direkt und über Martin Bormann, dem Stabsleiter (vergleichbar einem Staatssekretär) beim Stellvertreter des Führers, verständigt hatte, kam mit einem Plan zur Beratung, der die Ausraubung der Juden auf verschiedenen Wegen vorsah. Er schlug eine Verordnung vor, die unter der Bezeichnung »Sühneleistung« für den Tod des Ernst vom Rath den deutschen Juden eine einmalige Steuer in Höhe von einer Milliarde Reichsmark auferlegte. Des weiteren wurde bestimmt, daß die Juden die »Wiederherstellung des Straßenbildes« auf ihre Kosten vorzunehmen hätten, das heißt die Instandsetzung der Geschäftseingänge und Ladenfronten, der Schaukästen und Vitrinen bezahlen mußten. (23) Da die Juden aufgrund eingegangener Versicherungen jedoch in der Lage waren, dafür ihre gesicherten Ansprüche geltend zu machen, erhob sich vor den Sitzungsteilnehmern die in Anwesenheit eines Spezialisten des Versicherungswesens diskutierte Frage, wie sich vermeiden ließe, daß den Juden die ihnen zustehenden Versicherungssummen ausgezahlt würden. Um nicht den Eindruck zu erwecken, die privatkapitalistischen Versicherungen kämen ihren Verträgen nicht nach, entschied man sich dafür, sie zahlen zu lassen, aber nicht an die Geschädigten, sondern in die Staatskasse. So wurde durch die erste Gruppe der vereinbarten Maßnahmen gewährleistet, daß ein Teil des seit April ermittelten Vermögens direkt an die Staatskasse gelangte.

Es hätte dem Wesen und den Aufgaben des faschistischen Staates widersprochen, wäre er auch als Käufer der jüdischen Betriebe und Geschäfte hervorgetreten. Seine Rolle reduzierte sich darauf, die Veräußerung dieser Unternehmen zu erzwingen, die Bedingungen des Eigentümerwechsels oder der Liquidierung zu fixieren und deren Einhaltung zu überwachen. Nachdem als Sofortmaßnahme veranlaßt worden war, daß die jüdischen Einzelhandelsgeschäfte nicht wieder öffnen durften, die Handwerksbetriebe ihre Tätigkeit einzustellen hatten und die Eintragungen in die Handwerksrollen gelöscht wurden, die Genossenschaftsmitglieder aus den jeweiligen Zusammenschlüssen auszuschließen waren, erging am 3. Dezember die Verordnung, die den Zwangsverkauf des jüdischen Eigentums der Kapitalisten und kleinen Warenproduzenten, der städtischen, land- und forstwirtschaftlichen Grundstücke sowie von Wertgegenständen wie Schmuck, Juwelen und Kunstwerken, bestimmte und regelte.

Viel deutlicher als es der Text dieser Verordnung tat, hatte Göring schon am 12. November erklärt, worauf es ankam. Es sollte gesichert werden, daß der Verkäufer den niedrigsten Betrag erhielt und der Käufer die Summe, die er bei dem letztlich erpresserisch zustandegekommenen Geschäft einsparte, an die Staatskasse abführte. Die kapitalistischen Nutznießer der »Arisierung« sollten nicht mit irgendwelchen Spenden an die Kommunen zu billig wegkommen, das Ziel bestünde —

Göring zufolge – in »einer ganz klaren, für das Reich Gewinn bringenden Aktion«. Im Klartext lief das auf einen Punkt hin: die Auffüllung der Rüstungskasse und damit die Steigerung der Kriegsfähigkeit des Regimes. Darauf war auch die Ankündigung gerichtet, geeignete jüdische Betriebe in eine »Aktion zur Umwandlung von nicht lebensnotwendigen Produktionswerkstätten in lebenswichtige« einzubeziehen. Nach der Meinung des Generalfeldmarschalls und vieler führender Militärs des Regimes wurden in Deutschland, obwohl die zivile Produktion immer weitere Einschränkungen erfuhr, zu viele Güter hergestellt, die den persönlichen Bedürfnissen der Bürger dienten.

Wiewohl der Verkauf jüdischer Betriebe an die »arische« Konkurrenz äußerlich nach den Normen kapitalistischen Rechtsverkehrs ablief, Treuhänder, Makler, Rechts- und Patentanwälte beteiligt waren, Zahlungsmodalitäten festgesetzt und Urkunden ausgefertigt wurden, ging letztlich ein kaum getarnter Raub vonstatten. Das war selbstredend auch den neuen Eigentümern bewußt, die Überweisungen veranlaßten und Schecks ausstellten. Erstens handelten die Verkäufer unter dem schärfsten juristischen und polizeilichen Zwang. Zweitens lagen die vereinbarten Kaufsummen weit unter dem Tageswert, mitunter waren sie nichts als Symbole eines skandalösen Handels. Drittens – und auch dies war kein Geheimnis – konnten die gezwungenen Verkäufer selbst in Deutschland über die auf ihre Konten überwiesenen Beträge nicht mehr frei verfügen, geschweige sie ins Ausland transferieren. Dies vollendete den Raubzug.

In der Sitzung am 12. November standen die Gesetzesakte, die den jüdischen Deutschen, Kapitalisten, Händlern, Handwerkern, Angestellten und Arbeitern die Basis ihrer wirtschaftlichen und sozialen Existenz entziehen sollten, im Zentrum. Gleichzeitig wurde eine lange Liste von antijüdischen Maßnahmen erörtert und vereinbart, damit, wie Göring sich ausdrückte, »das Judentum in dieser Woche zack-zack eins nach dem anderen um die Ohren bekommt«. Die Skala der Vorschläge reichte von augenblicklich angenommenen, wie den restriktiven Bestimmungen gegen den Reiseverkehr von Juden bei

Benutzung der Reichsbahn, den Entzug ihrer Führerscheine für Kraftfahrzeuge (61), die Festsetzung von Zonen innerhalb von Großstädten, die Juden fortan nicht betreten durften (60), bis zu der infamen Idee der Absonderung im Ghetto, die im Kriege in den okkupierten Ländern verwirklicht wurde. Göring und Heydrich ereiferten sich in Rede und Gegenrede auch darüber, auf welche Weise die Juden öffentlich kenntlich gemacht werden könnten.

Wie bei früheren Beratungen zeigte sich auch am 12. November, daß die Faschistenführer mit ihren Vorstellungen über die Judenverfolgung nie an einen Endpunkt kamen. Hinter und nach der eben begangenen Untat hatten sie weitere in petto. Göring, der im Verlauf der Besprechung, wie das Stenogramm ausweist, immer wieder im Slang des Chefs einer Räuberbande redete, sagte gegen Sitzungsende: »Im übrigen muß ich noch einmal feststellen: ich möchte kein Jude in Deutschland sein.«

Reaktionen im Ausland

Die ersten Nachrichten über den Pogrom erreichten das Ausland, als die verbrecherischen Aktionen der SA und SS in deutschen Städten noch nicht beendet waren. Korrespondenten aus vielen Staaten kabelten ihren Redaktionen und Agenturen bereits am Morgen des 10. November, was sich in Deutschland ereignete. Wenn auch kein Berichterstatter das ganze Ausmaß des Geschehenen zu übersehen vermochte und sich in die Übermittlung von Tatsachen aus eigener oder fremder Beobachtung auch Mutmaßungen mischten, gaben die Meldungen im ganzen ein zutreffendes, eher hinter der Wirklichkeit zurückbleibendes Bild vom Wüten der Faschisten.

In allen nahen und fernen Nachbarstaaten des faschistischen Deutschlands, in dem sich sozialistische, demokratische, liberale oder von anderer Gesinnung bestimmte gesittete Kräfte frei zu äußern vermochten, erhob sich eine Welle der Empörung und des Protestes.

Aufruf zum Boykott jüdischer Geschäfte
im faschistischen Deutschland. April 1933

SS und SA kleben Hetzplakate
an Geschäfte jüdischer Ladenbesitzer

DER JUDENSPIEGEL

des „Gothaer Beobachters"

Nr. 10   September-Ausgabe 1935

Die Juden in Gotha

Mit wem wir nicht verkehren können — Eine Judenliste!

Emanuel, Bettchen, Witwe, Lucas-Cranach-Straße 1.
Emanuel, Marcus, Viehhändler, Lucas-Cranach-Straße 1.
Emanuel, Otto, Ehefrau, Lucas-Cranach-Straße 1.
Falkenstein, Dr. Reg. Arzt, Adolf-Hitler-Straße 50.
Goldschmidt, Ufkr., Bankdirektor, Lindenauer Allee 26.
Goldschmidt, Therele, Ehefrau, Lindenauer Allee 26.
Gotthalt, geb. Kunreuther, Marie Louise, Ehefrau des Rechtsanwalt u. Notar Günther Gotthalt, Friedrichstr. 14.
Grünberg, Sally, Reisender, Urnethplatz 6.
Grünheim, Julius, Kaufmann, Mönchelsstraße 38.
Hammerschlag, Alfred, Händler, Steinstr. 13.
Heilbrunn, Petti, Witwe, Gartenstr. 13.
Heilbrunn, Gustav, Kfm., Schützenallee 8.

Simon, Curt, Fabrikant, Friedrichstr. 19.
Simon, Clara, Ehefrau, Friedrichstr. 19.
Schulenklopper, Dr. Rich. Arzt, Seeberg-straße 13/15.
Stein, Jacob, Kfm., Langensalzaer Str. 28.
Stein, Jetta, Ehefrau, Langensalzaer Str. 20.
Stein, Gretchen, Frl., Langensalzaer Str. 20.
Stein, Ernst, Kfm., Hohestraße 11.
Stein, Julie, Witwe, Goldbacher Str. 17.
Stein, Selma, Frl., Goldbacher Str. 17.
Stein, Arthur, Kfm., Goldbacher Str. 17.
Stein, Rosa, Frl., Goldbacher Str. 17.
Wickel, Alfred, Landgerichtsdirektor a. D., Brophistraße 11.
Wickel, Selly, Kaufmann, Reinhardsbrunner Straße 4.
Wickel, Minna, Ehefrau, Reinhardsbrunner Straße 4.
Wassermann, Dr. W., Kat. Rechtsanwältin 1.
Wittenberg, Walter, Bankbeamter, Reilestraße 30.

Ginsberg, Aron, Kaufmann, Seebergstr. 4 c.
Ginsberg, Hersch, Kfm., Schmalkaldertr. 33.
Gumburg, Hersch, Kfm., Seebergstr. 10.
Liebermann, Hersch, Händl., Friedrichstr. 20.
Liebermann, Gheia, Ehefrau, Friedrichstr. 20.
Liebermann, Rosa, Frl., Friedrichstr. 20.
Löw, Abraham, Händler, Gotthardstr. 5.
Löw, Sofie, Ehefrau, Gotthardstr. 5.
Löw, Sara, Hausttochter, Gotthardstr. 6.
Minz, Meier, Kaufmann, Kunstmartstr. 3.
Minz, Sarah, Ehefrau, Augustinerstr. 3.
Pflanzer, Salmon, Händler, Hibelsgasse 2.
Pflanzer, Taube, Ehefrau, Hibelsgasse 2.
Peina, Jacob, Reisender, Hützelgasse 2.
Peina, Scheinha, Ehefrau, Hützelgasse 2.
Reismann, Siegel, Berkuler, Friedrichstr. 20.
Schäfert, Mag. Kaufmann, Friedrichstr. 20.
Schäfert, Sara, Ehefrau, Friedrichstr. 20.
Seeffmann, Albert, Kfm., Gerbergasse 10.
Seeffmann, Friede, Ehefrau, Gerbergasse 10.
Seeffmann, Max, Kaufmann, Gerbergasse 10.

Bekanntgabe der Namen jüdischer Bürger
zum Zwecke ihrer Isolierung

Häuserfassade im Nazideutschland. 1935

Jüdische Arbeiterfamilie in Berlin

Geburtstagsfeier in einer jüdischen Familie

Gottesdienst in einer Synagoge. Juli 1938

Herschel Grynszpan
nach seiner Verhaftung durch die französische Polizei

Die brennende Synagoge in der Fasanenstraße/Berlin

Jüdischer Betsaal nach der Verwüstung

Keine Statistik enthält die Zahl der zerstörten Privatwohnungen.

Die »Wiederherstellung« des Straßenbildes durch die Betroffenen

Gefangengenommene Juden werden von SS und Polizei
in die Konzentrationslager abgeführt.

Kennkartenzwang für die jüdischen Bürger ab 31. Dezember 1938

„Juden raus"

ist d a s neue Gesellschaftsspiel, nach welchem Ihre Kundschaft verlangen wird.

„Juden raus" ist in tadelloser, geschmackvoller Form und starker Ausführung herausgebracht worden.

„Juden raus" ist ein Verkaufsschlager für Großdeutschland.

der Messeschlager von 1939/40!

(Zur Messe in Leipzig, Wien usw.)

Ihr Verkauf wird durch Inserate in allen größeren Tageszeitungen und Illustrierten Zeitschriften großzügig unterstützt.

Bestellen Sie in Ihrem Interesse noch heute, damit Sie den Wünschen Ihrer Kundschaft nachkommen und Sie rechtzeitig beliefert werden können.

RUDOLF FABRICIUS

Alleinvertrieb des Gesellschaftsspiels „Juden raus"

Neusalza-Spremberg i. Sa.
Fernruf 345 / Postfach 5

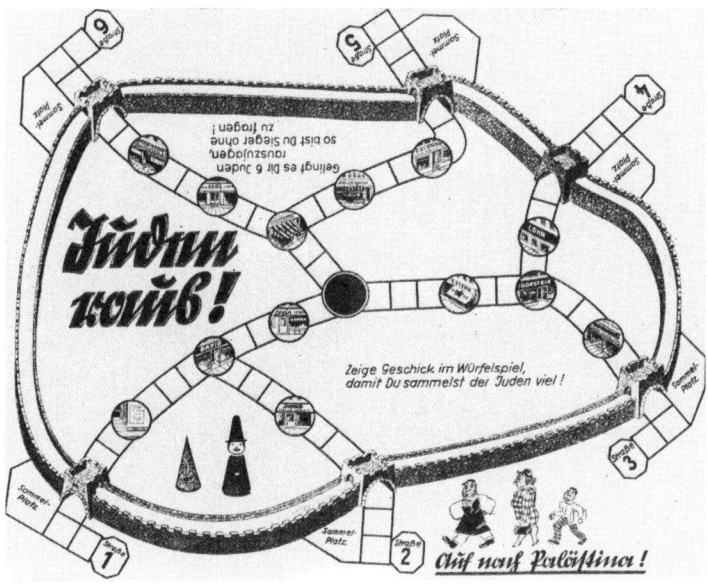

Judenvertreibung als »Gesellschaftsspiel«

Auf der Flucht aus Deutschland – Warteschlange
vor einem Reisebüro in Berlin. 1938

Die Bürokratie der Vertreibung:
Unbedenklichkeitsbescheinigung des Finanzamtes

Den Lebenden zur Mahnung.
Ehrenmale und Gedenktafeln erinnern an die Opfer
der Pogromnacht.

5. September 1866 ✡ 5. September 1966

Diese Synagoge ist 100 Jahre alt
und wurde am 9. November 1938
IN DER KRISTALLNACHT
von den Nazis in Brand gesteckt

Während des II. Weltkrieges 1939 - 1945
wurde sie im Jahre 1943
durch Bombenangriff zerstört

Die Vorderfront dieses Gotteshauses
soll für alle Zeiten eine Stätte
der Mahnung und Erinnerung bleiben

VERGESST ES NIE

Jüdische Gemeinde von Groß-Berlin
Der Vorstand

September 1966

Gedenktafel an der Synagoge
in der Oranienburger Straße / Berlin

Aus diesem Hause
wurden 1943
von den Faschisten

7 jüdische Familien

in die
Vernichtungslager
verschleppt
und ermordet

Vergeßt es nie

Gedenktafel in Berlin-Weißensee,
Klement-Gottwald-Allee

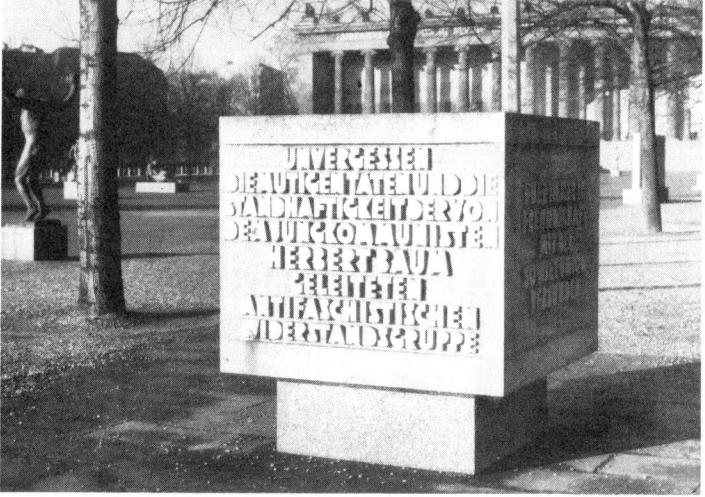

Ein Denkmal im Lustgarten in Berlin
und der Grabstein auf dem jüdischen Friedhof Weißensee
erinnern an die jüdischen Widerstandskämpfer
um Herbert Baum.

Innenraum der 1986/87 rekonstruierten
und anläßlich des Jüdischen Neujahrsfestes
im September 1987
wieder geweihten Synagoge in der Rykestraße

Menschen versammelten sich in Kundgebungshallen und Kirchen, auf Plätzen und Straßen, um ihrem Abscheu gegenüber diesem Verbrechen Ausdruck zu geben. Mitunter waren die Missionen des Deutschen Reiches Ziel der Protestierenden, den Diplomaten wurden Schreiben übergeben, die verlangten, die Ausschreitungen zu beenden. (38) Es zeigte sich, daß in vielen Staaten ein sozial, politisch und religiös breit gefächertes Potential antinazistischer Kräfte existierte, dessen Zusammenführung möglich war, wenn es um die Verteidigung von demokratischen Rechten ging.

Die Protestbewegung stand vor einer drängenden Frage: Was konnte im Ausland zugunsten der Verfolgten getan werden? Die Frage hatte mindestens zwei Aspekte: Ließ sich auf die Machthaber in Deutschland ein so starker Druck ausüben, daß sie gezwungen sein würden, in ihrer Judenverfolgung einzuhalten und ergriffene Maßnahmen zurückzunehmen? Und: Konnte nicht mehr getan werden, um Juden zu helfen, außerhalb der deutschen Grenzen Zuflucht zu finden?

Was die Möglichkeit betraf, die antijüdische Politik der faschistischen Regierung zu begrenzen, so waren die Meinungen geteilt. Viele hielten darauf gerichtete Unternehmen für aussichtslos, und auch deutsche Juden beschworen das Ausland, sich auf die Vermehrung der Fluchtmöglichkeiten als die einzige wirkliche Hilfe für die Drangsalierten zu konzentrieren. (47) Organisationen im Ausland hielten — wie schon bei den antijüdischen Maßnahmen im März/April 1933 — den wirtschaftlichen Boykott für die geeignete und einzig wirksame Waffe, mit der sie von außen gegen eine Eskalation der Judenverfolgung vorgehen konnten.

In vielen Ländern Europas und Übersees entstand damals eine Bewegung gegen den Kauf von Waren, die in Deutschland hergestellt worden waren, gegen die Benutzung von Passagen und Frachten deutscher Schiffe, gegen Besichtigungs-, Urlaubs- und Kuraufenthalte in Deutschland. Obwohl diese Maßnahmen partiell vitale wirtschaftliche Interessen deutscher Unternehmen trafen, erreichten sie nie die beabsichtigte Wirkung. Das lag vor allem daran, daß zu keinem Zeitpunkt eine geschlossene Boykottfront entstand. Das Interesse, Geschäfte zu machen und Profite zu realisieren, ließ ihr Zustandekommen nicht zu. Außerdem war durch die Bewegung gegen den Kauf deutscher Waren vor allem die exportierende Konsumgüterindustrie getroffen worden, deren Warenangebot im Ausland leicht kontrolliert werden konnte. Die deutschen Exporteure von Rohstoffen, Halbzeugen und Maschinen wurden von den Aktionen kaum berührt. Nur eine weitverzweigte Überwachung in Häfen, auf Großhandelsplätzen und in Industriewerken des Auslands hätte dies sichern können.

Trotz der enttäuschenden Erfahrung erhob sich die Forderung nach dem Boykott der Wirtschaft des faschistischen Deutschlands im November 1938 neu. Er hätte das Regime jetzt noch empfindlicher treffen können als 1933, selbst wenn nur auswahlweise Embargomaßnahmen ergriffen worden wären. Sie hätten sich dann gegen die auf hohen Touren laufende Rüstungsindustrie richten müssen. Doch viele ausländische Konzerne und Großfirmen verdienten seit Jahren an Deutschlands Vorbereitung auf den Krieg mit und waren nicht gewillt, sich ihr Geschäft verderben zu lassen. Letztlich hing alles davon ab, ob die Regierungen — insbesondere die in London, Paris und Washington — dazu gebracht werden konnten, durch nationale Gesetze und internationale Vereinbarungen sowohl den Verfolgungen der deutschen Juden als auch den materiellen Kriegsvorbereitungen entgegenzutreten. Die Bewegung jedoch erreichte auch 1938 nicht annähernd die Stärke, die notwendig gewesen wäre, diesen doppelt bedeutsamen Erfolg zu erringen, zumal die regierenden Kreise der kapitalistischen Großmächte damit zu einem grundlegenden Wechsel in ihrer Deutschlandpolitik hätten gezwungen werden müssen.

Der Pogrom ereignete sich in einem Moment, da Großbritannien und Frankreich, mit erkennbarer, aber eher stillschweigender Billigung der Vereinigten Staaten von Amerika, den bis dahin umfassendsten Schritt unternommen hatten, um ihre Interessengegensätze mit dem faschistischen Deutschland auszugleichen. Das geschah Ende September 1938, also nur knapp sechs Wo-

chen zuvor, mit dem Münchener Abkommen und auf Kosten der bürgerlich-demokratischen Tschechoslowakei,
eines bisherigen Verbündeten Frankreichs, obendrein.
Nachdem die beiden westeuropäischen Großmächte im
März die Liquidierung Österreichs hingenommen hatten,
lieferten sie dem deutschen Imperialismus einen
zweiten Staat aus, und zwar in der vielfach dokumentier-
ten Absicht, ihrerseits einen Generalausgleich mit dem
faschistischen Rivalen anzubahnen und gleichzeitig dessen aggressive Kräfte weiter gegen Osteuropa und
schließlich gegen die UdSSR zu lenken. Was beim ver-
einten Angriff in den zwanziger Jahren mißlungen war,
die Beseitigung des Arbeiter-und-Bauern-Staates, das
war dem deutschen Faschismus als Aufgabe für das
Ende der dreißiger oder den Beginn der vierziger Jahre
zugedacht.

Der Pogrom besaß zu diesem Münchener Treffen eine
doppelte Beziehung. Zum einen hatten seine Ergebnisse
die Faschistenführer und namentlich Hitler zu dreiste-
rem Vorgehen ermutigt, sicherlich auch zu brutal-bluti-
gem Handeln gegen die Juden. Denn wenn die westlichen Großmächte mithalfen, in den Sudeten lebende
Juden und Tschechen, Antifaschisten und Pazifisten den
deutschen Machthabern auszuliefern, wenn sie ihnen einen ganzen Reststaat, die Nach-München-Tschechoslo-
wakei, überließen, was würden sie sich um die Juden im
»Altreich« und im einstigen Österreich scheren? Zum anderen paßte eine scharfe Reaktion auf den Pogrom den
Regierenden an der Seine und Themse nicht ins schon
erwähnte strategische Konzept ihrer Außenpolitik. Sie
waren nicht einmal zu einer diplomatischen Geste der
Abwehr bereit. Das wurde offenbar, als nur einen Mo-
nat nach dem Pogrom der deutsche Außenminister Joachim von Ribbentrop in Paris offiziell empfangen und
am 6. Dezember 1938 ein deutsch-französischer Nichtan-
griffsvertrag unterzeichnet wurde, der die Münchener
Politik der Zusammenarbeit weiter fundieren sollte.
Stört unsere Kreise nicht – mit diesen Worten ließe sich
die tatsächliche Reaktion der maßgebenden Politiker
Großbritanniens und Frankreichs auf die Proteste der eigenen Bevölkerung gegen den faschistischen Antisemi-

tismus beschreiben. Es handelte sich nämlich um die Kreise einer breiten antisowjetischen Front mit den faschistischen Staaten Deutschland und Italien als militärischem Stoßkeil.

Angesichts dieses Kurses der Kabinette der nichtfaschistischen Großmächte blieben die Anstrengungen der UdSSR, in Europa ein kollektives Sicherheitssystem gegen die Aggressoren zu formieren, erfolglos. Die Sowjetunion war die einzige Großmacht gewesen, die unmißverständlich gegen die Liquidierung Österreichs und die Auslieferung der Tschechoslowakei an das faschistische Reich protestiert hatte. Die KPdSU und die Sowjetregierung wandten sich auch gegen die Verbrechen an den Juden und stellten sie in eine historische Linie mit jenen Pogromen, die der Zarismus 1905 angezettelt hatte. (40) In Moskau, Leningrad, Kiew, Tbilissi und anderen Großstädten fanden Kundgebungen gegen die Judenverfolgungen statt, auf denen berühmte und bekannte Wissenschaftler und Künstler sprachen. (57) In vielen Protesten wurden die Angriffe auf die Juden im Innern mit der nach außen gerichteten Aggressivität des Regimes in Beziehung gesetzt.

Wie die sowjetischen Verlautbarungen, so forderten auch andere kommunistische Publikationen nachdrücklich, den Kampf gegen den Faschismus und die in erster Linie von ihm ausgehende Kriegsgefahr zu verstärken. Auf diese Weise wurde der Standpunkt begründet, daß sich die in Deutschland lebenden Juden durch allein auf sie bezogene Aktionen nicht schützen ließen, zumal es unmöglich schien, diese verfolgte Minderheit vollständig aus Deutschland und den von ihm schon besetzten Territorien herauszuführen. Und was würde geschehen, wenn das faschistische Regime, wie auf dem VII. Weltkongreß der Kommunistischen Internationale 1935 warnend ausgesprochen, seine Stoßkraft gegen osteuropäische Staaten wie Polen, Litauen und andere richtete, in denen Millionen Menschen jüdischen Glaubens und jüdischer Herkunft lebten?

Die zweite Richtung der Proteste gegen die Judenverfolgungen galt der Öffnung ausländischer Staaten für die Fluchtwilligen aus Deutschland, dem einstigen

Österreich, den Sudetengebieten und der unmittelbar bedrohten Tschechoslowakei. Weil die übergroße Mehrheit der Juden ein Leben in gewohnten bürgerlichen und kleinbürgerlichen Verhältnissen und Bahnen erstrebte, waren mehr oder weniger entwickelte kapitalistische Staaten seit 1933 ihr bevorzugtes Auswanderungsziel. Und naturgemäß war es das Bestreben der Fliehenden gewesen, sich ihren Start in fremder Umgebung dadurch zu erleichtern, daß sie ihr Eigentum über die Grenze transferierten und mitnahmen. Dies wurde ihnen von den Machthabern mehr und mehr beschnitten, die den Grundsatz aufstellten, daß die Juden Deutschland bettelarm verlassen sollten. Diese Devise wurde mit der Lüge begründet, was sie besäßen, hätten sie seit Jahrhunderten durch Ausbeutung der »Deutschen« erworben und folglich im Lande zu lassen.

Schon vor dem Pogrom klafften die Bereitschaft von Juden, den deutschen Machtbereich zu fliehen, und die Möglichkeit, in andere Länder zu gelangen, erheblich auseinander. Juristische, mehr noch aber außerjuristische faktische Barrieren erschwerten den Zutritt zu ausländischen Staaten, deren Regierungen die Zahl der Einwanderer limitierten, ihnen im neuen Land Berufe und Tätigkeiten verboten oder vorschrieben, Aufenthalte begrenzten, das Vorweisen von Geldmitteln verlangten, Bürgschaften von Inländern forderten und politische Verhaltensweisen diktierten. Eine verwickelte und lähmende Bürokratie kam hinzu, sie bildete das Erscheinungsbild einer letztlich zuwanderungsfeindlichen Politik. Wenn dennoch Zehntausende jüdischer Deutscher Zuflucht und zumeist leidliche Existenz in europäischen bürgerlich-parlamentarischen Staaten, in den USA, in Palästina und anderswo in Übersee hatten finden können – insgesamt waren aus Deutschland 1933 bis 1937 schätzungsweise nahezu 130000 Juden geflohen –, so besaßen daran politische, religiöse, gewerkschaftliche und caritative Organisationen weit mehr Verdienste als die Regierungen der meisten dieser Staaten.

Angesichts der nach dem Pogrom verschärften Verfolgungen verstärkte sich der Druck der demokratischen Öffentlichkeit auf die Kabinette vieler Länder, die Restriktionen abzubauen und staatliche Mittel für Einwanderer bereitzustellen. Auf diesem Feld wurden 1938/39 — vor allem in Großbritannien — gegen erhebliche Widerstände doch Teilerfolge erzielt. Außerstaatliche und staatliche Initiativen führten in mehreren Ländern insbesondere zur Aufnahme von jüdischen Kindern und Jugendlichen in Heimen und auch in Familien. In den Monaten vor Kriegsbeginn erwarben sich Zehntausende namenloser Helfer ein Verdienst um die Rettung von Menschen, eine Rettung, die für viele von Dauer war — für zu viele, die den Faschisten 1940 erneut in die Fänge gerieten, nur eine Zuflucht auf Zeit.

Zu einer staatlich organisierten Masseneinwanderung kam es aber nirgendwo, so daß das Erreichte insgesamt weit hinter dem Notwendigen zurückblieb. Viel Zeit und Kraft wurden von Regierungsbeamten damit vertan, Gebiete für die Ansiedlung von großen Gruppen deutscher Juden in Übersee herauszufinden. (46) Keines dieser Projekte — in Rede standen unter anderem britische, italienische und portugiesische Kolonialgebiete in Afrika — gewann praktische Bedeutung. Das gleiche galt von der Idee, jüdischen Organisationen im Norden Südamerikas ein Territorium in Britisch-Guayana zu überlassen, einem Streifen der Erde nahe dem Äquator, der sich aus mehreren Gründen für die Ansiedlung von Menschen aus der Mitte Europas, die zumeist das Leben in Städten gewöhnt und extremen körperlichen Belastungen nicht gewachsen waren, nicht eignete. Offenbar hatten manche Berichte über Siedlungsgebiete für Juden einfach die Funktion, eine Aktivität vorzutäuschen, die auf naheliegendem und erfolgversprechendem Feld großenteils unterblieb.

Zudem glaubten bürgerliche Politiker im Ausland noch immer, sie könnten die faschistische Regierung bewegen, die vertriebenen Juden direkt oder indirekt mit finanziellen Mitteln auszustatten, was bedeutet hätte, ihnen einfach ihre Habe zu belassen oder für sie im Ausland einen Gegenwert zu zahlen. Zwischen Vertretern jenes internationalen Komitees, das auf der Evian-Konferenz gebildet worden war, die sich Mitte 1938 mit der Flüchtlingsfrage befaßt hatte, und Beauftragten der

deutschen Regierung — zeitweilig war dies Reichs-
bankpräsident Hjalmar Schacht — fanden darüber Verhandlungen statt. Sie besaßen die ausdrückliche Genehmigung Hitlers und wurden von Göring direkt beaufsich-
tigt, doch ernst gemeint waren die Gespräche von seiten
der Faschisten nicht. Sie verfolgten den Plan, aus der
Vertreibung dadurch zusätzlichen Vorteil zu schlagen,
daß das Ausland den deutschen Außenhandel begün-
stigte.

Für viele deutsche Juden blieb 1938 die Zukunft jenseits der Grenzen zu ungewiß, wirkte der von noch glim-
menden Hoffnungen gespeiste Gedanke an einen Wan-
del in Deutschland zu stark, als daß sie den Entschluß
zur Flucht hätten fassen können. Auch Nachrichten über
das Los derer, die Deutschland auf Schiffen verließen,
die erst nach abenteuerlichen Irrfahrten einen aufnah-
mebereiten Hafen fanden, verstärkten die abwartende
Haltung zusätzlich. Wie viele, die schon dabei waren,
Deutschland zu verlassen, überraschte der 1. September
1939, der Tag, da in Europa der zweite Weltkrieg begann?

Vom Pogrom zum Krieg

Zwischen dem Tag des Pogroms und dem Überfall auf
Polen lagen knapp 10 Monate oder genau 294 Tage. Keiner der Zeitgenossen konnte diese Zeitspanne an ihrem
Beginn abschätzen, waren sich doch die faschistischen
Machthaber im Herbst 1938 über den Termin noch nicht
schlüssig geworden, an dem sie den zweiten Weltkrieg
beginnen wollten. Erkennbar war indessen schon seit
längerem, daß Europa einem neuen Krieg entgegen-
trieb. Nach dem Willen der deutschen Imperialisten
sollte er zu einem wesentlichen Teil — nicht ausschließlich — in Osteuropa geführt werden und sich auf die
Schaffung eines riesigen bis zum Ural reichenden Kolo-
nialreiches richten. Auch westeuropäische Rivalen des
deutschen Finanzkapitals wünschten, daß der Krieg im
Osten des Kontinents stattfände. Nach den Plänen und
Erwartungen sehr unterschiedlicher Kräfte sollte er sich

in Staaten und Gebieten abspielen, in denen auch die Masse des europäischen Judentums lebte. So wenig sich aber die deutschen Aggressoren um das Los der Tschechen und Polen, der Russen und Balten, der Weißrussen und Ukrainer und eben auch um das der mit ihnen wohnenden Millionen Juden sorgten, so wenig taten es die Politiker des Münchener Kurses in London und Paris.

Welchen Platz besetzt also der Pogrom des 10. November 1938 auf dem Weg in den Krieg? Die Frage muß unter zwei Gesichtspunkten gestellt und beantwortet werden. Der eine betrifft die Geschichte der jüdischen Deutschen, der andere bezieht sich auf die deutsche Gesellschaft, die nach diesem Tage nicht mehr dieselbe war wie vor ihm. In der Tat besaß das Verbrechen, wie Wilhelm Pieck in einem am 24. November 1938 geschriebenen Aufsatz auseinandersetzte, zwei Dimensionen. Die Juden waren seine Hauptadressaten, aber dieses Verbrechen kehrte sich zugleich gegen die nichtjüdischen Deutschen.

Der Pogrom bezeichnet den Übergang der faschistischen antisemitischen Politik in die letzte Etappe, die noch der seit 1933 verfolgten Strategie der Vertreibung der Juden aus Deutschland zugehörte und die propagandistisch unter der Losung stand, die »deutsche Volksgemeinschaft judenrein« zu machen. Diese Etappe wurde durch die aufs äußerste *forcierte Vertreibung* gekennzeichnet, die durch eine Kombination von physischer und psychischer Gewalt und durch die zunehmend verwirklichte Drohung erreicht werden sollte, daß Verarmung und Vereinsamung das unausweichliche Schicksal aller noch in Deutschland bleibenden Juden sein werden. Kaum wurde noch davon geredet, daß es um Stellung und Verhalten der Juden in Deutschland ginge. Pausenlos erklärten die Machthaber, daß sie die Juden so schnell wie möglich loswerden wollten. Waren diese Reden, und namentlich die berüchtigste von allen, die Hitlers, am 30. Januar 1939, auch darauf berechnet, das Ausland unter Druck zu setzen und ihm die Vertriebenen aufzuzwingen, so konnten die Juden in Deutschland nach dem Pogrom nicht länger bezweifeln, daß es für ihre erfinderischen Peiniger keine Grenze ihres schandbaren Vorgehens gab. Sie waren bereit, die Opfer zugrunde gehen zu lassen. In den praktischen Handlungen der Regierenden sanken die Juden zu einer Art lebloser Verwaltungsgröße herab.

Nachdem der Raubzug an dem Eigentum der jüdischen Deutschen im wesentlichen abgeschlossen war, befaßten sich die faschistischen Judenverfolger mit ihren Opfern nur noch unter dem Blickwinkel zweier Interessen. Sie sollten aus Deutschland heraus und bis dahin der auf dem Weg in den Krieg befindlichen »deutschen« Gesellschaft nicht zur Last fallen. Staatsmittel, Steuergelder der »Arier«, sollten für sie nicht aufgewendet werden. Da aber die sozialen Existenzgrundlagen der Juden weitgehend vernichtet worden waren und ihre Verelendung drohte, mußte die Frage beantwortet werden, wie die noch in Deutschland verbleibenden Juden zur Arbeit gezwungen werden konnten, um sich wenigstens einen kümmerlichen Lebensunterhalt zu verdienen. Erörterungen darüber fanden auch in der Berliner Stadtverwaltung statt und erschienen hier wegen des — verglichen mit anderen Städten in Deutschland — größeren Anteils jüdischer Menschen besonders dringlich. Nachdem die faschistische Führung entschieden hatte, daß keinem »Arier« ein Nachteil aus Beschäftigung und Ausbeutung von Juden erwachsen sollte, und auch festgelegt worden war, daß Juden möglichst in geschlossenen und separierten Gruppen ausgebeutet werden sollten, befaßten sich alle geeigneten Abteilungen des Magistrats der Reichshauptstadt mit Möglichkeiten, Juden als Arbeitskräfte einzustellen. Die beteiligten lokalen Nazibeamten untersuchten vor allem, ob Berliner Juden zur Zwangsarbeit auf den Müllplätzen in der Umgebung der Stadt eingesetzt werden könnten, wo sie beim Ordnen des Abfalls und beim Sammeln von Rohstoffen, die sich der Rüstungswirtschaft zuführen ließen, Verwendung finden sollten. (66)

Der Gedankengang und der Plan sind hier wichtiger als ihr unmittelbares Resultat. Es hatte sich das faschistische Lügenbild vom Juden, der aus dem Dreck kam und der nun in den Dreck zurück sollte, in der Staatshierarchie als Handlungsmuster weit nach unten durchgesetzt. Wie der Fall gleichsam mikroskopisch deutlich zeigt, näherten sich Regierende und Verwaltende im faschistischen Staat einer Verhaltensweise an, da sie die Juden nicht nur Müll stapeln ließen, sondern sie selbst wie Müll behandelten. Demgegenüber enthielt der zum Teil auch praktizierte Vorschlag, Berliner Juden mit der Pflege von Parkanlagen zu beschäftigen, geradezu die Spur einer menschlichen Regung, wäre da nicht das Faktum gewesen, daß die Juden diese Parkanlagen zur Erholung schon nicht mehr betreten durften und darin befindliche Bänke die Aufschrift »Nicht für Juden« trugen.

Der Pogrom und die auf ihn folgenden Gesetze, Verordnungen, Erlasse und Weisungen zwangen den jüdischen Deutschen in der Gesellschaft oder richtiger an ihrem Rande eine neue Stellung auf. Bis zum 10. November verrichteten sie in ihr noch Tätigkeiten, die mehr oder weniger gebraucht wurden oder gar unentbehrlich waren. Davon waren sie von nun an ausgeschlossen. Sie sollten sich, wurde ihnen anderes nicht von der Staatsmacht befohlen, nur noch untereinander beschäftigen, in einem Ghetto ohne Mauern lebend. Goebbels erklärte zynisch, die Juden stünden jedem, der sie haben wolle, in »beliebiger Zahl« zur Verfügung. Die Opfer lebten, aber sie waren zur Disposition gestellt. Wem? Wozu? Zu welchem Ende?

Hier liegt die logisch-historische Verbindung zwischen der zum Pogrom gesteigerten Politik der Vertreibung und der 1941 von den faschistischen Machthabern beschlossenen und mit dem Tage des Überfalls auf die Sowjetunion ins Werk gesetzten Politik der Vernichtung der europäischen Juden. Der Pogrom und die Folgen bedeuteten einen weiteren Schritt in einem Prozeß, der die Barbarisierung der Barbaren genannt werden kann. Im faschistischen Herrschaftsapparat wuchs die Fähigkeit, die jüdischen Deutschen herz- und seelenlos zu behandeln, die sich später zum gnadenlosen Mord steigerte. Die letzte Stufe kann ohne die voraufgehenden kaum gedacht werden.

Dieser Prozeß der Barbarisierung war geistig durch

eine Unzahl von Schulungen und Veröffentlichungen vorbereitet, in denen die Ideen des Rassismus und des Rassenantisemitismus, insbesondere unter den Angehörigen der NSDAP-Organisationen und des Staatsapparates, verbreitet worden waren. Sie hatten in dieser engsten Gefolgschaft weitgehend verdrängt, was sie als Einzelne je an humanistischem Gedankengut aufgenommen haben mochten. Juden galten ihnen nicht mehr als Gruppe, auf welche die gleichen Grundsätze menschlichen Zusammenlebens angewendet werden müßten, wie auf jede andere. Der Grad der Verinnerlichung faschistischer Normen war innerhalb dieser Nazimitglied- und Staatsbeamtenschaft mit Sicherheit von Person zu Person unterschiedlich. Insgesamt aber wurde sie in der Weise aktionsfähig, die sich am 10. November 1938 und späterhin offenbarte.

In diesem letzten Vorkriegsjahr faschistischer deutscher Geschichte wurden Brutalisierung und Barbarisierung an einer Vielzahl von Ereignissen erkennbar, die sich — im Unterschied zu den täglichen Verbrechen in den Konzentrationslagern — öffentlich zutrugen und dadurch einem mehr oder weniger großen Kreis von Menschen bekannt wurden. Göring konnte als nachträglichen Rat in einer keineswegs geheimen Runde von Naziführern und -beamten aussprechen, die faschistischen Trupps hätten besser mehr Juden erschlagen als so viele materielle Werte zerstören sollen. Jüdische Kinder, die noch mit ihren nichtjüdischen Altersgenossen gemeinsam gelernt hatten, wurden kurzerhand aus den »arischen« Schulen herausgeworfen. (30) Alten und hilflosen Menschen wurden Pensionen gekürzt oder Fürsorgesätze zusammengestrichen. (43) Die Reihe der auf diese oder jene Weise bekanntgewordenen Gemeinheiten des Wortes und der Tat war lang. Sie reichte bis zu jenem an Hitler gerichteten Vorschlag des Obersten Parteigerichts, die Mörder von Juden unbehelligt laufen zu lassen und von allen beteiligten Verbrechern nur diejenigen juristisch zu belangen, die sich der sogenannten Rassenschande schuldig gemacht hatten. (77) Damit wurden Freibriefe nicht nur für schon begangene Untaten ausgestellt.

Die deutsche Gesellschaft war nach dem Pogrom und den Schritten, die auf ihn folgten, erneut im Sinne der Machthaber gewandelt und weiter verformt. Das galt nicht nur für jene, welche die Politik der forcierten Vertreibung an den verschiedensten Stellen und in den unterschiedlichsten Funktionen praktisch verwirklichten. Es trifft, in einem anderen Sinne, auch auf die Mehrheit der deutschen Bevölkerung zu, die am antifaschistischen Widerstandskampf nicht teilnahm und sich nicht durch helfende Tat mit den verfolgten Juden solidarisierte. Mit dem 10. November 1938 steigerte das Regime die Disziplinierung dieser Mehrheit für die Zwecke und Ziele seiner imperialistischen Politik beträchtlich. Welche neue Stufe in dieser Hinsicht erreicht wurde, mag der Vergleich der Ansprüche verdeutlichen, die inzwischen von den Machthabern an das Verhalten der Massen des werktätigen Volkes gestellt wurden.

1933, als die faschistischen Organisationen zum Boykott von Einzelhandelsunternehmen aufriefen, die sich in jüdischem Eigentum befanden, bezogen SA und SS vor den Verkaufsstätten Posten, um Käufer am Zutritt zu hindern. Die Minderheit der Akteure, die sich als rassisch aufgeklärt gebärdete, stand der — sich im ganzen fügenden — Mehrheit der nichtjüdischen Deutschen gegenüber, die nach faschistischem Verständnis erst noch zu »deutscher« Haltung erzogen werden müßte. Fünfeinhalb Jahr später war das politische Szenarium völlig anders. SA und SS handelten, wenn auch nicht überall, in Zivil und sollten den Eindruck erwecken, das Volk selbst habe spontan reagiert. So stellte es auch die faschistische Propaganda dar. Mit anderen Worten: Das deutsche Volk wurde als Täter von Handlungen ausgegeben, die es in Wahrheit nicht begangen hatte. Das war eine dreiste und absichtsvolle, aber wie sich zeigte, auch risikolose Verdrehung. Denn dieselben Menschen, die sich als einzelne erbittert gegen den haltlosen Vorwurf eines geringfügigen Diebstahls gewehrt haben würden, nahmen es schweigend hin, als Täter von Vergehen ganz anderer Natur bezeichnet zu werden.

Protestierten sie deshalb nicht, weil der faschistische Schwindel ohnehin durchsichtig genug war? Wahrscheinlicher erscheint zweierlei. Zum einen, dafür sprechen auch zeitgenössische Berichte, dürfte ein Teil der Bevölkerung zwischen einer »berechtigten« Reaktion auf den Mord in Paris und den vermeintlich darüber hinausreichenden, von ihr abgelehnten oder verurteilten Handlungen unterschieden haben, was einschloß, daß nicht die gesamte Aktion als verbrecherisch eingestuft wurde. Zum anderen war gut bekannt, daß Solidarisierung mit den Juden zumindest Belästigungen und Nachteile für die eigene Person nach sich ziehen würde. Wie in anderen Situationen auch wirkten nazistische Demagogie, vollständig oder partiell, und terroristische Drohung dahin zusammen, daß sich die Mehrheit der Deutschen gegenüber der gesteigerten Judenverfolgung praktisch gleichgültig verhielt, welche Gedanken und Empfindungen sich hinter verschlossenen Wohnungstüren und mit gedämpfter Stimme auch immer geäußert haben mögen. Diese Verhaltensweise bedeutete zugleich, daß die Volksmehrheit durch den Pogrom und die auf ihn folgenden Untaten daran gewöhnt werden konnte, Unrecht und Unheil, das anderen Menschen zugefügt wurde, schweigend hinzunehmen und sich um die Betroffenen nicht weiter zu kümmern. Derart diente die gesteigerte Verfolgung der Juden im System der faschistischen Manipulation der deutschen Bevölkerung als eine Art Vorschule, durch die sie auf ihre Rolle im Krieg eingestellt wurde, der Millionen Deutsche zu Mittätern und Zeugen von Verbrechen an Angehörigen vieler Nationen Europas machte.

Ein weiterer Schritt ihrer Einübung in einen Unrechtsstaat, der sich auf der letzten Wegstrecke zum imperialistischen Krieg und zu dem Versuch gigantischer Welteroberung befand – das war dieser 10. November 1938 für die Mehrheit der Deutschen. Daß sie sich dessen nicht bewußt war, änderte am objektiven Sachverhalt nichts. Erst Jahre später, der Faschismus war von den Kräften der Antihitlerkoalition zerschlagen, und in allen besetzten Zonen Deutschlands begannen antifaschistische Kräfte legal zu wirken, setzte bei den Zeitgenossen ein allmählicher Prozeß des Umdenkens ein, der sie in sehr unterschiedlichem Grade befähigte, ihre Rolle in einer

Zeit zu begreifen, in der sie den falschen Führern, den falschen Parolen, den falschen Fahnen gefolgt waren.

Nach Kriegsende war die Mehrheit der deutschen Juden, die den 10. November 1938 hatte erleiden müssen, nicht mehr am Leben. Sie hatten das faschistische Reich nicht rechtzeitig verlassen können, waren verschleppt und auf dem Territorium Polens, der UdSSR, der Tschechoslowakei umgebracht worden. Die Minderheit, die das Ausland erreicht hatte und während des Krieges den faschistischen Antisemiten nicht wieder in die Hände gefallen war, blieb zumeist jenseits der Grenzen des Landes, dessen einstige Machthaber ihre Eltern, Geschwister, Söhne und Töchter, Freunde und Bekannte hatten ermorden lassen.

Wer überlebte — Atheist, Jude oder Christ — und zu lernen bereit war, mußte sich wieder oder neu fragen, was es heißt, zeitig klüger zu sein.

Dokumente

Die nachfolgend abgedruckten Dokumente zum Pogrom 1938 und dessen Folgen stellen eine Auswahl dar. Aus Gründen, die sich aus dem Umfang dieses Bandes ergaben, und aus der Absicht, möglichst viele Seiten des Ereignisses zu dokumentieren, konnte eine Anzahl von Quellen nur auszugsweise wiedergegeben werden. Auslassungen wurden in den Überschriften (durch das vorangestellte Wort »Aus ...«) angezeigt und in den fortlaufenden Texten — jedoch nicht am Anfang und Ende — durch Punktierung (...) kenntlich gemacht. Quellenbeleg und Anmerkungen sind den Dokumenten nachgestellt. Siglen und Abkürzungen sind im Verzeichnis am Ende des Bandes aufgelöst. Rechtschreibung und Zeichensetzung wurden den heutigen Gepflogenheiten angeglichen, Hervorhebungen nicht berücksichtigt. Beim Abdruck von Gesetzestexten wurden Verweise auf voraufgegangene Gesetze und Verordnungen nicht mit aufgenommen.

Für die freundlich erteilten Genehmigungen zum Abdruck von Dokumenten und für die Unterstützung bei ihrer Beschaffung gilt besonderer Dank den Leitern und Mitarbeitern von Archiven in der DDR, der Volksrepublik Polen, der BRD, in den USA und in Schweden. Für Hinweise, Ratschläge und Mithilfe, die der Zusammenstellung der Dokumentation zugute kamen, ist zu danken:

Ursula Adam, Erika Schwarz, Wolf Gruner (alle Berlin),
Maurycy Horn (Warschau), Steffi Jersch-Wenzel und
Thomas Jersch (Berlin [West]), Inge Marßolek (Bremen), Luitwin Bies (Völklingen), Theo Minderaa (Amster-
dam), Harry Stein (Weimar-Buchenwald), sowie den
Mitarbeitern in der Abteilung Spezielle Forschungslitera-
tur der Deutschen Staatsbibliothek, Berlin, und des
Deutschen Exilarchivs 1933–1945 in der Deutschen Bi-
bliothek, Frankfurt (Main).

1
Telefonisch aus München erteilter Befehl
des Führers der SA-Gruppe Nordsee
vom 9. November 1938,
betr. die Durchführung des Pogroms

Sämtliche jüdischen Geschäfte sind sofort von SA-Män-
nern in Uniform zu zerstören. Nach der Zerstörung hat
eine SA-Wache aufzuziehen, die dafür zu sorgen hat,
daß keinerlei Wertgegenstände entwendet werden können. Die Verwaltungsführer der SA stellen sämtliche
Wertgegenstände einschließlich Geld sicher. Die Presse
ist heranzuziehen.

Jüdische Synagogen sind sofort in Brand zu stecken,
jüdische Symbole sind sicherzustellen. Die Feuerwehr
darf nicht eingreifen. Es sind nur Wohnhäuser arischer
Deutscher zu schützen von der Feuerwehr. Jüdische an-
liegende Wohnhäuser sind auch von der Feuerwehr zu
schützen, allerdings müssen die Juden raus, da Arier in
den nächsten Tagen dort einziehen werden.

Die Polizei darf nicht eingreifen. Der Führer wünscht,
daß die Polizei nicht eingreift.

Die Feststellung der jüdischen Geschäfte, Lager und
Lagerhäuser hat im Einvernehmen mit den zuständigen
Oberbürgermeistern und Bürgermeistern zu erfolgen,
gleichfalls das ambulante Gewerbe. Sämtliche Juden
sind zu entwaffnen. Bei Widerstand sofort über den
Haufen zu schießen. An den zerstörten jüdischen Geschäften, Synagogen usw. sind Schilder anzubringen,
mit etwa folgendem Text:

»Rache für Mord an vom Rath.
Tod dem internationalen Judentum.«
Keine Verständigung mit Völkern, die judenhörig sind.
Dies kann auch erweitert werden auf die Freimaurerei.

IMG, XXV, S. 376 ff.

2
Fernschreiben der Geheimen Staatspolizei
an alle Gestapoleit- und Gestapo-Stellen
vom 9. November 1938,
betr. Verhalten und Aufgaben während des Pogroms

1. Es werden in kürzester Frist in ganz Deutschland Aktionen gegen Juden insbesondere gegen deren Synagogen stattfinden. Sie sind nicht zu stören. Jedoch ist im Benehmen mit der Ordnungspolizei sicherzustellen, daß Plünderungen und sonstige besondere Ausschreitungen unterbunden werden können.
2. Sofern sich in Synagogen wichtiges Archivmaterial befindet, ist dieses durch eine sofortige Maßnahme sicherzustellen.
3. Es ist vorzubereiten die Festnahme von etwa 20000—30000 Juden im Reiche. Es sind auszuwählen vor allem vermögende Juden. Nähere Anordnungen ergehen noch im Laufe dieser Nacht.
4. Sollten bei den kommenden Aktionen Juden im Besitz von Waffen angetroffen werden, so sind die schärfsten Maßnahmen durchzuführen. Zu den Gesamtaktionen können herangezogen werden Verfügungstruppen der SS sowie Allgemeine SS. Durch entsprechende Maßnahmen ist die Führung der Aktionen durch die Stapo auf jeden Fall sicherzustellen.

IMT, XXV, S. 377.

3
Geheimer Funkspruch des Chefs der Sicherheitspolizei,
Reinhard Heydrich,
an die Stabsführer der SS-Oberabschnitte,
aufgegeben in München, 10. November 1938, 0 Uhr 20,

betr. Aufgaben der Allgemeinen SS
während des Pogroms

Um Schwierigkeiten in der Durchführung der vom
Reichsführer angeordneten polizeilichen Maßnahmen zu
verhüten, schlage ich vor, daß die Befehlsstellen der Allgemeinen SS angewiesen werden, zu veranlassen, daß
SS-Angehörige an den von den politischen Leitungen
veranstalteten Demonstrationen nur in Zivil und an den
polizeilichen Maßnahmen, zu denen sie zugezogen werden, im Dienstanzug teilnehmen.

Archiv des JüHI, Bestand: Noc kryształowa, Bl. 4.

4
Geheimes Blitzfernschreiben des Chefs
der Sicherheitspolizei und des Sicherheitsdienstes,
SS-Gruppenführer Reinhard Heydrich,
an alle Staatspolizeileit- und Staatspolizeistellen
und an alle SD-Oberabschnitte
und SD-Unterabschnitte,
aufgegeben in München am 10. November 1938, 1 Uhr 20

Aufgrund des Attentats gegen den Leg. Sekretär vom
Rath in Paris sind im Laufe der heutigen Nacht – 9. auf
10. 11. 1938 – im ganzen Reich Demonstrationen gegen
die Juden zu erwarten. Für die Behandlung dieser Vorgänge ergehen die folgenden Anordnungen:
    1) Die Leiter der Staatspolizeistellen oder ihre Stell-
vertreter haben sofort nach Eingang dieses Fernschreibens mit den für ihren Bezirk zuständigen politischen
Leitungen – Gauleitung oder Kreisleitung – fernmündlich Verbindung aufzunehmen und eine Besprechung
über die Durchführung der Demonstrationen zu verein-
baren, zu der der zuständige Inspekteur oder Komman-
deur der Ordnungspolizei zuzuziehen ist. In dieser Besprechung ist der politischen Leitung mitzuteilen, daß
die Deutsche Polizei vom Reichsführer SS und Chef der
Deutschen Polizei die folgenden Weisungen erhalten
hat, denen die Maßnahmen der politischen Leitungen
zweckmäßig anzupassen wären:

a) Es dürfen nur solche Maßnahmen getroffen werden, die keine Gefährdung deutschen Lebens oder Eigentums mit sich bringen (z. B. Synagogenbrände nur, wenn keine Brandgefahr für die Umgebung vorhanden ist).

b) Geschäfte und Wohnungen von Juden dürfen nur zerstört, nicht geplündert werden. Die Polizei ist angewiesen, die Durchführung dieser Anordnung zu überwachen und Plünderer festzunehmen.

c) In Geschäftsstraßen ist besonders darauf zu achten, daß nichtjüdische Geschäfte unbedingt gegen Schäden gesichert werden.

d) Ausländische Staatsangehörige dürfen — auch wenn sie Juden sind — nicht belästigt werden.

2) Unter der Voraussetzung, daß die unter 1) angegebenen Richtlinien eingehalten werden, sind die stattfindenden Demonstrationen von der Polizei nicht zu verhindern, sondern nur auf die Einhaltung der Richtlinien zu überwachen.

3) Sofort nach Eingang dieses Fernschreibens ist in allen Synagogen und Geschäftsräumen der Jüdischen Kultusgemeinden das vorhandene Archivmaterial polizeilich zu beschlagnahmen, damit es nicht im Zuge der Demonstrationen zerstört wird. Es kommt dabei auf das historisch wertvolle Material an, nicht auf neuere Steuerlisten usw. Das Archivmaterial ist an die zuständigen SD-Dienststellen abzugeben.

4) Die Leitung der sicherheitspolizeilichen Maßnahmen hinsichtlich der Demonstrationen gegen Juden liegt bei den Staatspolizeistellen, soweit nicht die Inspekteure der Sicherheitspolizei Weisungen erteilen. Zur Durchführung der sicherheitspolizeilichen Maßnahmen können Beamte der Kriminalpolizei sowie Angehörige des SD, der Verfügungstruppe und der Allgemeinen SS zugezogen werden.

5) Sobald der Ablauf der Ereignisse dieser Nacht die Verwendung der eingesetzten Beamten hierfür zuläßt, sind in allen Bezirken so viele Juden — insbesondere wohlhabende — festzunehmen, als in den vorhandenen Hafträumen untergebracht werden können. Es sind zunächst nur gesunde männliche Juden nicht zu hohen Al-

ters festzunehmen. Nach Durchführung der Festnahme ist unverzüglich mit den zuständigen Konzentrationslagern wegen schnellster Unterbringung der Juden in den Lagern Verbindung aufzunehmen. Es ist besonders darauf zu achten, daß die aufgrund dieser Weisung festgenommenen Juden nicht mißhandelt werden.

6) Der Inhalt dieses Befehls ist an die zuständigen Inspekteure und Kommandeure der Ordnungspolizei und an die SD-Oberabschnitte und SD-Unterabschnitte weiterzugeben mit dem Zusatz, daß der Reichsführer SS und Chef der Deutschen Polizei diese polizeiliche Maßnahme angeordnet hat. Der Chef der Ordnungspolizei hat für die Ordnungspolizei einschließlich der Feuerlöschpolizei entsprechende Weisungen erteilt. In der Durchführung der angeordneten Maßnahmen ist engstes Einvernehmen zwischen der Sicherheitspolizei und der Ordnungspolizei zu wahren.

IMT, Bd. XXXI, S. 516f.

5

Befehl[1] des Gruppenführers der SA-Gruppe Kurpfalz
(Sitz Mannheim)
an den Brigadeführer der SA-Brigade 50
(Sitz Darmstadt), eingegangen am 10. November 1938,
3.00 Uhr,
betr. die Zerstörung der Synagogen

Auf Befehl des Gruppenführers sind sofort innerhalb der Brigade 50 sämtliche jüdische Synagogen zu sprengen oder in Brand zu setzen.

Nebenhäuser, die von arischer Bevölkerung bewohnt werden, dürfen nicht beschädigt werden. Die Aktion ist in Zivil auszuführen. Meutereien oder Plünderungen sind zu unterbinden. Vollzugsmeldung bis 8.30 Uhr an Brigadeführer oder Dienststelle.

IMT, Bd. XXVII, S. 487.

1 Wortlaut in der Wiedergabe des Empfängers.

6

Telefonische Meldung
des Führers der SA-Standarte 250 (Sitz Bruchsal)
an die SA-Gruppe (Sitz Mannheim)
vom 10. November 1938, 9.00 Uhr,
über die Inbrandsetzung
und Zerstörung von Synagogen
und die Inhaftierung von Juden

In den frühen Morgenstunden des 10. November 1938 zwischen 4.30 Uhr und 6.00 Uhr brannte die Synagoge in Bruchsal bis auf die Grundmauern nieder. In den jüdischen Geschäften der Stadt zertrümmerte die Volksmenge sämtliche Schaufenster, die alarmierte SA stellte Wachposten vor die jüdischen Geschäfte, um Plünderungen zu verhindern.

Der Rabbiner und einige prominente Juden mußten zwecks ihrer eigenen Sicherheit in Schutzhaft genommen werden. Dies geschah durch die Gestapo.

Auch in Philippsburg brannte zur selben Zeit die Synagoge nieder. Der wegen seiner ausländischen Beziehungen bekannte und berüchtigte Rabbiner Neuburger wurde auf Veranlassung der SA in Schutzhaft genommen.

Ferner wurden im Laufe der Nacht die Synagogen in Wiesloch, Walldorf, Malsch zerstört. Die männlichen Juden mußten zu ihrer persönlichen Sicherheit in Schutzhaft genommen werden. Im Sturmbannbereich III/250 wurden die Synagogen in Sinsheim, Neidenstein, Nekkarbischofsheim, Hoffenheim, Wellenberg und Ittlingen ebenfalls zerstört.

IMT, Bd. XXVII, S. 489f.

7

Telefonische Meldung
des Führers der SA-Brigade 151
(Sitz Saarbrücken)
an die SA-Gruppe (Sitz Mannheim)
vom 10. November 1938, 9.15 Uhr,

über die erfolgte Zerstörung der Synagogen
und die Inhaftierung von Juden

Heute Nacht wurde die Synagoge in Saarbrücken in
Brand gesteckt, ebenso wurden die Synagogen in Dillin-
gen, Merzig, Saarlautern, Saarwillingen und Broddorf
zerstört.

Die Juden wurden in Schutzhaft genommen.

Die Feuerwehren sind mit Löscharbeiten beschäftigt.

Im Bereich der Standarte 174 wurden sämtliche Synagogen zerstört.

IMT, Bd. XXVII, S. 489.

8

Aus einer Meldung[1] des SS-Abschnitts VI
an den SS-Oberabschnitt Südost (Breslau)
vom 10. November 1938,
betr. Zwischenergebnis der Aktionen
bis 10. November 1938, 15 Uhr

Breslau:
1 Synagoge verbrannt,
2 Synagogen zertrümmert,
2 jüdische Gesellschaftsräume zertrümmert,
1 Haus »Gemeinschaft der Freunde« (Straße der SA) demoliert,
mindestens 500 Läden restlos zertrümmert,
mindestens 10 jüdische Gastwirtschaften zertrümmert,
ca. 600 Mann in Gemeinschaft mit Polizei verhaftet,
weitere ca. 35 jüdische Betriebe zerstört.

Weitere Bemerkung:
150 SS-Männer sind als Hilfspolizei bis 20 Uhr eingesetzt. Ab 20 Uhr sind weitere 150 zur Hipo abgestellt.
Von letzteren vorstehenden 150 SS-Männern werden
50 Mann mit weiteren 50 Polizeibeamten heute abend
auf Bitten der Gestapo und Ordnungspolizei als Begleit-
mannschaft für einen Transport ins KZ Buchenwald abgestellt.

Archiv des JüHI, Bestand: Noc kryształowa, Bl. 5.

1 Die Meldung erstattete SS-Oberführer Fritz Katzmann, der

bis zum SS-Gruppenführer aufstieg und als Höherer SS- und
Polizeiführer in Lemberg die Massaker unter den Juden Gali-
ziens organisierte. Er verstarb 1957 in Darmstadt.

9

Aus einem Bericht des Journalisten
Louis P. Lochner, Präsident des Verbandes
der ausländischen Presse in Berlin,
über das Auftreten von Joseph Goebbels
vor den Auslandsjournalisten am 10. November 1938

Wir wurden aufgefordert, uns am späteren Vormittag im
Propagandaministerium einzufinden, da Dr. Goebbels
eine Mitteilung zu machen wünsche. Bei unserer täglichen Pressekonferenz, die in der Regel von dem für auswärtige Presseangelegenheiten zuständigen Abteilungs-
leiter abgehalten wurde, saßen wir in Armsesseln, wo
man bequem mitschreiben konnte. Auch gab es reichlich Gelegenheit, Fragen zu stellen. Diesmal aber wurden wir in den sogenannten »Thronsaal« geführt, einen
großen, feierlichen Raum im ehemaligen Palais Leopold,
wo jetzt der Sitz des Propagandaministeriums war. Es
gab keine Sitze. Wir standen herum in Erwartung des
Ministers. Plötzlich trat er mit raschen, erregten Schritten ein und forderte uns auf, um ihn einen Halbkreis zu
bilden. Seine folgende Erklärung gipfelte in den Worten:
»Alle Berichte über Plünderungen und über Zerstörung
von jüdischem Eigentum, die Ihnen zu Ohren gekommen
sein mögen, sind erstunken und erlogen. Den Juden ist
kein Haar gekrümmt worden.« Wir blickten uns verdutzt
an. Keiner von uns hatte in seiner ganzen journalisti-
schen Laufbahn etwas ähnliches erlebt. Nur drei Minuten vom Wilhelmsplatz, dem Sitz des Propagandaministeriums, entfernt waren die großen Schaufenster des
altbekannten Warenhauses Wertheim zerbrochen und
die Auslagen kurz und klein geschlagen. Aber Goebbels
wagte, uns zu sagen, daß das, was wir soeben mit eigenen Augen gesehen, »erstunken und erlogen« sei. Als
wir unsere erste Verblüffung überwunden und unsere
Sprache wiedergefunden hatten, um mit unsern Fragen
auf Goebbels einzudringen, war er bereits verschwun-

119

den. Er hatte den ersten Augenblick unserer Überraschung geschickt benutzt, um sich allen lästigen Fragen zu entziehen.

Eines hatte er freilich bei diesem Streich nicht einkalkuliert: Während wir nämlich alle seine Worte wahrheitsgetreu berichteten und, um unsere Posten in Deutschland beibehalten zu können, darauf verzichteten, seine Erklärung zu zerpflücken, hatten wir schon nachts zuvor lange Augenzeugenberichte durchgegeben von brennenden Synagogen, demolierten Schaufenstern, verprügelten Juden und von Nazihorden, die mit dem Ruf »Juda verrecke« die Straßen durchzogen. Meine Frau und ich hatten während der Nacht Stunden damit verbracht, die fanatisierten Nazis bei ihrem Zerstörungswerk zu beobachten. Einige unter uns hatten unmittelbar vor der Pressekonferenz Berichte aufgesetzt, in denen geschildert wurde, wie wir erst auf mancherlei Umwegen zum Wilhelmsplatz gelangt waren, um mit unsern Wagen die Scherbenhaufen auf den Hauptverkehrsstraßen zu vermeiden. So erzielte nun unsere getreue Weitergabe der Goebbelsschen Erklärung eine ganz andere als die vom Propagandaminister beabsichtigte Wirkung.

Goebbels Tagebücher aus den Jahren 1942/43, Zürich 1948, S. 26 f.

10

Aus den Erinnerungen von A. Szanto
»Im Dienste der Gemeinde 1923–1939«[1]
über seine Eindrücke in der Berliner Innenstadt
am Abend des 10. November 1938

Den ganzen Umfang des Vandalismus konnte ich aber erst abends überblicken, als ich, um das Schicksal einiger Freunde besorgt, nach dem Westen Berlins eilte und dabei den Kurfürstendamm, auf dem es noch zahlreiche jüdische Geschäfte gegeben hatte, kreuzte. ...

Ich habe später, im Kriege, so manche verwüstete Städte und viele in Trümmern liegende Häuser gesehen. Aber keine Zerstörung, kein Ruinenhaufen hat auf mich einen so tiefgehenden Eindruck gemacht wie jenes Bild, das am 10. November 1938 die Straße der demolierten jüdischen Geschäfte in Berlin bot. Hier hatte fanatischer Haß, systematischer Vandalismus gewütet. Eiserne Rollläden waren mit Brechstangen aufgebrochen worden, nur um in das Innere der Läden gelangen und dort in die Tausende gehenden Schaden anrichten zu können. Ich sah ein jüdisches Schreibmaschinengeschäft, in dem man jede einzelne Maschine, schwere Schreib- und Rechenmaschinen, in offenbar mühseliger Arbeit in Stücke geschlagen und die Bestandteile verstreut hatte. Die schwarzen und roten Farbbänder ringelten sich in Spiralen auf dem Boden, die Tasten der Maschinen waren herausgebrochen und umhergeworfen worden. Ich sah ein Konfektionsgeschäft, in dem man die Anzüge und Mäntel mit Messern zerschnitten hatte, eine Konditorei, wo die Torten an die Wände geworfen worden waren und dort mit zerquetschten Schokoladen- und Kremmassen eine groteske Dekoration bildeten. Die Likör- und Kognac-Flaschen hatte man an die Decke in die Kristallleuchter geschleudert, und von dort hing nun ein Gewirr von zerbrochenem Glas und Draht herunter, während auf dem Boden die Getränke sich zu kleinen Tümpeln gesammelt hatten. Die Teppiche, die Vorhänge, die Bilder an der Wand, die Tapeten waren beschmutzt, zerstört, besudelt.

Archiv des LBI, New York.

1   Die Erinnerungen des ehemaligen Beamten der jüdischen Gemeinde Berlin und Mitarbeiters in deren Abt. »Wirtschaftshilfe« umfassen ein Schreibmaschinenmanuskript von mehr als 230 Seiten.

11
Aus der Meldung der Gendarmerie-Abteilung Buchen
vom 10. November 1938
über den Mord
an einer jüdischen Einwohnerin von Eberstadt

Bei dem Beschuldigten[1] handelt es sich um einen anständigen und arbeitsamen Burschen, der einen soliden Lebenswandel und einen guten Ruf in der Gemeinde genießt. Er ist der Sohn achtbarer Eltern, über die nach Angaben des Ratschreibers F. nur Gutes zu berichten ist. Vorstrafen sind keine bekannt.

Bei der Jüdin Stern[2] handelt es sich um eine vorlaute und als bekannt freche Jüdin. Es erscheint absolut glaubhaft, daß sie dem Ansuchen des Ortsgruppenleiters Frey, mitzukommen, in echt jüdischer Weise äußerst frech entgegengetreten ist.[3]

Paul Sauer: Dokumente über die Verfolgung der jüdischen Bürger in Baden-Württemberg durch das nationalsozialistische Regime, Teil II, Stuttgart 1966, S. 23ff.

1 Der 26jährige Ortsgruppenleiter der NSDAP in Eberstadt, der Landwirt Adolf Heinrich Frey, verübte den Mord am 10. November durch drei Schüsse aus seiner Dienstpistole in der Wohnung des Opfers in Anwesenheit von drei weiteren Nazis des Ortes.

2 Die Ermordete war die 81jährige Witwe Susanna Stern.

3 Die »Meldung« enthält die von den Faschisten verbreiteten antijüdischen Klischees. Das Verfahren gegen den Mörder wurde durch einen Erlaß des Reichsjustizministers vom 2. Oktober 1940 niedergeschlagen.

12
Aus einem Schreiben der Deutschen Arbeitsfront, Gauwaltung Schlesien, Fachabteilung Der Deutsche Handel, an den SS-Oberabschnitt Südost (Breslau) vom 10. November 1938 mit Vorschlägen zu weiteren Aktionen gegen jüdische Einzelhändler

Unter Bezugnahme auf das heute mit Ihnen geführte Telefongespräch teilen wir Ihnen, wie verabredet mit, daß uns folgende Meldung von dem Landesverband Schlesischer Kohlenhändler e. V. Breslau, Wallstraße Nr. 1 gemacht wurde:

Bei Antritt einer Dienstreise des Geschäftsführers obigen Verbandes stellte dieser fest, daß der Judenbetrieb Goldmann & Co G. m. b. H., Kohlen, Koks, Briketts, Holz, Breslau, Tauentzienplatz Nr. 6, dessen Kohlenhof sich am Ostbahnhof befindet, heute Vormittag am 10. November seinen regelmäßigen Geschäftsverkehr abwikkelte und ein Wagen des Spediteurs Max Benke, Breslau, Friedrichstraße Nr. 31 mit vollbeladenem Wagen den Kohlenplatz verließ. Es ist anzunehmen, daß dieser Lohnfuhren für den Juden ausführt.

Weiterhin teilte uns der Landesverband mit, daß die Möglichkeit besteht, daß der Judenbetrieb Ölsner, Breslau, Hohenzollernstr. 58 ebenfalls von der Aktion gegen die Juden nicht erfaßt sein könnte. Wir wurden gebeten, auch auf diesen Betrieb aufmerksam zu machen.

Archiv des JÜHI, Bestand: Noc kryształowa, Bl. 3.

13

Aus dem Bericht der Schutzpolizei
an den Oberbürgermeister zu Riesa
vom 10. November 1938
über den Verlauf des Pogroms
im Gebiet des 1. Polizeireviers

Am Donnerstag, den 10. November 1938, 5.16 Uhr, erschien der Arbeiter Arthur Reimer in Riesa, Ganziger Straße 15 wohnhaft, im 1. Polizei-Revier und meldete, daß sich auf der Schlageterstraße vor dem Geschäftsraum des jüdischen Kaufhauses Lenczynski eine große Menschenmenge angesammelt habe und skandaliere. Zu gleicher Zeit meldete die Witwe Lenczynski telefonisch nach dem 1. Polizei-Revier, daß sich vor ihrem Geschäftsladen eine große Menschenmenge angesammelt habe und diese sie mit Totschlagen bedrohe.

Ich begab mich sofort mit den Polizeihauptwachtmeistern Meyer und Germann nach dem bezeichneten Geschäftsladen und traf dort etwa 250–300 Personen an, die laut skandalierten. Aus der Menge fielen folgende Äußerungen: »Nieder mit den Judenschweinen, die Juden sind unser Unglück, jagt diese Verbrecher und Mörder hinaus aus Deutschland, Rache für unseren Legationsrat vom Rath usw.«

Da ich die Menschenmenge durch gütliches Zureden nicht beruhigen konnte und diese gegen die Lenczynski eine drohende Haltung einnahm, begab ich mich in die Wohnung derselben und traf dort außer der Lenczynski noch ihren Schwager Josef Lenczynski an. Ich forderte beide auf, vorläufig zu ihrer Sicherheit mit nach dem 1. Polizeirevier zu kommen. Dieser Aufforderung kamen sie auch nach. Auf der Straße nahm die Menschenmenge gegen die Genannten eine drohende Haltung ein, so daß es mir kaum möglich war, die Menschenmenge von Tätlichkeiten abzuhalten. Währenddem ich die Lenczynski mit ihrem Schwager nach der Wache brachte, hatte sich die erregte Menschenmenge zu sämtlichen in Riesa und nächster Umgebung wohnhaften Juden begeben und vor deren Wohnungen demonstriert. Um die Menschenmenge zu beruhigen, wurden die nachfolgend aufgeführten Juden vorläufig hier in Sicherheitsverwahrung genommen und in den Arrestzellen untergebracht.

Kennzeichen J. Bilder, Dokumente und Berichte zur Geschichte der Verbrechen des Hitlerfaschismus an den deutschen Juden 1933–1945, Berlin 1981, S. 131.

14
Aus den Berichten
der Oberstaatsanwälte in Thüringen
an den Generalstaatsanwalt
beim Oberlandesgericht in Jena
vom 10. November 1938
über den Verlauf des Pogroms
in ihren jeweiligen Zuständigkeitsbezirken[1]

Oberstaatsanwalt Altenburg:

In Altenburg wurden in den frühen Morgenstunden des 10. November 1938 mehrere jüdische Geschäfte demoliert. Etwa 100 erwachsene Menschen in Zivil hatten sich angesammelt und waren dann durch die Stadt gezogen. Unter anderm wurden die Fensterscheiben des staatenlosen Juden Isaak Rotenberg eingeschlagen. In seinem Geschäft wurde alles durcheinander geworfen. Das Schaufenster des Juden Dannemann wurde mit Farbe verschmiert. Auch wurde im Laden alles durcheinander geworfen. Auf ähnliche Weise wurden die Juden Löwenstamm, Goldberg usw. heimgesucht. Sprechchöre riefen »Juda verrecke« usw. Eine Synagoge gibt es in Altenburg nicht, sondern nur einen Gebetsraum in einem Hause in der Pauritzer Straße. In diesem Raum wurden hebräische Schriftzeichen übermalt. Ein Ofen und mehrere Fensterscheiben zerschlagen sowie Bücher umhergeworfen und beschädigt. Das Beweismaterial befindet sich bei der Polizeiverwaltung in Altenburg. Geplündert wurde, soweit bis jetzt bekannt ist, nirgends. Personen kamen kaum zu Schaden. Nur der Jude Löwenstamm wurde mit Farbe angemalt und der Jude Rotenberg, der bei der Bevölkerung besonders verhaßt ist, trug einige unerhebliche Verletzungen am Kopf davon.[2]

Oberstaatsanwalt Eisenach:

Nachdem schon gestern, am Mittwoch, den 9. 11. 38 auf dem Franz-Seldte-Platz ein jüdischer Laden zerstört worden war, wobei es auch zu Plünderungen kam, wurden in der letzten Nacht sämtliche jüdische Geschäfte in Eisenach demoliert. Schaufensterscheiben und Fensterscheiben wurden eingeworfen und eingeschlagen; die Einrichtungsgegenstände wurden zerstört. Inwieweit auch Plünderungen in der letzten Nacht vorgekommen sind, ließ sich bisher nicht sicher feststellen. ...

Weiter wurde in Eisenach die Synagoge in Brand gesetzt. Sie ist völlig ausgebrannt. Nur die Umfassungsmauern stehen noch.

Vor den zerstörten jüdischen Geschäften stehen Doppelposten (Arbeitsmänner). ...

Schon in der Nacht zum Mittwoch war es hier in Eisenach zu Demonstrationen gegen Juden gekommen. An den jüdischen Geschäften waren rote Plakate aufgeklebt mit der Aufschrift: Wie lange noch? Wieder brachte jüdische Blutgier einen braven Deutschen zur Strecke. Der polnische Jude Grynszpan in Paris schoß Legationsrat vom Rath nieder. Nun aber Schluß mit unserer Geduld. Auch in diesem Hause genießt ein Angehöriger jener verbrecherischen Rasse noch Gastrecht.

Juden raus!

Auf den Scheiben der Schaufenster war in roter Farbe

angeschrieben: »Rache für Rath.« Auf den Bürgersteigen vor den jüdischen Geschäften war zu lesen: »Wer beim Juden kauft, ist ein Volksverräter.«[3]

Oberstaatsanwalt Meiningen:

In Meiningen und Schleusingen sind die Synagogen innen demoliert worden; außerdem sind die Fensterscheiben eingeworfen. In Suhl ist die Synagoge völlig ausgebrannt, es stehen nur noch die vier Wände. In Schmalkalden wurde die Synagoge zuerst abgetragen, dann gesprengt. Die Einrichtung ist auf dem Markte verbrannt worden. In Barchfeld, wo die Synagoge aus Fachwerk bestand, ist sie niedergerissen worden, während die Einrichtung im Beisein von SS-Männern verbrannt wurde. In Walldorf/Werra waren die Fensterscheiben der Synagoge bereits zur Kirmes eingeworfen worden. Jetzt hat man die Synagoge nicht angerührt. In Salzungen, Zella-Mehlis und Wasungen gibt es keine Synagogen. Soweit aus Hildburghausen, Bibra, Gleicherwiesen und Gleichamberg verlautet, sind die Synagogen nicht beschädigt worden.

In den meisten Orten sind die Fensterscheiben bei jüdischen Geschäften und Wohnungen zertrümmert worden. In Meiningen wurde die Wohnung des Rabbiners stark verwüstet. Beschädigungen jüdischen Eigentums wurden von Salzungen, Zella-Mehlis und den drei Dörfern Bibra, Gleicherwiesen und Gleichamberg in Abrede gestellt. In Suhl und Schleusingen waren sie unbekannt. In Walldorf war außerdem der Brotwagen eines jüdischen Bäckers in den Herpfbach gefahren worden.

Plünderungen sind nicht bekannt geworden.

Oberstaatsanwalt Meiningen, Zweigstelle Sonneberg:

In Sonneberg wurden am 10. 11. 1938 früh um 6.30 Uhr 4 Volljuden und 3 Mischlinge – nur Männer – von einigen Zivilisten aus ihren Wohnungen geholt und durch mehrere Straßen der Stadt geführt. Dem Zug schloß sich alsbald eine größere Menschenmenge an. Die Juden trugen Schilder mit Aufschriften, wie »Wir sind Mörder«, »Die Juden wollen den Krieg« u. ä. Ein Jude soll dabei Ohrfeigen bezogen haben. Der Zug endete auf

126

dem Hans-Sauer-Platz vor dem Rathaus. Hier wurden die Juden von der Polizei in Schutzhaft genommen und im Polizeigefängnis im Rathaus verwahrt, wo sie sich z. Z. noch befinden. ... Die Häuser, in denen die Juden wohnen, wurden mit antijüdischen Aufrufen beschriftet, ebenso auch der Bürgersteig vor einem jüdischen Geschäft in der Bahnhofstraße. Eine Schaufensterscheibe dieses Geschäfts wurde zerschossen.[4]

Staatsarchiv Weimar, Bestand Generalstaatsanwalt beim Oberlandesgericht Jena, Nr. 410, Bl. 16, 17 f., 25 ff., 29[5]

1 Die Berichte wurden aufgrund eines telefonisch erteilten Auftrags vom 10. November 1938 angefertigt, der vom Reichsjustizministerium erging. Gefragt wurde nach dem Hergang des Pogroms, der Zahl der Festgenommenen, den Gewaltakten gegen Personen, den Sachbeschädigungen und der Inanspruchnahme von Gefängnisräumen für die Unterbringung der inhaftierten Juden. Es handelt sich bei allen Angaben durchweg um die ersten und unvollständigen Informationen.
2 Als weitere Orte, in denen sich der Pogrom zutrug, nennt der Bericht Rositz und Meuselwitz.
3 Im weiteren geht der Bericht auf die antijüdischen Aktionen in Ruhla, Thal, Geisa, Kaltennordheim, Stadtlengsfeld, Tiefenort, Vacha, Gehaus ein.
4 Des weiteren erwähnt der Bericht die Verhaftung von »Halbjuden« in Eisfeld.
5 In den nicht zitierten Berichten werden Ereignisse während des Pogroms und Verhaftungen in Liebschwitz, Münchenbernsdorf, Weida, Gotha, Friedrichroda, Arnstadt, Ilmenau, Jena, Rudolstadt, Bad Blankenburg, Schwarza, Saalfeld, Pößneck, Kahla, Freienorla, Weimar, Apolda, Buttstädt, Blankenhain, Gelmeroda, Gutendorf erwähnt.

15
Aufruf des Reichsministers Joseph Goebbels
vom 10. November 1938
zur Beendigung des Pogroms

Die berechtigte und verständliche Empörung des deutschen Volkes über den feigen jüdischen Meuchelmord an einem deutschen Diplomaten in Paris hat sich in der vergangenen Nacht in umfangreichem Maße Luft verschafft. In zahlreichen Städten und Orten des Reiches wurden Vergeltungsaktionen gegen jüdische Gebäude und Geschäfte vorgenommen. Es ergeht nunmehr an die gesamte Bevölkerung[1] die strenge Aufforderung, von allen weiteren Demonstrationen und Vergeltungsaktionen gegen das Judentum, gleichgültig welcher Art, sofort abzusehen. Die endgültige Antwort auf das jüdische Attentat in Paris wird auf dem Wege der Gesetzgebung bzw. der Verordnung dem Judentum erteilt werden.

Völkischer Beobachter, 11. November 1938.

1   Mit dieser Adressierung sollte die Lüge von der Beteiligung der »gesamten Bevölkerung« am Pogrom gestützt werden. In Wirklichkeit richtete sich der Appell an die Einheiten der SA, der SS und alle anderen an der Aktion beteiligten Nazi-Organisationen.

16
Blitzfernschreiben des Chefs der Sicherheitspolizei und des Sicherheitsdienstes, SS-Gruppenführer Reinhard Heydrich, an alle Staatspolizei(leit)stellen und an alle SD-Ober- und Unterabschnitte (10. November 1938)

Die Protestaktionen sind eingestellt (siehe Presse- und Rundfunkmeldungen).

Im Benehmen mit der Ordnungspolizei ist für die kommende Nacht verstärkter Streifendienst einzusetzen.

Etwa noch erfolgende Aktionen sind möglichst zu verhindern, jedoch ist hierbei Rücksicht zu nehmen auf die berechtigte Empörung der Bevölkerung.

Gegen Plünderer ist rücksichtslos einzuschreiten.

Die Festnahmeaktionen werden ohne Einschränkung und ausschließlich von den Staatspolizei(leit)stellen fortgesetzt.

IMT, Bd. XXXI, S. 519.

**Blitzfernschreiben des Chefs der Sicherheitspolizei
und des Sicherheitsdienstes,
SS-Gruppenführer Reinhard Heydrich,
an alle Staatspolizei(leit)-
und Staatspolizeistellen
und an alle SD-Oberabschnitte
und SD-Unterabschnitte,
aufgegeben in Berlin am 10. November 1938**

Im Nachgang zu meinem Befehl von heute Nacht weise ich ausdrücklich darauf hin, daß Plünderungen unter allen Umständen durch entsprechende Maßnahmen zu verhindern sind.

Plünderer sind vorl. festzunehmen. Nähere Weisung ist von mir einzuholen.

Das Reichsjustizministerium hat sämtliche Generalstaatsanwälte angewiesen, die Strafanstalten den Staatspolizei(leit)stellen zur Unterbringung festgenommener Juden zur Verfügung zu stellen.

Weiter ersucht das Reichsjustizministerium, zunächst in keinem Fall Haftbefehle gegen Personen zu beantragen, die etwa im Zuge der Aktionen festgenommen worden sind.

Schließlich hat das Reichsjustizministerium die Staatsanwälte angewiesen, keine Ermittlungen in Angelegenheiten der Judenaktionen vorzunehmen.

Dies dient lediglich zur dortigen Information.

IMT, Bd. XXXI, S. 518/519.

18
**Bericht von Ernst Gottfried Lowenthal[1]
über die Bekanntgabe des Verbots
der jüdischen Presse durch die Geheime Staatspolizei
am 10./11. November 1938
(veröffentlicht 1953)**

Diese Männer und Frauen, Redakteure der in Berlin erscheinenden jüdischen Zeitungen und Zeitschriften, wußten nicht deutlich, was ihnen bevorstand. Pünktlich und vollzählig war das Häuflein in dem seit 1933 mit Recht gefürchteten Haus zur Stelle. Sie wurden in einem breiten Korridor, von hohen eisernen Gittertüren flankiert, eingeschlossen. Der stundenlang auf- und abgehende SS-Mann untersagte jede Unterhaltung. Man hörte nur seine Schritte. Durch die großen Fenster des schmucklosen, kahlen Flurs konnte man auf den Hof hinunterschauen. Dort wurden Menschen in Lastwagen verladen, zweifellos Juden. So vergingen acht Stunden. Nichts geschah. Schließlich wurden sie nach Hause geschickt mit der Auflage, am nächsten Morgen um acht Uhr wieder zu erscheinen. ... Am frühen Morgen des 11. November fanden sich die 10, 12 oder 14 Redakteure an »bekannter« Stelle wieder ein. Nach — wiederum — stundenlangem Warten ließ uns der SS-Mann in Reih und Glied antreten. Wir wurden in eine Amtsstube geführt, wo wir unerfreulich-bekannte Gesichter feststellten, nämlich von Gestapo-Leuten, die den Schriftleitern der jüdischen Presse in Berlin keineswegs fremd waren. Nacheinander hatten wir unsere Namen unter sorgfältig vorbereitete, kurze Erklärungen zu setzen: sie besagten nicht mehr und nicht weniger, als daß wir mit der sofortigen und unwiderruflichen Einstellung des Erscheinens der von uns bis dahin geleiteten Zeitungen und Zeitschriften einverstanden seien.[2] Dann wurden wir entlassen. Erst als wir einige Kilometer vom Alexanderplatz entfernt waren, wagten wir wieder, miteinander zu sprechen.

Allgemeine Wochenzeitung der Juden in Deutschland, 30. Oktober 1953. Zit. in: Herbert Freeden: Die jüdische Presse im Dritten Reich, Frankfurt (Main), 1987, S. 171/172.

1 L., 1904 in Köln geboren, hatte Volkswirtschaft studiert und promoviert und war einer der Funktionäre des Centralvereins deutscher Staatsbürger jüdischen Glaubens. Von 1930 bis 1938 gab er die Zeitschrift für die Geschichte der Juden in Deutschland und andere jüdische Periodika heraus. 1939 floh er nach Großbritannien.

2 Nach faschistischen Angaben gab es bis zum Pogrom in Deutschland noch insgesamt 65 jüdische Zeitungen und Zeitschriften, von denen die meisten Blätter der jüdischen Gemeinden waren.

19

Bericht des SS-Abschnitts XXIV, Oppeln,
an den SS-Oberabschnitt Südost (Breslau)
vom 11. November 1938,
betr. »Aktion gegen Juden«

1. Oppeln O/S.	Synagoge verbrannt. 13 Judengeschäfte demoliert. 13 Juden verhaftet. Jüdisches Vereinshaus demoliert.
2. Carlsruhe O/S.	Synagoge verbrannt.
3. Landsberg O/S.	Synagoge verbrannt.
4. Rosenberg O/S.	Synagoge verbrannt.
5. Gr. Strehlitz O/S.	Synagoge demoliert. Inneneinrichtung verbrannt. 5 jüdische Geschäfte demoliert.
6. Tost O/S.	Inneneinrichtung der Synagoge verbrannt. Mehrere Juden verhaftet, 3 jüdische Geschäfte demoliert.
7. Peiskretscham	Synagoge verbrannt. Jüdische Geschäfte demoliert. Sämtliche Juden verhaftet.
8. Gleiwitz O/S.	Synagoge verbrannt. Ca. 40 jüdische Geschäfte demoliert. Wohnungen der bekanntesten Juden demoliert. Über 200 Juden verhaftet.
9. Hindenburg O/S.	Synagoge verbrannt. Jüdische Geschäfte demoliert. Wohnungen der bekanntesten Juden demoliert. 350 Juden verhaftet.
10. Beuthen O/S.	Synagoge verbrannt. Sämtliche jüdische Geschäfte (ca. 70) demoliert. Wohnungen der bekanntesten Juden demoliert. 370 Juden verhaftet. Männer der NSV am Plündern verhindert und Gestapo übergeben. Kreisleiter der NSV hat Schwierigkeiten gemacht und wollte durch

	den Gau Demolierung der Geschäfte verhindern lassen.
11. Langendorf O/S.	Synagoge verbrannt.
12. Ratibor O/S.	Synagoge verbrannt. Jüdische Geschäfte und Destillen demoliert.
13. Troppau	Synagoge verbrannt.
14. Jägerndorf	Synagoge demoliert. Jüdisches Leichenhaus verbrannt.
15. Leobschütz O/S.	Synagoge verbrannt. Jüdische Geschäfte demoliert. 10 Juden verhaftet. 3 fremde Diebe beim Plündern gefaßt und der Polizei übergeben.
16. Neustadt O/S.	Synagoge verbrannt.
17. Zülz O/S.	Synagoge verbrannt.
18. Cosel O/S.	Synagoge durch Feuer und Sprengung vernichtet.

Träger aller Aktionen war die SS. Die SA hat sich nirgendwo nennenswert beteiligt.

Mit Ausnahme von Beuthen waren die Politischen Leiter und Behördenchefs mit der Aktion restlos einverstanden. Zusammenarbeit mit der Polizei, Gestapo und Feuerlöschpolizei überall gut. Wo Schwierigkeiten auftauchten, wurden dieselben durch energisches Auftreten der verantwortlichen SS-Führer unterbunden.

Mehrfach konnten die Synagogen nicht restlos verbrannt werden, weil sonst Feuergefahr für die umliegenden Gebäude bestanden hätte.

Die Stimmung des Volkes war überall für die Aktion. Das Ansehen der SS hat durch die Aktion sehr gewonnen.

Im Sudetengebiet mußte die Demolierung jüdischer Geschäfte unterbleiben, weil die jüdischen Geschäfte seit der Machtübernahme sämtlichst in Händen eingesetzter arischer Kommissare sind. Ausserdem klappte die Benachrichtigung durch Telefon infolge Versagens der Post nicht, da im Sudetengebiet sehr wenig Postverbindungen bestehen und in den kleineren Städten meistens ab 21 Uhr überhaupt keine Telefonverbindung mehr zu haben ist. Benachrichtigung durch Kuriere hat ebenfalls nicht geklappt. Der Kurierdienst muß neu aufgebaut werden.

Die gesamte Aktion wurde am 10. 11. 38 – 12 Uhr abgeschlossen. Der Führer des SS-Abschnitts hat sich am 10. 11. 38 durch eine Rundfahrt durch das Abschnittsgebiet persönlich von der restlosen Durchführung der gegebenen Befehle für die Aktion überzeugt.

Sämtliche eingesetzten Männer und Führer haben sich rücksichtslos für die Aktion eingesetzt. Die Aktion selbst hat allen Männern und Führern große Freude gemacht. Derartige Befehle können öfter erteilt werden. Besonders anerkennenswert ist das Verhalten der SS im oberschlesischen Industriegebiet: Gleiwitz, Hindenburg und Beuthen. Die Männer dieses Gebietes wurden erst vor kurzer Zeit beim Abtransport der polnischen Juden zur Verstärkung der Polizei herangezogen und haben sich dabei als äusserst zuverlässig und umsichtig erwiesen.

Besonders erwähnenswert ist auch das tadellose Verhalten des Polizeipräsidenten in Gleiwitz – SS-Standartenführer Palten. Staf. Palten hat überall scharf durchgegriffen und persönlich die Verhaftung sämtlicher Juden angeordnet, da die Gefahr bestand, daß die Juden über die nahe polnische Grenze fliehen würden. Staf. Palten war bei allen Aktionen im oberschlesischen Industriegebiet persönlich anwesend.

Die verhafteten Juden sind sämtlichst an die Gestapo abgegeben und werden in provisorisch eingerichteten Räumlichkeiten von der SS bewacht.

Zu Plünderungen ist es nur selten gekommen. Wo solche auftraten, wurden sie im Keime erstickt.

Folgende SS-Führer haben sich bei der Durchführung der Aktion besonders umsichtig und rücksichtslos gezeigt und die gegebenen Befehle durchgeführt:

1. Sturmbannf. Mazanek,
   Führer II/23, Gleiwitz
2. Hauptsturmf. Hauptfleisch,
   Führer I/23, Beuthen
3. Sturmbannf. Montel,
   Führer Stand./Troppau

4. Hauptsturmf.	Unger,
	Führer II/45, Leobschütz
5. Sturmbannf.	Heiwer,
	Stabsführer, Abschn. XXIV
6. Hauptsturmf.	Auras,
	Verwaltungsf. Abschn. XXIV
7. Sturmbannf.	Lünser,
	Stamm-Abtlg. Bezirk 45
8. Hauptsturmf.	Fiegler,
	Führer III/45, Rosenberg

Archiv des JüHI, Bestand: Noc kryształowa, Bl. 7 ff.

20

Aus dem Fernschreiben des SD-Oberabschnitts
Südost (Breslau) an die Reichsführung SS,
SS-Hauptamt, Berlin, vom 11. November 1938,
betr. »Antijüdische Demonstrationen im SS-Ober-
abschnittsbereich Südost«, vom 11. November 1938.

Die anbefohlenen antijüdischen Protestaktionen setzten
im Bereich des Oberabschnitts schlagartig am 10. November 1.30 Uhr ein. Um diese Zeit brannte bereits die
große Synagoge in Breslau. Die Aktionen im Oberabschnittsbereich wurden ausschließlich von der Schutzstaffel in Uniform durchgeführt. Zu irgendwelchen Plünderungen seitens der Bevölkerung kam es nirgendwo.
Das Zusammenarbeiten mit der Ordnungs- und Sicherheitspolizei war ausgezeichnet. Die im Oberabschnittsbereich von der Schutzstaffel durchgeführten Aktionen
haben sich propagandistisch sehr günstig für die
Schutzstaffel ausgewirkt. Aus diesem Grunde hat der
Oberabschnitt eine neue Werbeaktion in seinem Bereich
anbefohlen.

Im Oberabschnittsbereich wurden sämtliche jüdischen Geschäftshäuser demoliert, zum Großteil auch
die Wohnungen der Juden.

An Synagogen wurden verbrannt: 28, zertrümmert: 25,
jüdische Bet- und Gesellschaftsräume: 4. Ein schriftli-
cher Bericht über die Einzelaktionen folgt.

Archiv des JüHI, Bestand: Noc kryształowa, Bl. 8f.

Aus einem Bericht der Schutzpolizei
in Freising (Oberbayern)
vom 11. November 1938
über die Terrorisierung
eines »arischen« Rechtsanwalts

Fast zur gleichen Zeit wurde der arische Rechtsanwalt Max Lehner, der judenhörig ist und bei Geldbeitreibungen Juden vor Gericht vertritt, mit Gewalt aus seiner Wohnung geholt. Es begab sich ein Trupp vor seine Wohnung und forderte ihn auf, herauszukommen. Da nicht geöffnet wurde, ist die Wohnungstüre eingedrückt worden, auch ging eine Fensterscheibe in Trümmer. Es wurde ihm dann das bereits erwähnte Transparent »Juda verrecke« in die Hand gedrückt, das er eine längere Wegstrecke tragen mußte. In seiner Wohnung erhielt er ein paar Ohrfeigen, auf dem Wege selbst wurde er nicht mißhandelt. Auf dem Wege erhielt er naturgemäß viele Zurufe, die sich mit seinem bisherigen Verhalten befaßten und das die Bevölkerung nicht verstehen kann. Nachdem die Schutzpolizei mit der Unterbringung der Jüdin[1] fertig war, rückte sie aus und nahm auch Lehner fest. Er wurde zu seiner persönlichen Sicherheit und auf seinen eigenen Wunsch in Schutzhaft genommen. Die Unterbringung erfolgte im Amtsgerichtsgefängnis Freising, das er am anderen Morgen um 7 Uhr wieder verließ.

Bayern in der NS-Zeit. Soziale Lage und politisches Verhalten der Bevölkerung im Spiegel vertraulicher Berichte, München/Wien 1977, S. 470.

1 Irma Holzer wurde, nachdem sich vor dem Haus ihres bereits inhaftierten Vaters eine 200köpfige Menschenmenge versammelt hatte, unter Beschimpfungen auf der Straße herumgeführt und dann von der Polizei verhaftet.

22
Schnellbrief (Geheim)
des Chefs der Sicherheitspolizei, Reinhard Heydrich,
an Hermann Göring
vom 11. November 1938
mit dem ersten zusammenfassenden Bericht
über den Verlauf des Pogroms

Die bis jetzt eingegangenen Meldungen der Staatspolizeistellen haben bis zum 11. 11. 1938 folgendes Gesamtbild ergeben:

In zahlreichen Städten haben sich Plünderungen jüdischer Läden und Geschäftshäuser ereignet. Es wurde, um weitere Plünderungen zu vermeiden, in allen Fällen scharf durchgegriffen. Wegen Plünderns wurden dabei 174 Personen festgenommen.

Der Umfang der Zerstörungen jüdischer Geschäfte und Wohnungen läßt sich bisher ziffernmäßig noch nicht belegen. Die in den Berichten aufgeführten Ziffern: 815 zerstörte Geschäfte, 29 in Brand gesteckte oder sonst zerstörte Warenhäuser, 171 in Brand gesetzte oder zerstörte Wohnhäuser, geben, soweit es sich nicht um Brandlegungen handelt, nur einen Teil der wirklich vorliegenden Zerstörungen wieder. Wegen der Dringlichkeit der Berichterstattung mußten sich die bisher eingegangenen Meldungen lediglich auf allgemeinere Angaben, wie »zahlreiche« oder »die meisten Geschäfte zerstört«, beschränken. Die angegebenen Ziffern dürften daher um ein Vielfaches überstiegen werden.

An Synagogen wurden 191 in Brand gesteckt, weitere 76 vollständig demoliert. Ferner wurden 11 Gemeindehäuser, Friedhofskapellen und dergleichen in Brand gesetzt und weitere 3 völlig zerstört.

Festgenommen wurden rund 20000 Juden, ferner 7 Arier und 3 Ausländer. Letztere wurden zur eigenen Sicherheit in Haft genommen.

An Todesfällen wurden 36, an Schwerverletzten ebenfalls 36 gemeldet. Die Getöteten, bzw. Verletzten sind Juden. Ein Jude wird noch vermißt. Unter den getöteten Juden befindet sich ein, unter den Verletzten 2 polnische Staatsangehörige.

IMT, Bd. XXXII, S. 1–2.

23
Schreiben des Sächsischen Ministers des Innern
an die Oberbürgermeister
in Leipzig, Chemnitz, Zwickau, Plauen, Zittau
und an den Ersten Bürgermeister in Annaberg
vom 11. November 1938
über die Beseitigung der Ruinen der Synagogen

Die in der Nacht vom 9. zum 10. November 1938 in Brand
geratenen Synagogen gefährden die öffentliche Sicherheit, verschandeln die unmittelbare Umgebung, bes. das
weitere Ortsbild, und erregen öffentliches Ärgernis.
Diese Brandruinen und die eventuell noch bestehenden
restlichen Bauteile sind – auch wegen der beginnenden
Verwahrlosung – sofort zu beseitigen, zumal eine Bau-
genehmigung für die Wiedererrichtung der Synagogen
an der gleichen Stelle ausgeschlossen ist.
   Sie werden deshalb angewiesen, den Eigentümer zu
veranlassen, mit dem Abbruch und dem Niederlegen aller Bauteile am 12. November 1938, früh 8 Uhr, zu beginnen, und diese Arbeiten spätestens bis 15. November
1938 zu beenden. Für den Fall, daß der Eigentümer mit
diesen Arbeiten nicht fristgemäß beginnt, ist das Erfor-
derliche durch die Baupolizeibehörde auf Kosten des
Grundstückseigentümers ungesäumt durchzuführen. Ob
dazu die Technische Nothilfe oder eine sonst geeignete
Organisation heranzuziehen ist, richtet sich nach den
örtlichen Verhältnissen und bleibt deshalb Ihrer Entscheidung überlassen.
   In der Verfügung ist auf die Folgen einer Nichtbefol-
gung der dem Grundstückseigentümer gewordenen Auflage ausdrücklich hinzuweisen. Einem Rechtsmittel ist
die aufschiebbare Wirkung zu versagen.

Helmut Eschwege: Die Synagoge in der deutschen Geschichte,
Dresden 1980, S. 193/194.

Aus dem Schnellbrief
des Polizeipräsidenten in Gleiwitz
an den Regierungspräsidenten in Oppeln
vom 12. November 1938,
betr. »Aktion gegen Juden«

Der Unterzeichnete erhielt seine Nachrichten und Befehle über die Aktion gegen Juden kurz nach Abschluß
der Feier anläßlich der Vereidigung der SS. Am
10. 11. 1938 um 1.40 Uhr wurde Schutz- und Kriminalpolizei alarmiert. Gleichzeitig wurden die leitenden Beamten
an ihre Dienstplätze berufen und die Arbeitsplätze in der
Abt. II und den Gesch. Stellen II bei den Polizeiämtern
besetzt, um der Staatspolizei Listen von Juden zur Verfügung zu stellen. Um 2 Uhr war die Verbindung mit der
allgemeinen SS und den zuständigen Kreisleitern restlos
hergestellt.

Die Synagogen in Gleiwitz, Beuthen O/S. und Hindenburg gingen in Flammen auf und brannten bereits vor
4 Uhr. Aus Peiskretscham und Tost wurden gleichfalls
Aktionen gegen die dort befindlichen Synagogen gemeldet.

Schlagartig setzte eine Zerstörung der im Polizeibezirk
noch besonders zahlreichen jüdischen Geschäfte ein.
Bemerkenswert ist, daß in Beuthen O/S. und Hindenburg die Schaufensterscheiben nicht zertrümmert wurden, sondern nur die gesamte Inneneinrichtung. Dadurch wurde jede Plünderung von vornherein ausgeschlossen. Zu Plünderungen ist es im Polizeibezirk nicht
gekommen.

Am 10. 11. 1938 sind Schüler in ein Zigarrengeschäft in
Gleiwitz eingedrungen, die aber sofort entfernt werden
konnten. Aus dem jüdischen Geschäft Grünthal in Gleiwitz sind angeblich – und zwar längst nach Beendigung
der Aktion – 2 Diebstähle erfolgt. Der eine Diebstahl ist
von einem der Kriminalpolizei bekannten Berufsverbre-
cher versucht worden und steht vor der Aufklärung. Eine
Anzeige des Geschäfts Grünthal ist wegen ihrer politischen Bedeutung der Staatspolizei übergeben worden.

Bereits in der Nacht zum 10. 11. 1938 wurden zahlreiche Juden in Schutzhaft genommen.

Hierbei und bei den Absperrungsmaßnahmen bewährte sich wiederum die Heranziehung der SS, mit der erneut sehr gut zusammengearbeitet wurde. Auch die Zusammenarbeit mit der Feuerlöschpolizei war gut. Die Zusammenarbeit mit der hiesigen Inspektion der Staatspolizei, die die Leitung des polizeilichen Einsatzes hatte, war gleichfalls von Anfang an gut und völlig reibungslos.

Die festgenommenen Juden wurden in Gleiwitz in dem der Synagogengemeinde Gleiwitz gehörenden Kasinogrundstück auf der Kreidelstraße untergebracht, in Beuthen im Gerichtsgefängnis und in Hindenburg in der jüdischen Schule.

Die Juden sind gestern – wiederum mit Unterstützung der Schutzstaffel – weisungsgemäß in das Konzentrationslager Buchenwald bei Weimar abgeschoben worden. Aus Gleiwitz wurden 235, aus Hindenburg 95 und aus Beuthen O/S. 145 Juden im Alter von 20 bis 60 Jahren abtransportiert. Juden mit fremder Staatsangehörigkeit befinden sich nicht darunter, jedoch staatenlose Juden. Die Abschiebung erfolgte reibungslos. Bei ihr ist lediglich das Versagen der Fahrdienstleitung auf dem Bahnhof in Gleiwitz zu bedauern, die ein überraschend schnelles Abfahren des Zuges anordnete.

Zur Beseitigung der Trümmer der Synagogen, bei denen Einsturzgefahr besteht, habe ich die Technische Nothilfe gerufen. Die Arbeiten sind im Gange.

Die eingeschlagenen Schaufensterscheiben werden behelfsmäßig verschalt. Mit den Stadtverwaltungen ist Verbindung aufgenommen worden, um die Spuren der Einzelaktionen aus dem Stadtbild zu tilgen.

Die Zerstörung des der Gleiwitzer Synagogengemeinde bisher gehörigen Grundstückes des ehemaligen Zivil-Kasinos auf der Kreidelstraße habe ich von vornherein verhindert, weil ich in diesem Grundstück die in Schutzhaft genommenen Juden unterbringen mußte. Zur Verhinderung einer nachträglichen Zerstörung dieses Gebäudes habe ich das Gebäude gemäß § 14 Polizeiverwaltungsgesetz beschlagnahmt. Zur Entlastung von Polizeikräften hat der hiesige Sturmbann der SS-Standarte 23 die kostenlose Überwachung des Gebäudes übernommen. Die Beschlagnahmeverfügung ist dem früheren Eigentümer, der Synagogengemeinde, ordnungsgemäß zugestellt worden.

Die Bevölkerung hat sich diszipliniert verhalten. Das Straßenbild war überall belebt; die Stimmung war gut. Am 10. 11. 1938 habe ich Ansammlungen auf der Kreidelstraße vor dem mit den in Schutzhaft genommenen Juden belegten Grundstück der Synagogengemeinde zerstreuen lassen, weil aus der Bevölkerung Rufe laut wurden, die Juden sollten aufgehangen werden. In Hindenburg wurde der Zug der Juden anläßlich der Überführung in die jüdische Schule am 10. 11. 1938 mit faulen Eiern beworfen. In Beuthen O/S. war die Brandstätte der besonders protzig gewesenen Synagoge von zahlreichen Schaulustigen umlagert.

Mißhandlungen von Juden sind mir nicht gemeldet und von mir auch nicht beobachtet worden. Zwei männliche Juden haben Selbstmord verübt.

Einzelaktionen sind zur Zeit nicht zu befürchten; gleichwohl habe ich Vorkehrungen zu ihrer Verhinderung getroffen.

Archiv des JüHI, Bestand: Noc kryształowa, Bl. 11 ff.

25
Aus dem Artikel
des Reichsministers Joseph Goebbels
»Der Fall Grünspan«,
veröffentlicht in dem Zentralblatt der NSDAP
»Völkischer Beobachter«
vom 12. November 1938

Eines der hervorstechendsten Merkmale der in den vergangenen Tagen stattgefundenen Aktionen gegen das Judentum ist die Tatsache, daß es zwar zu Demolierungen, aber nirgendwo zu Plünderungen gekommen ist.[1] Das benutzt natürlich diese deutschfeindliche Auslandspresse, um zu behaupten, daß es sich um rein kriminelle Vorgänge handele. Vor allem die jüdische Presse in Nordamerika tut sich in einer nie dagewesenen Hetze unrühmlich hervor, erinnert an das barbarische Mittelalter[2] und erklärt, daß Berlin das Schauspiel des Bürgerkrieges biete. ...

Was haben wir darauf zu antworten? Im Grunde genommen, gar nichts. Wir stehen auf dem Standpunkt, daß die Reaktion des deutschen Volkes auf den feigen Meuchelmord in Paris eben durch die ruchlose Gemeinheit dieser Tat erklärt werden muß. Sie wurde weder organisiert noch vorbereitet, sondern sie brach spontan aus der Nation heraus. Die Nation folgte dabei dem gesunden Instinkt, der ihr sagte, daß nun zum zweiten Male ein Vertreter Deutschlands im Auslande von einem Judenjungen niedergeknallt wurde und daß, wenn man auch diese Untat schweigend und ohne Reaktion hinnehmen würde, deutsche diplomatische Vertreter in Zukunft im Auslande als vogelfrei zu gelten hätten.

Die deutsche Staatsführung hat nichts unversucht gelassen, die Reaktion im deutschen Volke auf das feige Attentat in kürzester Frist abzustellen. Das deutsche Volk hat dem Gebot der Regierung willig und diszipliniert Folge geleistet. In Stundenfrist sind Demonstrationen und Aktionen zum Schweigen gebracht worden.

Das aber soll die deutschfeindliche jüdische Auslandspresse wissen: durch Aufbauschung der Vorgänge, durch Verdrehung und Lügen nutzt sie weder sich selbst noch den in Deutschland lebenden Juden. Eher könnte das Gegenteil der Fall sein. Das deutsche Volk ist ein antisemitisches Volk. Es hat weder Lust noch Vergnügen, sich weiterhin durch die parasitäre jüdische Rasse in seinen Rechten beschränken oder als Nation provozieren zu lassen.

Es liegt am Verhalten der Juden in Deutschland und vor allem auch am Verhalten der Juden in der Welt, welche Stellung die deutschen Juden im öffentlichen, im privaten und im geschäftlichen Leben einnehmen. Jedenfalls ist die deutsche Regierung entschlossen, im Lande selbst für Ruhe und Ordnung zu sorgen, und Ruhe und Ordnung wird in dieser Frage am besten dadurch gewährleistet, daß man sie einer den Wünschen und Bedürfnissen des deutschen Volkes entsprechenden Lösung entgegenführt. ...

Das deutschfeindliche Ausland aber täte gut daran, dieses Problem und seine Lösung den Deutschen selbst zu überlassen. Soweit es das Bedürfnis hat, für die deutschen Juden einzutreten und sich ihrer anzunehmen, stehen sie ihm in beliebiger Anzahl zur Verfügung. ...

Das deutsche Volk kann beruhigt sein: der Jude Grünspan war Vertreter des Judentums. Der Deutsche vom Rath war Vertreter des deutschen Volkes. Das Judentum hat also in Paris auf das deutsche Volk geschossen. Die deutsche Regierung wird darauf legal, aber hart antworten.

Völkischer Beobachter, 12. November 1938.

1 In Wahrheit befaßte sich die von Göring einberufene Sitzung, an der auch Goebbels teilnahm, unter anderem mit der Herbeischaffung der bei Plünderungen verschwundenen Waren, insbesondere wertvoller Schmuckgegenstände und Pelzbekleidung.

2 Die Vergleiche mit den Judenverfolgungen im Mittelalter wurden wieder und wieder angestellt. Demgegenüber erklärte der sowjetische Schriftsteller Alexej Tolstoi bei der Eröffnung eines Protestmeetings in Moskau: »Das faschistische Regime mit dem Mittelalter vergleichen, wie man es so häufig tut, hieße das Mittelalter beleidigen.« (Iswestija, 28. November 1938.)

26
Aus dem Stenogramm
der Sitzung im Reichsluftfahrtministerium
am 12. November 1938
unter dem Vorsitz Hermann Görings,
betr. die Koordinierung
der weiteren antijüdischen Maßnahmen[1]

Meine Herren, die heutige Sitzung ist von entscheidender Bedeutung. Ich habe einen Brief bekommen, den mir der Stabsleiter des Stellvertreters des Führers, Bormann, im Auftrag des Führers geschrieben hat, wonach die Judenfrage jetzt einheitlich zusammengefaßt werden soll und so oder so zur Erledigung zu bringen ist. Durch telephonischen Anruf bin ich gestern vom Führer noch einmal darauf hingewiesen worden, jetzt die entscheidenden Schritte zentral zusammenzufassen.

Da das Problem in der Hauptsache ein umfangreiches wirtschaftliches Problem ist, wird hier der Hebel angesetzt werden müssen ...

Darüber möchte ich keinen Zweifel lassen, meine Herren: die heutige Sitzung ist nicht dazu da, sich erneut darüber zu unterhalten, was getan werden sollte, sondern es fallen jetzt Entscheidungen und ich bitte die Ressorts inständig, nun aber Schlag auf Schlag die notwendigen Maßnahmen zur Arisierung der Wirtschaft zu treffen und mir vorzulegen, soweit das notwendig ist. ...

Darüber hinaus ist selbstverständlich die Arisierung aller größeren Unternehmungen — vom Wirtschaftsministerium ist noch festzusetzen, welche und wieviele Unternehmungen das sind — mir vorzubehalten; sie darf nicht durch einen Statthalter oder durch untere Instanzen erfolgen, weil diese Dinge in den Außenhandel hinübergreifen und draußen oft große Probleme anrühren, die der Statthalter von seinem Ort aus unmöglich überblicken und lösen kann. Die muß ich mir vorbehalten, damit hier nicht ein größerer Schaden entsteht als der Nutzen, der erreicht werden soll ...

Nun kommen die größeren Fabriken, die von einem jüdischen Besitzer ohne verantwortliche Gesellschaft selbst geleitet werden, oder die Aktiengesellschaften, wo der Jude im Aufsichtsrat oder sogar im Direktorium drinsteckt, wo aber die Fabrik sonst im allgemeinen läuft. Hier ist die Sache wiederum sehr einfach: die Fabrik läuft weiter. Der Jude wird herausgenommen. Mit seinem Anteil wird genauso verfahren wie bei den Kaufläden und den Fabriken. Das heißt sein Anteil, der in der Fabrik steckt, wird ihm zu dem Schlüssel vergütet, den wir festsetzen. Damit tritt er aus. Die Treuhand hat diesen Anteil in der Hand. Soweit es sich um Aktien handelt, auch die Aktien. Diesen Anteil kann sie nun wieder verkaufen bzw. kann die Aktien zunächst dem Staatsbesitz zuführen, und von dort können sie dann verwendet werden. Wenn ich also eine große Fabrik habe, die einem Juden oder einer jüdischen Aktiengesellschaft gehört, und der Jude scheidet aus, vielleicht mit seinen

Söhnen, die noch darin waren, dann läuft die Fabrik ruhig weiter. Es muß vielleicht, weil der Jude das Geschäft selbst geführt hat, ein Direktor hineingesetzt werden. Aber sonst ist, besonders wenn die Fabrik sehr notwendig ist, alles im besten Gang.

Es ist also sehr einfach. Ich habe jetzt seinen Anteil. Den kann ich einem anderen Arier geben oder einer anderen Gruppe bzw. ich behalte die Aktien. Die nimmt der Staat an sich und bringt sie, wenn sie börsengängig sind, an die Börse, wenn er es für richtig hält, oder verwertet sie selbst irgendwie.

Nun spreche ich von den ganz großen Unternehmungen, wo der Jude noch zum Teil in dem Aufsichtsrat drin ist, wo ihm Aktien usw. gehören und er dadurch entweder Besitzer oder Hauptbesitzer ist, jedenfalls sehr stark interessiert ist. Auch da ist die Sache verhältnismäßig einfach: Er liefert das gesamte Aktienpaket aus. Diese Aktien werden ihm zu dem Kurs abgenommen, der von der Treuhand festgesetzt wird. Der Jude ist damit im Schuldbuch drin. Mit den Aktien wird so verfahren, wie ich eben gesagt habe. Diese Fälle können allerdings nicht mehr die Gaue und Reichsstatthalter regeln, sondern die müssen von uns hier oben gemacht werden, weil nur wir überblicken können, wo diese Fabriken hingebracht werden müssen, in welchen Vereinigungen sie vielleicht mit anderen zusammengefaßt werden, wieweit der Staat sie selbst behalten wird, wieweit er sie einer Gesellschaft geben wird, die dem Reich gehört. Das sind alles Gesichtspunkte, die nur von hier aus geklärt werden können ...

Wir müssen hier zu einer ganz klaren, für das Reich Gewinn bringenden Aktion kommen.

Das gleiche Verfahren tritt da ein, wo der Jude sonst noch Anteil, Besitzanteil an der Wirtschaft hat. Ich bin nicht so versiert, um zu wissen, in welcher Form das noch der Fall ist und inwieweit ihm das noch weggenommen werden muß. Jedenfalls muß der Jude auf diese Weise nun sehr rasch aus der gesamten deutschen Wirtschaft hinaus. ...

Heydrich: Für die Isolierung möchte ich rein polizeilich einige Vorschläge kurz unterbreiten, die auch wegen ihres psychologischen Einflusses auf die öffentliche Meinung von Wert sind, z. B. die persönliche Kennzeichnung des Juden, indem man sagt: Jeder Jude im Sinne der Nürnberger Gesetze muß ein bestimmtes Abzeichen tragen. Das ist eine Möglichkeit, die viele andere Dinge erleichtert ...

Göring: Eine Uniform!

Heydrich: Ein Abzeichen. ...

Göring: Aber lieber Heydrich. Sie werden nicht darum herumkommen, in ganz großem Maßstab in den Städten zu Ghettos zu kommen. Die müssen geschaffen werden. ...

Heydrich: Wie wäre es im Ghetto? Müßte da der Jude in den arischen Teil zum Einkaufen gehen?

Göring: Nein. Da würde ich sagen: es gibt genug deutsche Geschäftsleute, die sich mit Wonnegrunzen in das Ghetto hereinsetzen, weil sie da ein Geschäft machen. Ich würde nicht mehr von dem Grundsatz abweichen, daß der Jude in der Wirtschaft nichts mehr zu suchen hat.

Heydrich: Das möchte ich nicht entscheiden. – Dann einige Dinge, die auch psychologisch wichtig sind.

Göring: Wenn wir überhaupt einmal ein Ghetto haben, könnten wir feststellen, was für Geschäfte da hereinmüssen, und dann kann man sagen: du, Jude Soundso, bekommst jetzt mit Demunddem zusammen die Konzession für die Anlieferung. Dann wird eine deutsche Engrosfirma beauftragt, für dieses jüdische Geschäft zu liefern. Dieses Geschäft ist dann nicht ein Einzelgeschäft, sondern eine Konsumwirtschaft, ein Konsumverein für die Juden.

Heydrich: Diese ganzen Maßnahmen werden praktisch-organisch zu einem Ghetto führen. Ich muß sagen: man soll heute nicht ein Ghetto bauen wollen. Aber durch diese Maßnahmen werden die Juden automatisch in ein Ghetto gedrängt in der Form, wie das angedeutet wurde. ...

Göring: Noch eine Frage, meine Herren: Wie beurteilen Sie die Lage, wenn ich heute verkünde, daß dem Judentum als Strafe diese 1 Milliarde als Kontribution auferlegt wird? ... Ich werde den Wortlaut wählen, daß die

deutschen Juden in ihrer Gesamtheit als Strafe für die
ruchlosen Verbrechen usw. usw. eine Kontribution von
1 Milliarde auferlegt bekommen. Das wird hinhauen. Die
Schweine werden einen zweiten Mord so schnell nicht
machen. Im übrigen muß ich noch einmal feststellen:
ich möchte kein Jude in Deutschland sein. ...

v. Krosigk: ... Ich stelle mir den Zwang zum Ghetto
auch nicht gerade als angenehme Aussicht vor. Die Aussicht, zum Ghetto kommen zu müssen, ist auch keine angenehme. Infolgedessen muß das Ziel sein, was Heydrich gesagt hat: heraus was herausgebracht werden
kann!

Göring: Das zweite ist folgendes. Wenn das Deutsche
Reich in irgendeiner absehbaren Zeit in außenpolitischen Konflikt kommt, so ist es selbstverständlich, daß
auch wir in Deutschland in allererster Linie daran denken werden, eine große Abrechnung an den Juden zu
vollziehen.

IMT, Bd. XXVIII, S. 499 ff.

1 An der nahezu vierstündigen Besprechung waren unter anderen die Reichsminister Goebbels, Frick, Schwerin von Krosigk und Gürtner sowie Staatssekretäre und Unterstaatssekre-
täre beteiligt. Unter den Anwesenden befanden sich in größerer Zahl versierte Bankiers und Juristen.

27

Aus der Verordnung des Beauftragten
für den Vierjahresplan,
Generalfeldmarschall Göring,
zur Ausschaltung der Juden
aus dem deutschen Wirtschaftsleben
vom 12. November 1938

Auf Grund der Verordnung zur Durchführung des Vierjahresplans vom 18. Oktober 1936 wird folgendes verordnet:

§ 1.

(1) Juden ist vom 1. Januar 1939 ab der Betrieb von
Einzelhandelsverkaufsstellen, Versandgeschäften oder

Bestellkontoren sowie der selbständige Betrieb eines Handwerks untersagt.

(2) Ferner ist ihnen mit Wirkung vom gleichen Tage verboten, auf Märkten aller Art, Messen oder Ausstellungen Waren oder gewerbliche Leistungen anzubieten, dafür zu werben oder Bestellungen darauf anzunehmen.

(3) Jüdische Gewerbebetriebe, die entgegen diesem Verbot geführt werden, sind polizeilich zu schließen.

§ 2.

(1) Ein Jude kann vom 1. Januar 1939 ab nicht mehr Betriebsführer im Sinne des Gesetzes zur Ordnung der nationalen Arbeit[1] vom 20. Januar 1934 sein.

(2) Ist ein Jude als leitender Angestellter in einem Wirtschaftsunternehmen tätig, so kann ihm mit einer Frist von sechs Wochen gekündigt werden. Mit Ablauf der Kündigungsfrist erlöschen alle Ansprüche des Dienstverpflichteten aus dem gekündigten Vertrage, insbesondere auch Ansprüche auf Versorgungsbezüge und Abfindungen.

§ 3.

(1) Ein Jude kann nicht Mitglied einer Genossenschaft sein.

(2) Jüdische Mitarbeiter von Genossenschaften scheiden zum 31. Dezember 1938 aus. Eine besondere Kündigung ist nicht erforderlich.

RGBl., 1938, Teil I, S. 1580.

1   Dieses Gesetz schloß die 1933 mit Gewalt und Terror durchgesetzte Entrechtung der Arbeiter und Angestellten ab und führte das faschistische Führer-Gefolgschafts-Prinzip in kapitalistischen Betrieben und anderen Unternehmen ein, so daß dem Eigentümer oder den von ihm eingesetzten Manager weitgehende Befehlsbefugnisse über die Belegschaften gegeben wurden.

28
Aus der Verordnung des Beauftragten
für den Vierjahresplan,
Generalfeldmarschall Göring,
zur Wiederherstellung des Straßenbildes
bei jüdischen Gewerbebetrieben
vom 12. November 1938

Auf Grund der Verordnung zur Durchführung des Vierjahresplans vom 18. Oktober 1936 verordne ich folgendes:

§ 1.

Alle Schäden, welche durch die Empörung des Volkes über die Hetze des internationalen Judentums gegen das nationalsozialistische Deutschland am 8., 9. und 10. November 1938 an jüdischen Gewerbebetrieben und Wohnungen entstanden sind, sind von dem jüdischen Inhaber oder jüdischen Gewerbetreibenden sofort zu beseitigen.

(1) Die Kosten der Wiederherstellung trägt der Inhaber der betroffenen jüdischen Gewerbebetriebe und Wohnungen.

(2) Versicherungsansprüche von Juden deutscher Staatsangehörigkeit werden zugunsten des Reichs beschlagnahmt.

RGBl., 1938, Teil I, S. 1581.

29
Aus der Anordnung des Präsidenten
der Reichskulturkammer,
Reichsminister Dr. Goebbels,
über den Ausschluß von Juden
von den Darbietungen der »deutschen Kultur«
vom 12. November 1938

Nachdem der nationalsozialistische Staat es den Juden bereits seit über 5 Jahren ermöglicht hat, innerhalb besonderer jüdischer Organisationen ein eigenes Kulturleben zu schaffen und zu pflegen[1], ist es nicht mehr angängig, sie an Darbietungen der deutschen Kultur teilnehmen zu lassen. Den Juden ist daher der Zutritt zu solchen Veranstaltungen, insonderheit zu Theatern, Lichtspielunternehmen, Konzerten, Vorträgen, artistischen Unternehmen (Varietés, Kabaretts, Zirkusveranstaltungen usw.), Tanzvorführungen und Ausstellungen kultureller Art, mit sofortiger Wirkung nicht mehr zu gestatten.

Völkischer Beobachter, 12. November 1938.

1 Der jüdische Kulturbund, der vom Reichsministerium für Volksaufklärung und Propaganda reglementiert und von der Geheimen Staatspolizei (Gestapo) bespitzelt wurde, hatte unter dem Zwang der Vertreibung jüdischer Künstler von Theatern und anderen kulturellen Einrichtungen eine teils auf hohem Niveau stehende Arbeit geleistet.

30
Schreiben des Bezirksschulrates in München an die Regierung von Oberbayern vom 12. November 1938 über die Einstellung des Unterrichts für jüdische Kinder

Das neben der abgebrannten Synagoge befindliche, der jüdischen Kultusgemeinde gehörende Schulgebäude, in dem die vier unteren Klassen der jüdischen Volksschule untergebracht waren, ist zerstört.

Von den sechs männlichen Lehrkräften der jüdischen Schule befinden sich drei in Haft, ein weiterer kann zum Unterricht nicht verwendet werden, da er Träger von Diphtheriebazillen ist; der Verbleib des fünften Lehrers konnte noch nicht ermittelt werden, es wird vermutet, daß er sich ebenfalls in Haft befindet.

Da unter diesen Umständen der Betrieb der Schule nicht mehr aufrechterhalten werden kann, wurde der Unterricht auf Anordnung des Stadtschulrates bis auf weiteres eingestellt ...

Kennzeichen J. Bilder, Dokumente und Berichte zur Geschichte der Verbrechen des Hitlerfaschismus an den deutschen Juden 1933–1945, Berlin 1981, S. 143.

31

Aus den »Erinnerungen an die ›Kristallnacht‹«
des Rabbiners der Synagogen-Gemeinde Hannover
Dr. Emil Schorsch[1]

Bis zum September 1938 sind wir in der Hannoverschen
Gemeinde nicht zu sehr von den Nazis in unserer religiösen Arbeit gestört worden. Ich hatte die zehn Jugend-
vereinigungen unter einem Dache vereinigt und hatte
ein Jugendheim für ihre Arbeit geschaffen. Ich hatte
den Eindruck, daß sogar der Nazibeamte, der unsere Arbeit überwachte, nicht feindselig eingestellt war.

Die Veränderung der Situation kam plötzlich, unerwar-
tet und vollständig.

Ich glaube, es war am Freitag, den 30. September
1938, als ich am frühen Morgen einen telefonischen Anruf erhielt, der mir berichtete, daß in der Nacht alle Mitglieder der Gemeinde, die von ostjüdischem Ursprung
herkamen, verhaftet wurden und den Abtransport nach
Polen erwarteten. Ich ging zu der Halle, wo sie versammelt waren, ganze Familien mit ihren Kindern, und ich
blieb mit ihnen den ganzen Tag. Viele gaben mir die
Schlüssel zu ihren Wohnungen. Es war erschütternd zu
sehen, wie der Sabbat schon vorbereitet war. Die Spei-
sen standen schon auf dem Herde. Spät am Nachmittag
wurden sie zum Bahnhof transportiert und in die Eisen-
bahnwagen verladen. Dies schien mir besonders gefühl-
los, da die meisten dieser Familien sehr religiös, ortho-
dox waren und am Sabbat keine Art von Transportation
benutzten. ...

Dann kam der Abend des 9. November, der eine so
verhängnisvolle Untat für die Hannoversche Gemeinde
einleitete. Wir gingen zu Bett wie jeden Abend, und wie
jeden Tag stand ich auf um 6 Uhr, um den Gottesdienst
in der Synagoge zu besuchen. Gegen 7 Uhr am Morgen
ertönte die Glocke meiner Haustüre und als ich öffnete,
sah ich vier Gestapo-Beamte. Sie kamen in unsere Wohnung und stellten sofort Fragen der folgenden Art: »Wir
müssen Ihre Wohnung durchsuchen; haben Sie Waffen?
Haben Sie Sparkassenbücher?« Ich erwiderte: »Ich habe
ein Sparkassenbuch; ich habe keine Waffen.« Sie be-

schlagnahmten mein Sparkassenbuch. Ich hatte keine Ahnung, was sie wollten.

Schließlich sagte ich, daß ich gewohnt bin, jeden Morgen zum Gottesdienst zu gehen. »Kann ich gehen?« fragte ich, worauf einer der Beamten sich zu den andern wendete und, mit einem leichten Hohn in seiner Stimme, sagte: »Er will zur Synagoge gehen!« Er wandte sich wieder zu mir und sagte: »Die Synagoge steht nicht mehr!«

Ich glaubte, er machte einen Spaß. Es erschien mir unmöglich, daß solch ein prachtvolles und solides Gebäude wie unsere Synagoge in Staub und Asche aufgehen könnte.

Der Beamte fuhr fort und sagte: »Sie müssen mit uns zum Polizeipräsidium kommen!« Auf dem Wege dahin wollten sie mir die brennende Synagoge zeigen; aber sie konnten keine der Einfahrtsstraßen benützen, da alle wegen Feuersgefahr gesperrt waren. So geschah es, daß ich die brennende Synagoge nicht sah.

Als ich in einen weiten Raum im Polizeipräsidium geführt wurde, sah ich ihn gefüllt mit Mitgliedern der Hannoverschen Gemeinde. Da waren vielleicht 250 Menschen. Einer von den anwesenden Männern sagte: »G-d sei Dank, daß Sie hier sind, Dr. Schorsch.« Als ob ich irgendetwas hätte tun können! ...

In der Nacht schliefen wir auf Matratzen, ohne eine Decke. Da ich im Kriege an der Front war, konnte ich es ohne Schwierigkeiten ertragen. Am nächsten Morgen marschierten wir zum Bahnhof. Ich sah manchmal erstaunte Blicke einiger Menschen, die vorbei kamen; aber die Stadt erschien mir bereits fremd und ausländisch. Ich sah den Gestapo-Beamten, der unsere Arbeit überwachte, vorbeikommen, und ich fragte ihn, ob er eine Postkarte, die ich an meine Frau geschrieben hatte, absenden würde, und er antwortete: »Sie können schreiben, wenn Sie in Buchenwald sind.« Das war das erste Mal, daß ich den Namen »Buchenwald« hörte; ich hatte den Namen niemals zuvor gehört. ...

Ich hatte niemals etwas über Konzentrationslager in Deutschland gehört.

Archiv des LBI, New York.

1 Dr. Schorsch, geb. 1899 in einer alteingesessenen jüdischen Familie in Süddeutschland, Soldat im ersten Weltkrieg, Studien am Jüdisch-Theologischen Seminar in Breslau, promoviert zum Dr. phil. in Tübingen, ordiniert 1928, seit 1927 in Hannover. Nach der Vertreibung bis 1964 insgesamt vierundzwanzig Jahre lang Rabbiner einer jüdischen Gemeinde in Pennsylvania (USA).

32
Aus dem Bericht des ehemaligen deutschen Häftlings Willy Zimmermann über die Behandlung der jüdischen Häftlinge im Konzentrationslager Buchenwald

Wenige Tage nach dieser »Kristallnacht« trafen im Konzentrationslager Buchenwald 12000 Juden ein. In fünf Baracken Ia bis Va wurden sie notdürftig zusammengepfercht. Diese Baracken hatten keine Fenster und keine Waschgelegenheit und konnten nicht geheizt werden. Ihre Ankunft im Lager ging so vor sich: Der 9 km lange Weg von Weimar bis zum Lager mußte zu Fuß zurückgelegt werden, teils auch auf Lastwagen. Bei ihrer Ankunft im Lager wurden sie von der SS mit Knüppeln, Stahlruten und Ochsenziemern ins Lager geprügelt. Wahllos wurde auf die Juden eingeschlagen. Auf dem Appellplatz am Arrestbunker waren Tische aufgestellt, auf die die jüdischen Häftlinge Geld legen mußten, ehe sie in die fast lichtlosen Baracken geprügelt wurden.... Diese »Kristallnacht«-Aktion gegen die Juden nutzte die SS zur Befriedigung ihrer Mordlust und zur persönlichen Bereicherung aus. Vom SS-Führer bis zum einfachen SS-Mann waren alle daran beteiligt. Leere Versprechungen auf bevorzugte Entlassung wurden denjenigen gemacht, die ihre Autos und Häuser der SS zur Verfügung stellen würden. Goldsachen und Banknoten kursierten dauernd im Kreise der SS. Laufend wurden die jüdischen Häftlinge erpreßt, unter verschiedenen Vorwänden für angebliche Zerstörungen, Entschädigungen oder Entlassungsspesen wurden Tausende von Mark eingesammelt.

Archiv der Nationalen Mahn- und Gedenkstätte Buchenwald, BA 31/22.

33
Aus dem Bericht
des ehemaligen österreichischen Häftlings
Gustav Herzog
über den Terror gegen jüdische Häftlinge
im Konzentrationslager Buchenwald

Der Zustand der durch das Tor Buchenwalds getriebe-
nen und gejagten Menschen war fast ohne Ausnahme
fürchterlich ... Die Massen wurden auf dem Appellplatz
in Gruppen zu 200 aufgestellt, wo bereits Mißhandlungen durch die SS-Schergen, die auf den Mann dressier-
te Hunde mit sich führten, durchgeführt wurden. Das
Schneiden der Haare konnte an vielen hundert Männern
nicht durchgeführt werden, da ihre Köpfe durch Schläge
mit stählernen Ruten aufgeschlagen und blutüberronnen
waren ... Die Baracken, in denen die 12000 Menschen
untergebracht wurden, waren nur behelfsmäßig aus ro-
hen Brettern zusammengefügt. In vier Etagen wurden
die Tausenden in ihren Zivilkleidern zusammengepfercht. Ein Liegen war höchstens auf der Schulter möglich, da der zur Verfügung gestellte Raum im besten
Falle für kaum ein Fünftel der Massen ausgereicht hätte.
Hygienische Einrichtungen, wie Abortanlagen, Wasch-
räume waren überhaupt nicht vorhanden. In aller Eile
wurden in nächtlicher Arbeit zwei Latrinen und später
eine dritte ausgehoben, die den Bedürfnissen dieser
12000 Menschen dienen sollten. Als an einem Tage
durch die Verabreichung von kalt gewordenem Wal-
fischgulasch Tausende Menschen, man kann sagen, fast
alle, an Durchfall erkrankten, wurden die Zustände im
Lager unbeschreiblich.

Die als Aufsicht eingesetzten jüdischen österreichischen Polizeihäftlinge, die bereits seit September in einer dieser Baracken hausten, versuchten nach Kräften,
diese Zustände zu steuern, aber man war oft vollkommen machtlos. Die ganze neutrale Zone neben dem elek-
trisch geladenen Stacheldrahtzaun, die Umgebung der

Baracken, das Innere der Baracken, Kleider, Koffer, Taschen waren durch die Erkrankung der Tausenden mit menschlichem Kot bedeckt ...

Auch bei der Entlassung, die ständig mit dem später berühmt gewordenen Durchruf durch das Lagerradio »Folgende Aktionsjuden sofort mit sämtlichen Effekten ans Tor« und »Baracken I a bis V a herhören« eingeleitet wurden, benützte die SS jede Gelegenheit, um noch einmal für persönliche Zwecke zu plündern.

Archiv der Nationalen Mahn- und Gedenkstätte Buchenwald, BA 31/96.

34
Aus dem Bericht von Siegmund Weltlinger
über seine Verschleppung
in das Konzentrationslager Sachsenhausen,
niedergelegt im Jahre 1954

Als ich mittags nach Hause kam, teilten mir meine Kinder mit, daß sie aus ihren Schulen herausgeworfen worden seien, und zwar in der häßlichsten Weise. Meine Tochter besuchte damals die Prima und war knapp 17 Jahre, mein Sohn ging in die Untersekunda einer Oberrealschule. – Auch die Klassenkameraden hätten sich sehr schlecht benommen.

Am Nachmittag begleitete ich meine Tochter zur Klavierstunde, weil ich sie nicht allein gehen lassen wollte, und brachte gleichzeitig einige Kunstgegenstände aus meiner Wohnung zu christlichen Freunden. Ich hatte genug gesehen! Als ich nach Hause kam, lief mir auf der Straße mein Sohn entgegen und erzählte mir aufgeregt, daß bei uns ein Herr von der Gestapo säße, um mich abzuholen. Mutter ließe mir sagen, ich solle nicht nach Hause kommen. Nach kurzem Überlegen tat ich dies trotzdem. Der Beamte, der übrigens sehr höflich war, eröffnete mir, daß er den Befehl habe, mich zu verhaften und nach dem Alexanderplatz zu bringen. ...

Nach langer Fahrt über die nördlichen Vororte Berlins landeten wir im Konzentrationslager Sachsenhausen. Als wir in der Dunkelheit vom Wagen springen mußten, wurden wir von SS-Leuten mit Ohrfeigen, Fußtritten und Kolbenstößen empfangen. Dann wurden wir durch ein großes Tor auf den riesigen, durch drei große Scheinwerfer erleuchteten Lagerplatz getrieben. Dort wurden wir geordnet und durch eine Ansprache des Lagerkommandanten begrüßt. Er sagte ungefähr folgendes: »Ihr seid hier als Sühne für die feige Mordtat eures polnischen Rassegenossen Grünspan. Ihr müßt als Geiseln hier bleiben, damit das Weltjudentum nicht weitere Morde unternimmt. Ihr seid hier nicht in einem Sanatorium, sondern in einem Krematorium. Jedem Befehl der SS ist Folge zu leisten. Die SS hat das Recht, auf euch zu schießen, wann sie will. Unsere Jungens treffen verdammt gut. Weglaufen hat also keinen Zweck. Der Stacheldraht um das Lager ist mit Starkstrom geladen. Wer ihn berührt, ist sofort tot. Bei jedem Fluchtversuch wird geschossen. Eure Verpflegung müßt ihr abarbeiten. Wir werden dafür sorgen, daß eure dicken Bäuche verschwinden.«

Wir standen die ganze Nacht auf dem riesigen Appellplatz, Austreten war nicht erlaubt. Alle paar Minuten trafen neue Transporte ein. In den frühen Morgenstunden wurden wir in eine Baracke geführt und mußten uns dort vollkommen ausziehen. Geld und Wertsachen wurden uns gegen Quittung abgenommen. Dann kamen wir nackt in einen Nebenraum, wo uns der Kopf geschoren wurde. In einem dritten Raum wurden wir dann mit leichter Unterwäsche versehen sowie einem blau-weiß gestreiften Drillichanzug. Schließlich wurden wir registriert und wieder zum Appellplatz zurückgeführt. Wir erkannten uns gegenseitig nicht mehr in diesem Aufzug.

Während wir da standen, belustigten sich die SS-Leute damit, uns wahllos zu ohrfeigen oder zu treten. In meiner Nähe stand ein riesengroßer, starker Mann. Ein Mathematikprofessor. Als diesem von einem SS-Mann ein Faustschlag versetzt wurde, schlug er zurück, daß der SS-Mann hinpurzelte. Dies sah der Lagerführer und ließ ihn festnehmen. Auf seinen Wink wurde ein Holzbock herangebracht, und der Professor wurde über diesen festgeschnallt. Vier Männer waren dazu nötig, ihn zu bändigen. Dann mußten wir alle einen großen Kreis bilden, und der Lagerführer verkündete mit lauter Stimme, daß der Jude Itzig zu 25 Stockschlägen verurteilt sei. Und jetzt bot sich mir das menschenunwürdigste Schauspiel, das ich jemals in meinem Leben gesehen hatte. Ein riesiger SS-Mann schlug mit einem Ochsenziemer nach Kommando 25mal auf den Gefesselten. Dieser schrie und brüllte vor Schmerz, und das Blut spritzte nur so umher. Bei den letzten Schlägen war er wohl schon ohnmächtig, denn er schrie nicht mehr. Dann wurde er abgeschnallt, es wurden Salz und Pfeffer in die Wunden gestreut, und der Bewußtlose wurde fortgeschleppt. Wir haben ihn nie wieder gesehen …

Als nach einer Nacht, die uns endlos lang erschien, der Tag graute, kam Leben ins Lager. Wir sahen, wie bleiche, ausgemergelte Gestalten, die meisten am Kopf und an den Händen verbunden, gekleidet wie wir, in endlosen Kolonnen zur Arbeit zogen. Wir konnten uns damals nicht vorstellen, daß wir selber in wenigen Wochen genau so gespenstisch aussehen würden.

Siegmund Weltlinger: Hast Du es schon vergessen? Berlin 1954, S. 9ff.

35
Aus dem Bericht von Otto Brunner aus Landau (Pfalz)[1] über seine »Erlebnisse in Dachau«, geschrieben in New York

Es war schon ganz dunkel, als wir dort ankamen, es war eine kalte, neblige Novembernacht, in die die Scheinwerfer des Lagers ihr Licht warfen. Unter Bedeckung von SS-Leuten mit aufgepflanztem Bajonett wurden wir dann auf den Appellplatz des Lagers getrieben. Es kam mir vor, als wenn Schweine in den Schlachthof gebracht würden. Natürlich gab es da auch allerhand Bajonettstöße und Beschimpfung der Juden, bei denen eine Menge alte Leute waren. Gleich auf dem Appellplatz brach Postwolff zusammen und man schüttete ihm kaltes Wasser über, er kam nicht mehr zur Besinnung und starb nach einigen Tagen. Anschließend wurden wir dann zur Einteilung für die einzelnen Baracken in einen Saal gebracht, wo unter anderem einer unserer Bewachung die Bemerkung machte, ihr seid nun im Konzentrationslager Dachau, Abkürzung K. L. D. Kann lange dauern. Alles mußte abgeliefert werden, was man bei sich hatte. Viele hatten Geld bei sich, was alles abgenommen wurde, wenn wir später entlassen wurden, wurde das Geld teilweise für die Rückfahrkarten der Leute, welche keines hatten, verwendet. Wir wurden gemustert, vorher von einem dieser Henkersknechte mit einem starken Strahl Wasser abgespritzt, meistens auf den Mund und in die Augen, so daß man keine Luft mehr bekam. Für die meisten waren Lageruniformen da, doch nicht mehr für die Pfälzer, da die anderen schon früher kamen, und so durften wir in unseren Kleidern bleiben. Alles lag auf Stroh in den Baracken, das einzige was gut war, war die Küche, welche peinlich sauber gehalten war. Von jeder Baracke wurde immer das Essen abgeholt, auch konnte man in einer Kantine verschiedenes kaufen. Jeden Tag mußten wir unter Aufsicht unserer eigenen Leute exerzieren, wobei die Wachen von den Maschinengewehr-Türmen allerhand Schimpfworte herunterriefen. Singen mußten wir auch. Einmal sah mich ein SS-Mann nicht singen, so schlug mir eines ins Gesicht. In allerfrüh und abends war Appell, wo wir manchmal Stunden lang, meistens Stillgestanden stehen mußten. Da gab es manchen Tritt und Ohrfeigen von diesen SS-Leuten, und jeden Tag starben einige Leute auf dem Platz. Sie brachen plötzlich zusammen und wurden tot vom Platz getragen. Was da ein Unglück war, machte man sich kein Begriff, man war hilflos und verkauft.

Archiv des LBI, New York.

1   B. war Inhaber einer Kellerei.

36
Aus den Erinnerungen der Biologin Lilli Segal[1] über den illegalen Transport eines jüdischen Kindes von Deutschland nach Frankreich

Sechs Wochen später, am 9. November 1938, organisierten die Nazis das erste umfassende Judenpogrom ...

Jetzt begriff meine Familie endlich, auch meine Schwester. Sie besaß glücklicherweise ein Besuchsvisum für die USA. Aber sie konnte ihre elfjährige Tochter nicht in Berlin lassen. Max Männlein, später der zweite Mann meiner Schwester, brachte das Kind nach München. Dort war ein Teil der katholischen Bevölkerung empört über die Grausamkeit der Judenverfolgungen. Bei einer Tante von Männlein war Marga erst einmal sicher. Wir wurden benachrichtigt, das Kind sei nach Paris unterwegs. Christliche Freunde hatten ein Schlafwagenbillet für sie gekauft. Am Abend ging Max Männlein mit Marga zum Bahnhof, gab dem Schlafwagenschaffner den Kinderausweis, der den Stempel »Jude« trug und legte mit der Bemerkung, das Kind habe kein Visum, aber die Verwandten holten es in Paris ab, fünfzig Mark dazu.

»Sie suchen wohl das kleine Fräulein«, sagte der Eisenbahner zu Jascha[2], der, aufmerksam um sich blickend, an den Schlafwagen entlangging. »Die ist munter und vergnügt. Keine Probleme an der Grenze. So einfach ist das.« Damit hob er einen Stapel von Pässen hoch, die den übrigen Reisenden gehörten, griff unter einen Haufen von Dienstpapieren und zog den kompromittierenden Ausweis mit dem roten Stempel hervor. »Den habe ich unter dem ganzen bürokratischen Krempel verloren«, meinte er lächelnd. »Viel Glück noch!« ...

Wir brachten Marga in einem Kinderheim bei deutschen Sozialdemokraten unter, meldeten sie sofort in der französischen Schule an, und sie war glücklich und zufrieden ...

Als sich die deutschen Truppen im Mai 1940 von Holland und Belgien her näherten und Paris vom ersten Fliegeralarm erschreckt wurde, war auch Margas Angst wieder da. Mit Hilfe der Beziehungen ihres Onkels konnten wir sie glücklicherweise in einem jüdischen Kinderheim unterbringen, mit dem sie kurz darauf nach Süden ins Massif Central evakuiert wurde, in die später von den Deutschen nicht besetzte Zone. Da ihre Mutter sich in den USA aufhielt, kam sie auf die Emigrationsliste und konnte im Frühjahr 1941 mit dem letzten Kindertransport über Portugal ebenfalls dorthin gelangen.

Lilli Segal: Vom Widerspruch zum Widerstand. Erinnerungen einer Tochter aus gutem Hause, Berlin 1986, S. 89–90, 92.

1   Lilli Segal, geb. Schlesinger, die einer Berliner Arztfamilie
entstammt, emigrierte nach der Machtübergabe an den Faschismus, nahm in Frankreich gemeinsam mit ihrem Ehemann
am Widerstandskampf auch unter den Bedingungen der Okkupation teil, wurde 1943 verhaftet und in das Vernichtungslager
Auschwitz verschleppt. 1944 konnte sie aus einem Außenlager
entkommen und sich mit einer Gefährtin in die Schweiz und
von da ins befreite Frankreich retten. 1952 kam die Biologin mit
ihrer Familie in die DDR, wo sie viele Jahre an verantwortungs-
vollem wissenschaftlichem und politischem Platz an der Humboldt-Universität zu Berlin arbeitete.
2   Ehemann Lilli Segals.

37

Aus dem Schreiben des Dekans
der Medizinischen Fakultät der Universität Jena,
Professor Dr. Werner Gerlach[1],
an den emeritierten Professor
Dr. Ernst Giese[2] vom
13. November 1938,
betr. die Verweigerung ärztlicher Hilfe für Juden

Ich habe die von Ihnen vorgetragene Angelegenheit
dem Sicherheitsdienst unterbreitet. Ich will den Versuch
machen festzustellen, von welcher Dienststelle aus der
Anruf erfolgt ist, wobei natürlich die Möglichkeit besteht, dass es sich gar nicht um eine Dienststelle handelt, sondern um eine der zahlreichen Einzelaktionen,
wie sie sich unter dem Eindruck des jüdischen Verbrechens abgespielt haben. Es ist auch kein Zweifel, dass
Sie formal im Recht sind. Ich werde mich mit dem Lan-
desärzteführer in Verbindung setzen, um diese Frage einer eindeutigen Klärung zuzuführen. Meiner Ansicht
nach kann diese nur in einer grundsätzlichen Ablehnung
der Behandlung von Juden bestehen. Solange diese
Frage aber nicht geklärt ist, muß selbstverständlich eine
Kränkung des nach seinem ärztlichen Gewissen Han-
delnden unterbleiben.
    Ich persönlich halte mich für verpflichtet, Ihnen zu sa-

gen, dass ich anders gehandelt hätte. Nach dem neuen gemeinen Mord im Verlauf des Abwürgungskrieges, den das Weltjudentum uns zugedacht hat, hätte ich jede Hilfeleistung abgelehnt, ohne dass das zu einem inneren Konflikt mit meinem ärztlichen Gewissen geführt hätte. Mag sein, dass derjenige, der selbst monatelang Gegenstand einer jüdisch-marxistischen Hetze war, darüber härter denkt.

Geschichte der Universität Jena 1548/58 – 1958, Bd. I, Darstellung, Jena 1958, S. 633.

1 Professor für allgemeine Pathologie und pathologische Anatomie, seit 1933 Mitglied der NSDAP, SS-Angehöriger im Offiziersrang.
2 Professor für Gerichtsmedizin, der in der Pogromnacht einen Juden ärztlich versorgt und ihn transport- und haftunfähig geschrieben hatte und darauf anonyme telefonische Drohungen erhielt.

38
Aus dem Bericht der Zeitung »Daily Worker«
über den Protestmarsch von Nazigegnern
zur Deutschen Botschaft in London
am 13. November 1938

Tausende marschierten gestern durch das Zentrum von London in einer Protestdemonstration gegen den letzten Naziangriff auf die Juden. Vorbei an den Plakaten der Zeitungen, die von neuen antisemitischen Exzessen berichteten, zogen die Demonstranten zur Deutschen Botschaft. Sie überreichten dem deutschen Botschafter einen Brief, der lautet:

»Diese Deputation des Londoner Volkes protestiert auf das energischste gegen die brutale Behandlung des jüdischen Volkes in Deutschland durch Ihre Regierung. Diese Brutalitäten gegen unschuldige Leute erinnern an die schlimmsten Schandtaten des Mittelalters und die barbarische Herrschaft des zaristischen Rußland. Als Leute, die Frieden und sozialen Fortschritt hochhalten, sind wir entschlossen, unsere eigenen demokratischen Rechte zu schützen, und wir fordern Sie auf, diesen Protest dem Haupt Ihrer Regierung zu übersenden. Wir versichern Sie, daß wir das Volk von London auf die Beine bringen werden, um unsere eigene Regierung zu zwingen, sich gegen diese Verbrechen an der Zivilisation und den besten Gefühlen der ganzen Welt zu wenden.«

Ausgabe vom 14. November 1938. Zit. in: Der Pogrom, S. 109.

39

Aus einer Rede
des Reichswirtschaftsministers, Walther Funk,
anläßlich der Amtseinführung des neuen Leiters
der Reichsgruppe Industrie,
Generaldirektor Wilhelm Zangen,
am 15. November 1938
im Haus der Flieger, Berlin

Es wird dem genialsten Wirtschaftsführer nicht gelingen, dauerhafte Erfolge zu erzielen, wenn der Staat schlecht geführt wird und das Volk falsch geleitet wird. Staat und Wirtschaft sind eine Einheit. Sie müssen nach den gleichen Grundsätzen geleitet werden. Den besten Beleg hierfür gibt die jüngste Entwicklung des Judenproblems in Deutschland. Man kann nicht die Juden aus dem Staatsleben ausschalten, sie aber in der Wirtschaft leben und arbeiten lassen. Jedenfalls hatten die Verordnungen des Beauftragten für den Vierjahresplan, Generalfeldmarschall Göring, der als erster die Bereinigung dieses Problems in Angriff genommen hat, bereits die Voraussetzungen für eine vollkommene Ausschaltung der Juden aus der Wirtschaft geschaffen. Inzwischen waren die Juden durch die unter behördlicher Aufsicht vorgenommenen Arisierungen bereits aus den Börsen und Banken ganz und aus den großen Geschäftshäusern und allen wichtigen Industrieunternehmungen nahezu völlig ausgeschieden.

Von dem auf Grund der Verordnung über die Anmeldung des Vermögens von Juden festgestellten Nettovermögen von rund 7 Milliarden RM sind inzwischen schätzungsweise bereits 2 Milliarden RM in deutschen Besitz übergeführt worden. Die bisher getroffenen Vorbereitungen ermöglichen es nunmehr, in einiger Zeit die Juden aus dem deutschen Geschäftsleben restlos auszuschalten und den noch vorhandenen jüdischen Besitz gegen eine Abfindung in Rentenwerten in deutsche Hände zu überführen. Hierbei wird besonders darauf geachtet werden, daß die für uns im Zeichen des Vierjahresplanes so überaus wichtigen und wertvollen Warenvorräte ohne Wert- und Substanzverminderung dem Verbrauch des deutschen Volkes sach- und zweckgemäß zugeführt werden, und es muß weiterhin verhindert werden, daß durch die Bewegung und Festlegung großer Kapitalien für die Arisierung der Kapitalmarkt für die notwendigen Investitionen und die Reichsanleihezeichnungen unerträglich eingeengt wird.

Berliner Tageblatt, 16. November 1938.

40
»Faschistische Pogromhelden«[1].
Aus einem Artikel
der sowjetischen Zeitung »Pravda«
vom 16. November 1938

Das faschistische Presseorgan »Der Angriff« hat einige Tage vor den Pogromen in seinem Leitartikel unverhüllt nationalistische Leidenschaften angefacht und zur Abrechnung mit den Juden aufgefordert. Das ist eine alte Lieblingsmethode der herrschenden Klassen, wenn es ihnen schlecht ergeht, wenn die Unzufriedenheit im Land sie zwingt, auf schnellstem Wege die angestaute Wut des Volkes in eine andere Richtung abzulenken! Zu diesem Verfahren griff auch die zaristische Regierung mehrmals. Die in grausamer Erinnerung gebliebenen Pogrome von Kishinjov und Gomel wurden von der Polizei und den Schwarzhundertern am Vorabend der ersten russischen Revolution im Jahre 1905 organisiert, als Unzufriedenheit und Empörung der Massen Aufregung bei den Gutsbesitzern und Kapitalisten hervorrief. Und bezeichnenderweise folgte hierauf eine neue heftige Welle von Pogromen, die in den Jahren nach 1905 von der Reaktion begonnen wurde. Die zaristische Regierung nahm

Zuflucht zu Pogromen als einem Mittel des Betrugs an den Volksmassen und ihrer Ablenkung von der Politik. ...

Die deutschen Faschisten wiederholen heute in noch schrecklicherer Weise die Erfahrung der verfaulten, bankrott gegangenen zaristischen Monarchie. Das ist noch ein Beweis der Machtlosigkeit und Haltlosigkeit des faschistischen Regimes. Antisemitismus und Judenpogrome, wie auch die ganze »Rassentheorie«, sind unverrückbare Bestandteile der Politik des Faschismus. Die Hitleristen empfehlen heute genau dieses »Rezept« ihren italienischen Freunden. Wie heute ein Telegramm aus Rom mitteilt, hat der Ministerrat des faschistischen Italiens dieser Tage das antisemitische »Gesetz über rassische Maßnahmen« herausgegeben. Grausame nationale Unterdrückung, das Lynchen der Neger oder die pogromistische Verfolgung der Juden – das ist eins der charakteristischsten Merkmale der Fäulnis und des Verfalls des gegenwärtigen Kapitalismus.

Die Welle der ungeheuerlichen Pogrome im faschistischen Deutschland – sie ist das unmittelbare Resultat der ausweglosen Lage, in welcher die faschistische Diktatur sich sieht. Die Ökonomie, die Finanzen des faschistischen Deutschland erleben als Folge der kräfteübersteigenden Rüstung nie dagewesene Schwierigkeiten. Die Verelendung, die Proletarisierung des Kleinbürgertums schreiten mit hohem Tempo voran. Im Lande wächst die Unzufriedenheit, es sammelt sich die Wut des Volkes an. Gerade das zwingt die faschistischen Herrscher, zu den Judenpogromen zu greifen mit dem Ziel, die Aufmerksamkeit der Massen von der schweren inneren Lage des Landes abzulenken. Gerade darin verbergen sich die sozial-ökonomischen Ursachen, die die Unterdrückung gegenüber den Juden verschärften.

Aber die Judenpogrome retteten die zaristische Monarchie nicht. Sie werden auch den deutschen Faschismus nicht vor dem Zusammenbruch retten. Erfolglos haben die faschistischen Herrscher versucht, dem deutschen Volk die Schuld an den ungeheuren Verbrechen aufzuladen. Die ausländischen Zeitungen heben einmütig hervor, daß breite Schichten der deutschen Bevölkerung über die Pogrome empört waren und viele Einwohner, ungeachtet des Polizeiterrors, auf den Straßen offen das Vorgefallene verurteilten. Hunderte Menschen wurden dafür eingesperrt, daß sie ihre Empörung laut äußerten.

Pravda, 16. November 1938, Nr. 316 (7641), S. 5.

1 Einleitend referierte der Autor die Berichte und Analysen britischer Zeitungen über den Pogrom.

41
Aus der Predigt des evangelischen Pfarrers Julius von Jan[1] (Oberlenningen/Württemberg), gehalten am 16. November 1938 anläßlich des Buß- und Bettages zum Predigttext
»Oh Land, Land, Land, höre des Herrn Wort!« (Jeremia 22, 29)

In diesen Tagen geht durch unser Volk ein Fragen: Wo ist in Deutschland der Prophet, der in des Königs Haus geschickt wird, um des Herrn Wort zu sagen? Wo ist der Mann, der im Namen Gottes und der Gerechtigkeit ruft, wie Jeremia gerufen hat: Haltet Recht und Gerechtigkeit, errettet den Beraubten von des Frevlers Hand! Schindet nicht die Fremdlinge, Waisen und Witwen, und tut niemand Gewalt, und vergießt nicht unschuldig Blut?

Gott hat uns solche Männer gesandt! Sie sind heute entweder im Konzentrationslager oder mundtot gemacht. Die aber, die in der Fürsten Häuser kommen und dort noch heilige Handlungen vollziehen können, sind Lügenprediger wie die nationalen Schwärmer zu Jeremias Zeiten und können nur Heil und Sieg rufen, aber nicht des Herrn Wort verkündigen. Die Männer der Vorl. Kirchenleitung, von denen die Zeitungen in der letzten Woche berichteten, haben in einer Gottesdienstordnung das Gebot des Herrn klar ausgesprochen und sich wegen der erschreckenden Mißachtung der göttlichen Gebote durch unser Volk vor Gott gebeugt für Kirche und Volk. Jedermann weiß, wie sie dafür als Volksschädlinge angeprangert und außer Gehalt gesetzt worden sind — und schmerzlicherweise haben es unsre Bischöfe nicht als ihre Pflicht erkannt, sich auf die Seite derer zu stellen, die des Herrn Wort gesagt haben.

Wenn nun die einen schweigen müssen und die andern nicht reden *wollen*, dann haben wir heute wahrlich allen Grund, einen Bußtag zu halten, einen Tag der Trauer über unsre und des Volkes Sünden.

Ein Verbrechen ist geschehen in Paris. Der Mörder wird seine gerechte Strafe empfangen, weil er das göttliche Gesetz übertreten hat.

Wir trauern mit unserm Volk um das Opfer dieser verbrecherischen Tat. Aber wer hätte gedacht, daß dieses eine Verbrechen in Paris bei uns in Deutschland so viele Verbrechen zur Folge haben könnte? Hier haben wir die Quittung bekommen auf den großen Abfall von Gott und Christus, auf das organisierte Antichristentum. Die Leidenschaften sind entfesselt, die Gebote Gottes mißachtet, Gotteshäuser, die andern heilig waren, sind ungestraft niedergebrannt worden, das Eigentum der Fremden geraubt oder zerstört, Männer, die unsrem deutschen Volk treu gedient haben und ihre Pflicht gewissenhaft erfüllt haben, wurden ins KZ geworfen, bloß weil sie einer andern Rasse angehörten! Mag das Unrecht auch von oben nicht zugegeben werden – das gesunde Volksempfinden fühlt es deutlich, auch wo man nicht darüber zu sprechen wagt.

Und wir als Christen sehen, wie dieses Unrecht unser Volk vor Gott belastet und seine Strafen über Deutschland herbeiziehen muß. Denn es steht geschrieben: Irret euch nicht! Gott läßt seiner nicht spotten. Was der Mensch sät, das wird er auch ernten! Ja, es ist eine entsetzliche Saat des Hasses, die jetzt wieder ausgesät worden ist. Welche entsetzliche Ernte wird daraus erwachsen, wenn Gott unsrem Volk und uns nicht Gnade schenkt zu aufrichtiger Buße.

Zit. in: Theodor Dipper: Die evangelische Bekenntnisgemeinschaft, Göttingen 1966, S. 263/264.

1 Am 25. November 1938 wurde von Jan von einem Sonderkommando der Faschisten, das aus etwa 200 Angehörigen bestand und in Zivil agierte, vor dem Pfarrhaus aufs schwerste mißhandelt, dann in das Gefängnis von Kirchheim verschleppt,

nach viermonatiger Haft aus Württemberg nach Bayern ausgewiesen und am 25. November 1939 von einem Sondergericht in
Stuttgart zu 16 Monaten Gefängnis verurteilt. Nach Haft in
Landsberg am Lech und mit dreijähriger Bewährungsfrist am-
tierte er in Ortenburg bei Passau, bis er zum Wehrmachtsdienst
eingesetzt wurde.

42
Aus der Rede des Reichsaußenministers,
Joachim von Ribbentrop,
beim Staatsbegräbnis für Ernst vom Rath
am 17. November 1938

Wilhelm Gustloff und Ernst vom Rath sind die Blutzeu-
gen, die im Auslande für den Wiederaufstieg Deutschlands fielen. Aus dem Opfer aller dieser bis in den Tod
getreuen deutschen Männer werden die kommenden
Generationen die Kraft für die Erhaltung, Festigung und
Mehrung des Reiches schöpfen. Ihr Heldengeist und
ihre Namen aber werden als heiliges Vermächtnis in der
Geschichte unseres Volkes ewig leben. Auch der Tod
Ernst vom Raths war nicht vergebens. Wenn uns jetzt in
der Welt neuer Haß entgegenschlägt, wenn man versucht, das Opfer unseres toten Parteigenossen durch erneute Lügen und Verleumdungen des deutschen Volkes
zu entweihen,[1] dann geht ein Sturm der Entrüstung
durch dieses Volk, und sein Wille, jederzeit alles für Führer und Reich einzusetzen, wird um so härter und ent-
schlossener. Ich wiederhole die Worte, die der Führer
am Grabe Wilhelm Gustloffs sprach: »Wir verstehen die
Kampfansage und wir nehmen sie auf!« Im Bewußtsein
dieser Kraft steht das deutsche Volk einig und stolz hinter seinem Führer und marschiert mit ihm in die große
deutsche Zukunft!

Keesings Archiv der Gegenwart vom 18. November 1938,
S. 3812.

1 Die Naziführer suchten die Proteste des Auslands gegen die
faschistischen Untaten schon seit 1933 als Anfeindungen des
deutschen Volkes hinzustellen.

43

Aus der Verordnung
über den weitgehenden Entzug
der öffentlichen Fürsorge für Juden
vom 19. November 1938

§ 35a

(1) Juden sind im Falle der Hilfsbedürftigkeit auf die Hilfe der jüdischen freien Wohlfahrtspflege zu verweisen. Soweit diese nicht helfen kann, greift die öffentliche Fürsorge ein. Die Voraussetzungen der Hilfsbedürftigkeit sind streng zu prüfen. Gewährt werden Unterkunft, Nahrung, Kleidung, Krankenhilfe, Hilfe für Gebrechliche sowie für Schwangere und Wöchnerinnen Hebammenhilfe und, soweit erforderlich, ärztliche Behandlung ...

(2) Eine über Abs. 1 hinausgehende Hilfe kann Juden gewährt werden, wenn sie die Auswanderung fördert oder sonst im öffentlichen Interesse liegt.

RGBl., 1938, Teil I, S. 1649.

44

Aus der Rede von Joseph Goebbels
in der Messehalle in Reichenberg (Liberec)
am 19. November 1938

Wir wollen auch nicht den Antisemitismus exportieren, – wieso? Im Gegenteil: Wir wollten die Semiten exportieren (Gelächter, starker Beifall). Wäre beispielsweise die ganze Welt antisemitisch, – wie sollten wir denn je unsere Juden loswerden? (Heiterkeit.) Im Gegenteil: Wir wünschen, daß die Welt so judenfreundlich wird, daß sie uns unsere deutschen Juden abnimmt! (Heiterkeit, Beifall.) ...

Die braven Herren Engländer hatten –, hätten allen Grund, im eigenen Hause aufzuräumen. Und sie sollten – (Bravo-Rufe, Beifall), sie sollten sich nicht so sehr über die angeblichen Mißhandlungen von Juden in Deutschland aufregen, sondern sie hätten allen Grund, sich über die tatsächlichen Mißhandlungen von Arabern in Palästina aufzuregen (Bravo-Rufe, Beifall). Wir mischen uns nicht in die inneren englischen Verhältnisse ein und wünschen auch nicht, daß die Engländer sich in unsere Verhältnisse einmischen ...

Wir haben in Deutschland eine Reihe von Fragen gelöst, die wir für akut hielten, — Fragen, von denen wir glaubten, daß, wenn sie nicht gelöst würden, sie eine ständig schleichende Infektion unseres öffentlichen Lebens darstellen würden. Wir haben aus dem deutschen öffentlichen Leben die Juden, die Freimaurer, die Marxisten und — politisierende Klerikale beseitigt. Und zwar aus guten Gründen. Nicht aus Bosheit oder aus Rachsucht. Die Juden haben wir beseitigt, weil sie nicht zu unserer Rasse gehören (Bravo-Rufe). Die Freimaurer haben wir beseitigt, weil sie internationale und nicht nationale Ziele verfolgen. Die Marxisten haben wir beseitigt, weil ihre Hauptstadt Moskau und nicht Berlin hieß (Heiterkeit). Und die Klerikalen haben wir aus der Politik beseitigt, weil ihre Hauptstadt Rom und nicht Berlin hieß ...

Wir werden uns in den nächsten Wochen und Monaten in Ruhe solchen Problemen lösen —, widmen können. Es stehen, wenigstens nach menschlichem Ermessen, keine internationalen Krisen zu erwarten. Die Welt wird sich allmählich auch wieder über die Judenfrage beruhigen. Ich glaube es, ich hoffe es. Ich hoffe es vor allem im Interesse der noch in Deutschland zurückgebliebenen Juden (Heiterkeit).

Goebbels Reden, 1932–1939, Bd. 1, München 1971, S. 319, 322, 328.

45
Aus einem Artikel der Zeitung »Neuer Vorwärts«,
Organ der
Sozialdemokratischen Partei Deutschlands,
vom 20. November 1938

Was sich in Deutschland vollzieht, ist eine Menschheitsschmach. Es ist eines jener großen Massenverbrechen, an die nachfolgende Generationen sich nicht mehr erinnern wollen, weil ihnen sonst Weltgeschichte als eine Kette sinnloser Greuel erscheinen könnte. Es leben in Deutschland noch 600 000 Juden. Diese Kollektivität ist vom Tode gezeichnet. Die Männer des Systems haben die Vernichtung der noch in Deutschland lebenden Juden beschlossen. Man kann nicht mitten im 20. Jahrhundert, im Herzen von Europa, 600 000 Menschen vernichten? Man kann es doch! Es gehört zur Geheimwissenschaft des Dritten Reiches, daß andere Völker sterben können, daß man sie also vernichten kann, wenn man sich über alle geistigen und ethischen Konventionen hinwegsetzt, die dem im Wege stehen. Es gehört ferner zu dieser Geheimwissenschaft, daß solche Verbrechen ungehemmt und ungestraft begangen werden können, wenn die wenigen, die sie planen, nur dafür Sorge tragen, daß furchtbare Tatbestände geschaffen werden, die die Masse der besseren Menschen einschüchtern.

Der Pogrom, S. 216.

46

Zusammenfassender Bericht
über eine Debatte im Unterhaus
des britischen Parlaments
am 21. November 1938
über die Haltung der Regierung
zur Flüchtlingsfrage

Am 21. November gab Ministerpräsident Chamberlain im Unterhaus das Ergebnis der dringenden Anfrage an die Gouverneure mehrerer Kolonien über die Möglichkeit der Unterbringung deutscher Flüchtlinge bekannt. Er erklärte zunächst, daß die Zahl der Flüchtlinge, welche in Großbritannien selbst vorübergehend oder ständig untergebracht werden können, von der Leistungsfähigkeit der freiwilligen Organisationen abhänge, die sich mit diesem Problem befassen. Die britische Regierung sei in engster Fühlung mit dem Evian-Komitee[1], dessen Aufgabe die Koordinierung der Tätigkeiten der verschiedenen freiwilligen Organisationen ist. Großbritannien habe seit 1933 11 000 Flüchtlinge aufgenommen und wei-

169

tere 5000, die seither nach Übersee emigrierten. Was
das Kolonialreich anlange, so müsse darauf Bedacht genommen werden, daß die zweifellos ausgedehnten Gebiete nicht notwendigerweise auch geeignet für die Aufnahme einer großen Zahl von Flüchtlingen sind. Man
müsse auf die vielen Millionen eingeborener Bevölkerung, für die man verantwortlich sei, Rücksicht nehmen.
Weite Gebiete seien entweder klimatisch oder wirtschaftlich für europäische Kolonisten ungeeignet. Die
britische Regierung habe bereits anläßlich der Evian-Konferenz festgestellt, daß es im britischen Kolonialreich
kein Gebiet gebe, das für die sofortige Niederlassung einer großen Zahl von Flüchtlingen in Betracht komme,
wenn auch in bestimmten Gebieten eine Unterbringung
im kleinen Maßstab zu verwirklichen sei. Die Gouverneure einiger Kolonien seien nunmehr befragt worden,
ob – ohne Beeinträchtigung der Interessen der Eingebo-
renen – Land zu günstigen Bedingungen für eine Niederlassung im großen Maßstab an die freiwilligen Organisationen verpachtet werden könnte, die sich mit den
Flüchtlingen befassen, vorausgesetzt, daß diese Organisationen die volle Verantwortlichkeit für die Kosten der
Vorbereitung und der Kolonisation selbst übernehmen.
Der Gouverneur von Tanganyika habe seine Bereitwillig-
keit zur Mitarbeit erklärt und der Meinung Ausdruck gegeben, daß die einzig geeigneten Gebiete für eine Niederlassung großen Maßstabes im südlichen Hochland
und in einem Teil der westlichen Provinz zu finden sind,
daß aber eine eingehende Untersuchung durchgeführt
werde, um eine endgültige Bestimmung der zur Verfügung stehenden Gebiete vorzunehmen. Der Gouverneur
habe sich bereit erklärt, einer Abordnung der Flücht-
lingsorganisationen alle Erleichterungen für eine Untersuchung der Gebiete an Ort und Stelle zu gewähren. Die
in Betracht kommenden Gebiete dürften etwa 50000
acres (1 acre = 0,405 ha) umfassen. Überdies sei in Tanganyika ein Plan für die Niederlassung im kleinen Maßstab für 200 Kolonisten in Erwägung. In Kenya sei vom
Gouverneur ein kleiner Versuchsplan gutgeheißen worden, der von jüdischen Organisationen in London ausge-
arbeitet wurde. Junge Männer, die in einem der länd-

wirtschaftlichen Übungslager ausgebildet wurden, welche von jüdischen Organisationen in Deutschland errichtet wurden, seien bereits für diesen Plan ausgewählt worden. Diese Männer würden auf Farmen untergebracht werden, welche von jüdischen Organisationen gekauft wurden; wenn sich der Versuchsplan bewähre, würden weitere Kolonisten folgen. Die Gouverneure von Nord-Rhodesia und Njassaland seien über die Möglichkeit einer Niederlassung im kleinen Maßstab befragt worden und hätten bejahend geantwortet. Im Innern von Britisch-Guayana gebe es weite Landstriche, die dünn bevölkert sind und die hauptsächlich aus Wäldern und Weiden bestehen. Der Gouverneur von Britisch-Guayana habe festgestellt, daß in diesen Gebieten reichlich Raum vorhanden sei, so daß bei restloser Vorsorge für die dort lebenden Indianerstämme noch weite Gebiete vorhanden seien, die für eine Prüfung auf ihre Eignung für eine Kolonisation in Betracht kämen. Die landwirtschaftliche Entwicklung dieser Gebiete sei bisher durch ungünstige Verhältnisse und einen Mangel an Verkehrsmitteln vernachlässigt worden. Die britische Regierung richte die Einladung an die freiwilligen Organisationen, ihre Vertreter in diese Gebiete zu entsenden; sie sei auch bereit, erfahrene britische Beamte zur Beratung und Mitarbeit zur Verfügung zu stellen. Wenn die Ergebnisse der Untersuchung günstig ausfallen, beabsichtige die britische Regierung, weite Landstriche zu günstigen Bedingungen zu verpachten. Das zur Verfügung stehende Gebiet werde bestimmt nicht kleiner sein als 10000 Quadratmeilen. Was Palästina anlangt, so habe es bereits seinen Beitrag geleistet. Nicht weniger als 40% der jüdischen Einwanderer seien während der letzten zwölf Monate aus Deutschland gekommen. Dieses kleine Land allein könne keine Lösung des jüdischen Flüchtlingsproblems bringen. Chamberlain gab am Schluß seiner Ausführungen der Hoffnung Ausdruck, daß auch die anderen Staaten, welche das Werk der Evian-Konferenz unterstützen, ihren Beitrag leisten werden. — Innenminister Sir Samuel Hoare vertrat zunächst die Meinung, daß die Maßnahmen der deutschen Regierung gegen die Juden als internationales Problem anzusehen seien und nicht als eine innere Angelegenheit Deutschlands. Bezüglich der Einwanderung in Großbritannien selbst verwies er auf die dichte Bevölkerung und die große Zahl Arbeitsloser. Darüber hinaus bestehe zu Recht oder zu Unrecht die Angst vor einer Einwanderung großen Maßstabes auch aus anderen Gründen. Es sei eine Tatsache, daß sich in England unter der Oberfläche eine gewisse antisemitische Bewegung zu bilden beginne. Aus diesem Grunde habe er als Innenminister auch Demonstrationen in gewissen Teilen Londons verboten, die dieses Übel gewiß fördern würden; deswegen müsse er aber auch eine Masseneinwanderung von Juden verhindern, die unvermeidlich zum Wachsen einer Bewegung beitragen würde, die man unterdrücken möchte. Die bisherige Einwanderung in Großbritannien habe dem britischen Arbeitsmarkt keinen Schaden verursacht, da die Auswahl der Einwanderer sehr sorgfältig durchgeführt wurde. Bei einer Masseneinwanderung hätte sich ein ganz anderes Ergebnis gezeigt. Die britische Regierung habe keine Absicht, die Zahl der Einwanderer zu limitieren und eine Art Quote einzuführen. Der konsularische und sonstige Apparat für die individuelle Prüfung der Einwanderungsgesuche werde erweitert werden. Sie sei auch bereit, Flüchtlinge in größerer Zahl ohne individuelle Prüfung aufzunehmen, falls es sich nur um einen vorübergehenden Aufenthalt, zur Umschulung z. B. für eine ständige Niederlassung im Kolonialreich, handle. Die britische Regierung sei auch bereit, Pläne zu fördern, um jüdische Kinder, ähnlich wie dies nach dem Weltkrieg mit belgischen Kindern geschah, in britischen Familien aufzunehmen. Die holländische Regierung habe sich bereit erklärt, Kinder zu diesem Zwecke vorübergehend bei sich aufzunehmen. — Das Unterhaus nahm schließlich einen Antrag der Labourparty an, der das Mitgefühl mit den Leiden bestimmter rassischer, religiöser und politischer Minderheiten in Europa feststellt und angesichts der wachsenden Bedeutung des Flüchtlingsproblems eine sofortige internationale Bemühung einschließlich der Vereinigten Staaten begrüßt, um eine einvernehmliche Politik in dieser Beziehung herbeizuführen.

Keesings Archiv der Gegenwart vom 22. November 1938, S. 3817.

47

Aus einem Artikel »Auswanderungsbemühungen«,
veröffentlicht in der (ersten)[1] Ausgabe
des »Jüdischen Nachrichtenblattes«
vom 22. November 1938

Die Bemühungen zur Förderung der jüdischen Auswanderung aus Deutschland werden in zahlreichen Ländern intensiv fortgesetzt, insbesondere ist die Initiative in England, in den Vereinigten Staaten und in Palästina sehr stark. Eine Reihe von Maßnahmen ist bereits beschlossen worden, die in der Hauptsache der Vorbereitung der Auswanderung von Kindern und Jugendlichen dienen. Es ist zu hoffen, daß in nächster Zeit weitere Maßnahmen konkrete Gestalt annehmen werden und daß insbesondere auch eine erhebliche Erweiterung der Einwanderungs-Möglichkeiten nach Palästina für Juden aus Deutschland in diesem Zusammenhang geschaffen wird.

Herbert Freeden: Die jüdische Presse im Dritten Reich, Frankfurt (Main) 1987, S. 174.

1 Diese erste Ausgabe des auf Befehl von Joseph Goebbels erscheinenden Blattes wurde schon durch die eigens neueingeführte Vorzensur abgelehnt und erreichte die Leser nie. Ihre Anlage ist aber charakteristisch für den Versuch der Redakteure, die aus der Zionistischen Vereinigung stammten, den Verfolgten durch die Aussicht auf sich erweiternde Fluchtmöglichkeiten Hoffnung und Mut zu geben.

48

Aus dem Artikel von Johannes R. Becher
»Tyrannen-Schmach«,
veröffentlicht in der »Deutschen Zeitung« (Moskau),
23. November 1938

Es sind genügend Zeugnisse vorhanden, die in klassischer Weise dartun, wie das deutsche Volk in Wahrheit über die Greuel der Judenhetze denkt und seit langem gedacht hat. Keiner der großen Deutschen hat darüber in seinen Werken den geringsten Zweifel hinterlassen. Diese streitbaren, von wahrem humanistischem Geist erfüllten Absagen an das Grauen des Mittelalters haben mit dazu beigetragen, den Ruhm deutschen Dichtens und Denkens in der ganzen Welt zu begründen und das deutsche Volk zu einem der angesehensten aller Kulturvölker zu machen. So blieb Deutschlands neuere Geschichte vom Schrecken dieses Aberglaubens verschont. In Gustav Freytags »Bildern aus der deutschen Vergangenheit«, wohl dem verbreitetsten deutschen Geschichtsbuch, lesen wir über die Judenverfolgungen des Mittelalters: »Durch die Jahrhunderte waren diese Hetzen eine Schmach für unsere Nation.« Und nur dort, wo Zustände des Mittelalters in die Gegenwart dauern, rege sich der Drang darnach.

Darum ist es nicht nur feig und hinterhältig, sondern kennzeichnet auch die Faschisten als Volksverleumder und Volksverräter, wenn sie es wagen, dem deutschen Volk die Verantwortung aufzubürden für die ungeheuerlichen Verbrechen, wie sie nun seit Wochen in Deutschland gegen die jüdische Bevölkerung verübt werden. ... Es wäre ein Irrtum, anzunehmen, daß es sich bei diesen Greueln um »Auswüchse« des Faschismus handele. Gerade das wahre Wesen des Faschismus kommt darin unverhüllt und auf das treffendste zum Ausdruck. Die kulturelle Maske, wie sie sich der Faschismus gelegentlich zu diplomatischen Zwecken aufsetzt, wurde abgerissen, und die bösartige Fratze des berufsmäßigen Menschenschlächters kam dahinter zum Vorschein. Auf den Weltprotest hin beruft sich der gestellte Verbrecher, der nur wehrlosen Opfern gegenüber Mut zu zeigen imstande ist, auf das Vorbild des russischen Zarismus und der spanischen Inquisition. Eine entsetzliche Wahrheit ist mit diesem Bekenntnis den gewissenlosen Abenteurern entschlüpft. Es ist wahr: dieses finstere Erbe der Menschheitsgeschichte hat der Faschismus angetreten und es in seiner Grauenhaftigkeit noch bei weitem übertroffen.

Es scheint auch bemerkenswert, darauf hinzuweisen, daß das Verfahren, das der Faschismus zu innerem Gebrauch praktiziert, sich in nichts unterscheidet von jenem, das er nach außen hin zur Anwendung bringt. Der Faschismus ist ein Ganzes. Seine Raubgelüste und seine unmenschliche Niederträchtigkeit machen vor keiner Grenze halt, darin ist er total und unteilbar. Seine Unternehmungen gegenüber Spanien und der Tschechoslowakei stehen, was die barbarische Zerstörungswut und Vertiertheit anbelangt, in nichts hinter dem zurück, was der Faschismus in Deutschland selbst gegenüber seiner eigenen Bevölkerung mit Foltern und Henkerbeil unternimmt. Ebenso grausam und hemmungslos möchte der Faschismus auch über andere Völker herfallen, die er in seinem Vokabular als »minderwertig« brandmarkt.

Johannes R. Becher: Publizistik I, 1912–1938, Berlin 1977, S. 585, 587.

49

Aus dem Artikel Wilhelm Piecks,
Vorsitzender des ZK der KPD,
»Nicht nur Entrüstung, sondern Taten!«,
geschrieben am 24. November 1938,
veröffentlicht in der Zeitschrift
»Rundschau über Politik, Wirtschaft
und Arbeiterbewegung«
(Basel), 1938, Nr. 57, S. 1941/1942

Die neuerlich, gründlich vorbereiteten und durch besondere Grausamkeit gesteigerten Judenpogrome in Deutschland haben eine starke Alarmierung der rechtlich denkenden und normal empfindenden Menschen in der ganzen Welt hervorgerufen. Von einer Welle sittlicher Entrüstung getragen, hebt eine breite Protestbewegung gegen diese Barbarei an, die auch in der Stellungnahme des amerikanischen Präsidenten Roosevelt ihre Widerspiegelung findet. Diese Protestbewegung unterscheidet sich durch ihre Ausdehnung von früheren Protestaktionen gegen blutige Terrorakte und Kriegsprovokationen der Nazis. Aber gerade darum gilt es, Vorsorge zu treffen, daß sich nicht auch diese Bewegung nur in Entrüstung und Protesten erschöpft, sondern durch eine breite Erfassung und Vereinigung aller Antifaschisten und friedensgewillten Menschen zu einer wirklichen Kampffront gegen den Faschismus wird ...

Die Nazis wenden sich mit ihrem grausamen Terror gegen die jüdische Bevölkerung, weil sie unter den werktätigen Massen klassenmäßig der schwächere Teil ist, den sie entweder vollständig aus dem Land vertreiben oder physisch vernichten zu können glauben. Die besonders gegen die Juden gerichtete Rassentheorie von der Überlegenheit der arischen Rasse ist die der imperialistischen Raubpolitik angepaßte Ideologie und dient sowohl der Verhetzung der einzelnen Volksteile gegeneinander als auch der chauvinistischen Aufpeitschung des Volkes zum Krieg. Es ist aber nicht nur die jüdische Bevölkerung, die das Opfer des Terrors ist, es sind die werktätigen Massen insgesamt, gegen die sich diese Exzesse richten. Fast täglich erfolgen Verhaftungen über Verhaftungen wegen des Widerstandes der Werktätigen, besonders der Arbeiter, gegen das faschistische Regime ...

Die werktätigen Massen Deutschlands, vor allem die Arbeiterklasse und an ihrer Spitze die Kommunisten, lehnen nicht nur jede Hetze gegen die Juden ab, sondern fühlen sich mit der verfolgten jüdischen Bevölkerung solidarisch verbunden und sehen in deren Verteidigung die Wahrung ihrer eigenen Interessen. Dieser Kampf gegen die Barbarei des Faschismus ist aber nicht nur eine Angelegenheit der werktätigen Massen Deutschlands, sondern auch eine Angelegenheit der Völker der ganzen Welt. Es geht bei diesem Kampf um die Verteidigung der Unabhängigkeit, der Demokratie und der Freiheit der Völker, gegen die der Hitlerfaschismus seine Verbrechen unternimmt. Es ist der Kampf um die Erhaltung und Sicherung des Friedens gegenüber den faschistischen Kriegsprovokateuren. Es muß deshalb von allen Menschen, die über die grausamen Judenpogrome entrüstet sind und dagegen protestieren, die richtige Schlußfolgerung gezogen werden, daß eine wirkliche Abwehr dieser faschistischen Barbarei und dieser Kriegsprovokationen nur durch die Schaffung einer breiten internationalen Kampffront gegen den Faschismus, gegen seine Helfershelfer in den reaktionären

Teilen der Bourgeoisie der (bürgerlich)-demokratischen Länder und gegen seine trotzkistischen Agenten in der Arbeiterklasse herbeigeführt werden kann.

Wilhelm Pieck: Gesammelte Reden und Schriften, Bd. V, Berlin 1972, S. 565—568.

50
Aus der Niederschrift
über die britisch-französischen Verhandlungen
am 24. November 1938 in Paris
unter der Leitung der Ministerpräsidenten
Neville Chamberlain und Edouard Daladier

Herr Bonnet sagte, daß die französische Regierung mit der Frage der jüdischen Einwanderung nach Frankreich sehr befaßt sei, besonders seit den letzten deutschen Maßnahmen gegen die Juden. Die französische Regierung hätte den Eintritt einer gewissen Anzahl von Juden, obgleich sich bereits 40 000 Flüchtlinge in Frankreich befinden, nicht verboten. Die französische Praxis bestände darin, denjenigen Juden für Frankreich Visa zu erteilen, die sich in Todesgefahr befänden, falls sie in Deutschland blieben. Doch könnte Frankreich eine jüdische Einwanderung großen Ausmaßes nicht aushalten. Es sei bereits mit Fremden übersättigt, von denen sich bereits mehr als 3 Millionen im Lande befänden. Wie man es auf der Konferenz in Evian[1] übernommen habe, suchte die französische Regierung eine Lösung des Problems, doch seien noch nicht irgendwelche Mittel gefunden, durch die eine weitere beträchtliche Anzahl von Flüchtlingen auf französischem Territorium angesiedelt werden könnte ...

Die französische Regierung wäre gewillt, die Möglichkeit der Ansiedlung einer Anzahl von jüdischen Flüchtlingen in einer französischen Kolonie in Betracht zu ziehen, und sie könnte einigen mehr erlauben, von Deutschland nach Frankreich zu gelangen, aber eine solche Aktion auf ihrer Seite müßte von ähnlichen Anstrengungen auf Seiten Großbritanniens und der Vereinigten Staaten begleitet sein ...

Herr Chamberlain sagte, daß die Regierung Seiner

Majestät sehr bestrebt sei zu helfen und daß sie sich der Sache mit den Kolonien und Dominien bereits angenommen hätte. Eine der Hauptschwierigkeiten sei indessen die ernste Gefahr der Ausbreitung antisemitischer Gefühle in Großbritannien. Tatsächlich hätte eine Anzahl von Juden die Regierung seiner Majestät gebeten, nicht zu stark herauszustellen, was man unternähme. Zur Information der französischen Regierung möchte er sagen, daß gegenwärtig pro Woche 500 jüdische Einwanderer in das Vereinigte Königreich aufgenommen würden. Was die Dominiens anbeträfe, so würde Australien eine ganz beträchtliche Anzahl aufnehmen, nach und nach, und aus den bereits angegebenen Gründen ohne irgendwelche Publizität. Außerdem, und obgleich sie sich bewußt sei, daß die Einführung von einzelnen Flüchtlingen in ein besiedeltes Territorium leichter sei als in ein noch nicht besiedeltes, habe die Regierung Seiner Majestät in dieser Angelegenheit mit den Gouverneuren gewisser britischer Kolonien Verbindung aufgenommen ... Wahrscheinlich würde die vorgeschlagene Ansiedlung besonders in Tanganyika erfolgreich sein, das gewillt wäre, eine gewisse Anzahl von Juden aufzunehmen ... Es gäbe eine Möglichkeit der Ansiedlung anderswo in Afrika, aber das hoffnungsvollste Territorium scheine Britisch-Guayana zu sein, wo — anders als in vielen anderen britischen und französischen Kolonien — ein ausgedehntes Gebiet für die Ansiedlung von Weißen geeignet sei ... Falls jüdische Organisationen wünschten, das Land durch Vertreter zu inspizieren, so würde die Regierung Seiner Majestät ihnen jedwede Hilfe technischer Art geben, und, falls sie das Territorium für geeignet befänden, würde die Regierung Seiner Majestät, nominell Eigentümer bleibend, es ihnen zu Bedingungen anbieten, die sie nahezu nichts kosten würden. Allerdings müßten die jüdischen Organisationen das Geld aufbringen, das zur Entwicklung des Gebiets notwendig sei. Herr Chamberlain sagte, daß er hinsichtlich der Regierung der Vereinigten Staaten nicht auf Beistand rechne, aber es sei möglich, daß die Juden in Amerika helfen könnten. Der wichtigste Punkt sei indessen, daß die Juden sofortige Hilfe brauchten und diese durch koloniale Ansiedlung kaum gegeben werden könnte. Unter diesen Umständen wäre es nötig, die Durchführbarkeit eines großen Plans zu demonstrieren, und in der Zwischenzeit den jüdischen Emigranten eine zeitweilige Zuflucht zu gewähren, wo sie leben und von jüdischen Freunden unterstützt werden könnten, bis es möglich wäre, sie in den ausgewählten Gebieten anzusiedeln. Es gäbe noch einen anderen Punkt. Die französische Regierung wisse, daß die deutsche Regierung es den Juden so schwer wie irgend möglich mache, unter normalen Bedingungen zu emigrieren. Wenn die deutsche Regierung ihnen erlauben würde, auch nur einen Teil ihres Eigentums mitzunehmen, würde dies die Angelegenheit sehr erleichtern. Bisher wäre die deutsche Regierung gegenüber allen derartigen Vorschlägen taub geblieben, doch möchte er gern wissen, ob es der französischen Regierung nicht möglich sein würde, einen wohltuenden Einfluß im Hinblick auf eine Lockerung dieser Beschränkungen über Herrn von Ribbentrop auszuüben, wenn dieser nach Paris käme.[2] Herr Bonnet sagte, daß er die Vorschläge von Herrn Chamberlain bemerkenswert fände und daß die französische Regierung nur Befriedigung empfinden würde, wenn sie den von ihm beschriebenen Einfluß auf Herrn Ribbentrop ausüben könnte. Durch eine Besprechung, die Herr Ribbentrop mit den Botschaftern Frankreichs, Großbritanniens und der USA gehabt hätte, sei das deutsche Ziel klargestellt, die Juden loszuwerden und daß nach Ansicht (der deutschen Regierung) die Frage der Emigration so bald wie möglich entschieden werden müsse.

Documents of British Foreign Policy (1919–1939), Third Series, Volume III, 1938–1939, London 1950, S. 294 ff.

1   Die Konferenz tagte im Juli 1938 und etablierte ein internationales Komitee, das – mit dem Sitz in London – sich mit der Aufgabe befaßte, die verfolgten Juden in größerer Zahl aus Deutschland herauszubringen.

2   Der deutsche Außenminister Joachim von Ribbentrop besuchte Frankreich offiziell und unterzeichnete bei dieser Gelegenheit am 6. Dezember 1938 gemeinsam mit dem französischen Außenminister Georges Etienne Bonnet eine deutsch-

französische Nichtangriffserklärung, womit die britisch-französische Politik der Befriedung des Aggressors und seiner Ablenkung nach Osteuropa fortgesetzt wurde.

51

Aus dem Bericht und der Entschließung
einer Versammlung der Gruppe Stockholm
der SOPADE am 25. November 1938,
betr. die Haltung zum Antisemitismus

In jenen Tagen wurde die gesamte schwedische Öffentlichkeit von den barbarischen Vorgängen in Deutschland aufgewühlt, bis tief hinein in das bessere Bürgertum regte sich das Mitgefühl für die Verfolgten, von allen Seiten regnete es Proteste. Versammlungen und Demonstrationen verstärkten die Abscheu gegen jene Schandtaten in Deutschland, und die schwedische sozialdemokratische Partei führte mit Schneid und Wucht die Abwehr gegen den blutigen Antisemitismus in Deutschland. Da fiel dieser Schatten auf die sozialdemokratische Emigration. Wahrhaftig, im Gastland standen unsere Ehre und unser Ansehen in Gefahr.

Das Schlimmste konnte die Leitung der Gruppe abbiegen, indem sie sich sofort bei den Gen. von Österreich entschuldigte. Ferner schickten wir dem Chefredakteur Höglund ein Schreiben, worin wir unsere Sympathie zum Ausdruck brachten und die Proteste per Distance unterstützen, da wir leider nicht öffentlich hervortreten können. Und zum dritten übermittelten wir an die Stockholmer Parteileitung ein Schreiben, das einen offiziellen Protest gegen die Judenverfolgungen in Deutschland enthielt und das in einer großen Protestkundgebung der Partei dem Sinne nach bekanntgegeben wurde.

So war es der Leitung ziemlich schnell und gewissenhaft gelungen, den Zwischenfall zu isolieren. Die anfängliche Vermutung bei vielen Emigranten und schwedischen Bürgern, der Zwischenfall sei der allgemeine Stimmungsausdruck in der Sopade, wurde dadurch erst einmal beseitigt. Ferner fanden noch einige Besprechungen mit führenden Persönlichkeiten statt, die für weitere Aufklärung sorgten. Aber den besten Ausdruck mußte

die Sopade-Versammlung selbst geben. Darum ent-
schloß sich die Leitung zur Ausarbeitung einer Entschließung.

In der Sopade-Versammlung verlas der Vors. in der
Einleitung erst einmal die Schreiben, die in der Angelegenheit gewechselt wurden, im gleichen Zuge gab er die
Entschließung bekannt und stellte das gesamte Material
zur Aussprache. Das fast Unmögliche trat ein, Gen. San-
der beantragte den Übergang zur Tagesordnung. Dadurch wurde die Erregung noch erhöht. Ich nahm an,
Gen. Krebs würde als erster das Wort nehmen, eine Ent-
schuldigung aussprechen, damit wäre die Entschließung
überflüssig gewesen, aber die Sache auf einem solchen
kalten und undemokratischen Wege abzuwürgen, dazu
hatte die Mehrheit der Versammlung keine Lust.

Die Aussprache war dementsprechend leidenschaft-
lich. Gegen die Entschließung haben auch Gen. ge-
stimmt, die in der Aussprache das Verhalten Krebs'
schonungslos verurteilten, nur wollten sie eine allgemeine Verurteilung der antisemitischen Bestrebungen
und eine Erneuerung alter Parteitagsbeschlüsse. Die Leitung hatte sich bewußt auf den Vorfall beschränkt und
nur Tatsachen zum Anlaß genommen. Abgesehen von
einem kleinen Kreis (Bezeichnung ist sehr schwer) ist
die überwiegende Mehrheit der Gruppe treu den alten
sozialdemokratischen Grundsätzen. Die Versammlung
gelobte sich selbst, nun über die Sache nicht zu sprechen und alles zu tun, um künftig solche Vorfälle zu vermeiden ...

Entschließung der Sopade-Versammlung am 25. November 1938: Die Gruppe Stockholm der Sopade stellt
fest, daß ihr Mitglied Martin Krebs sich am 10. November 1938 in den Räumen des Komitees gegenüber dem
körperlich-wehrlosen österreichischen Genossen Haker
grob antisemitische Schmähungen, dernach auch einen
körperlichen Angriff, hat zuschulden kommen lassen.

Die Gruppe brandmarkt dieses unwürdige, ebenso
den Grundsätzen der Partei wie den Geboten der Solidarität der Emigranten widersprechende Verhalten.

Archiv der Arbeiterbewegung Stockholm, Bestand: SPD-
Schweden.

52
Aus der Polizeiverordnung vom 28. November 1938, betr. die Ermächtigung von Regierungspräsidenten u. a. faschistischen Staatsbeamten zur Einschränkung der Bewegungsfreiheit der Juden

§ 1 Die Regierungspräsidenten in Preußen (der Polizeipräsident von Berlin), Bayern und in den sudetendeutschen Gebieten, die ihnen gleichstehenden Behörden in den übrigen Ländern des Altreichs, die Landeshauptmänner (der Bürgermeister in Wien) im Lande Österreich und der Reichskommissar für das Saarland können Juden deutscher Staatsangehörigkeit und staatenlosen Juden räumliche und zeitliche Beschränkungen des Inhalts auferlegen, daß sie bestimmte Bezirke nicht betreten oder sich zu bestimmten Zeiten in der Öffentlichkeit nicht zeigen dürfen.

§ 2 Wer den Vorschriften des § 1 vorsätzlich oder fahrlässig zuwiderhandelt, wird mit Geldstrafe bis zu 150 Reichsmark oder mit Haft bis zu sechs Wochen bestraft.

RGBl., 1938, Teil I, S. 1676.

53
Anordnung Nr. 189/38 des Stabsleiters des Stellvertreters des Führers[1] (Martin Bormann) über die Ablieferung der Juden gestohlenen Gegenstände an die Geheime Staatspolizei

Bei den aus der Bevölkerung heraus entstandenen Aktionen gegen die Juden mußten hier und dort von Dienststellen der Partei und ihren Gliederungen zum Schutze deutschen Volksvermögens Wertgegenstände sichergestellt werden. Ich ordne an, daß solche Gegenstände gegen Quittung unverzüglich an die nächste Dienststelle der Geheimen Staatspolizei abgegeben werden.

Sollten den Dienststellen der Partei und ihrer Gliederungen im Zusammenhang mit dieser Aktion Diebstähle, die leider vorgekommen sein dürften, bekannt werden oder bekannt geworden sein, so ist unverzüglich der nächsten Polizeidienststelle Meldung zu machen. Ebenso ist bei Auftauchen verdächtiger Gegenstände zu verfahren.

Die Dienststellen der Polizei sind in Erfüllung ihrer Aufgaben weitgehendst zu unterstützen.

IMT, Bd. XXVII, S. 486.

1 Die Oberste SA-Führung ließ den Wortlaut der Anordnung, die nicht zur Veröffentlichung bestimmt war, den SA-Gruppen-führern am 29. November 1938 zur Kenntnis bringen.

54
Brief Thomas Manns an Professor Anna Jacobson
vom 30. November 1938,
vervielfältigt publiziert
im »Hunter College Bulletin, N. Y.«,
über die Reaktion in den USA auf den Pogrom

Ihre Nachrichten über die Situation im German Department des Hunter College haben mich tief beeindruckt, beeindruckt im positiven und negativen Sinn. Daß die Studentinnen des College durch die grauenhaften Ereignisse in Deutschland verstört und erbittert sind und irre gemacht werden an dem menschlichen Wert ihrer germanistischen Studien, daß sie angefangen haben, zu zweifeln, ob es Sinn habe, sich mit der Sprache und Kultur eines Volkes zu beschäftigen, in dessen Mitte, scheinbar ohne Widerstand, so verabscheuungswürdige Dinge vor sich gehen, das alles verstehe ich nur zu gut und, mehr als das, ich billige es, ja freue mich darüber. Es beweist eine moralische Empfindlichkeit und einen Haß auf das Böse, die nur zu selten geworden sind in einer in moralische Apathie fast schon versunkenen Welt. Es ehrt Amerika, daß dieser Abscheu und diese Empörung hier so stark und so allgemein verbreitet sind.

Es ist nun aber leider nicht das erste Mal, daß ich die Erfahrung mache, daß hierzulande die Neigung besteht, eine so gerechte Abneigung gegen das gegenwärtige deutsche Regime und seine Untaten ganz allgemein auf das Deutschtum selbst, die deutsche Kultur, die doch

damit garnichts zu tun hat, zu übertragen und auch von
ihr sich abzuwenden. Man sollte doch nicht vergessen,
daß große Teile des deutschen Volkes in notgedrungen
stummer und leidvoller Opposition gegen das nationalsozialistische Regime leben, und daß die Greuel und
Missetaten, die in den letzten Wochen dort geschahen,
keineswegs als Taten des Volkes betrachtet werden dürfen, so sehr das Regime sich bemüht, sie dafür auszuge-
ben. Diese Mordbrennereien und der Vernichtungsfeldzug gegen die Juden überhaupt ist das ausschließliche
Werk der Regierenden, und die Behauptung, es seien
spontane Reactionen des Volkes gegen den Pariser Un-
glücksfall gewesen, ist eine Propaganda-Lüge wie die
anderen auch. Es steht fest, daß die »bolschewisti-
schen« Taten über ganz Deutschland hin von der Regierung organisiert und von ihren Gangster-Banden ausgeführt worden sind. Das deutsche Publikum hat sie sich
mit entsetztem Kopfschütteln und stillem Grauen ansehen müssen wie so vieles Andere.
    Die kurzsichtige, schwache und verständnislose Poli-
tik der europäischen Westmächte hat dem nationalsozialistischen Regime eine Machtvollkommenheit zugeführt, die diese Menschen in die Lage setzt, ohne Furcht
und Rücksicht das Äußerste zu tun, was in ihren Wünschen und bösen Instinkten liegt. Was sie tun, bedeutet
gewiß einen Schandfleck auf die Ehre Deutschlands,
den die Zeit große Mühe haben wird erblassen zu lassen
und auszulöschen. Das hindert aber nicht, daß der deutsche Geist in der Vergangenheit große und bewunderns-
werte Dinge für die Menschheitskultur beigesteuert hat
und es, so hoffen wir alle, in Zukunft, wenn das unglück-
liche Volk sich seiner jetzigen Machthaber, die es schän-
den, entledigt haben wird, wieder tun wird. Die deutsche Kultur in Musik, Kunst und Geistesleben war und
bleibt eine der reichsten und bedeutendsten der Welt,
und kein Greuel unserer verstörten Gegenwart rechtfer-
tigt die Abwendung von dem Studium dieser Kultur und
von der Sprache, in der sie sich manifestiert hat. Ich
meine doch, die Studentinnen Ihres College sollten das
einsehen und sich sogar einen Ehrgeiz daraus machen,
diese Güter in Amerika zu pflegen und lebendig zu erhal-

ten, während einer dunklen Zeitspanne, in der sie in Deutschland selbst mit Füßen getreten werden. Es ist meiner Meinung nach eine moralisch respektable, aber doch kindliche und unreife Handlungsweise, dem Studium des Deutschen Valet zu sagen, weil unberufene Machthaber es für den Augenblick in öffentlichen Mißkredit bringen. Ich bitte Sie, diese meine bescheidene und wohlgemeinte Ansicht den Damen des German Department bekannt zu machen. Vielleicht kann sie dazu beitragen, hochherzige, aber doch einseitige und übereilte Entschlüsse zu verhindern.

Thomas Mann: Briefe 1937–1947, Berlin 1965, S. 69–71.

55

Proteste der
Kommunistischen Partei Deutschlands
gegen den Pogrom
55a
Erklärung des ZK der KPD
»Gegen die Schmach der Judenpogrome!«
vom November 1938

Getreu den stolzen Traditionen der deutschen Arbeiterbewegung, im wahren Geiste der größten deutschen Dichter und Denker, erhebt die Kommunistische Partei Deutschlands ihre Stimme gegen die Judenpogrome Hitlers, die vor der gesamten Menschheit die Ehre Deutschlands mit tiefster Schmach bedeckt haben.

Die Bestialitäten, die von kommandierten SS-Leuten in Zivil im Auftrage der Hitler, Himmler, Goebbels, Göring und Streicher an wehrlosen Juden begangen wurden, werden von allen anständigen Deutschen abgelehnt und verabscheut. Das deutsche Volk hat mit den Brandstiftern der Synagogen, mit den Plünderern jüdischer Geschäfte und Wohnungen, mit den Peinigern und Mördern von jüdischen Mitbürgern nichts gemein. Die Kommunistische Partei Deutschlands begrüßt die tapfere ehrenvolle Haltung von vielen Deutschen aus allen Volksschichten, die unter den schwierigsten Verhältnissen versucht haben, ihren Protest gegen die Judenpogrome zum Ausdruck zu bringen und den verfolgten Juden menschliche Hilfe zu leisten!

Es ist eine elende Lüge, daß die Pogrome ein »Ausbruch des Volkszornes« gewesen seien. Sie wurden von langer Hand vorbereitet, befohlen und organisiert allein von den nationalsozialistischen Führern. Sie sollten in Wirklichkeit dazu dienen, den wachsenden Volkszorn gegen die nationalsozialistische Diktatur, gegen die wahnwitzige Ausplünderung des ganzen deutschen Volkes zu Gunsten der Rüstungsmillionäre und der korrupten Nazibonzen abzulenken auf Unschuldige, mit dem Ruf: »Der Jud ist schuld!«

Es sind aber nicht die Juden, die den Arbeitern die Löhne niedrig halten, den Achtstundentag vernichtet haben, die unerhörteste Ausbeutung betreiben, die Männer aus ihren Familien reissen und zur Zwangsarbeit für den Krieg verschicken. Es sind die nationalsozialistischen Führer im Auftrage des Großkapitals, die diese brutalste Unterdrückung und Ausbeutung der deutschen Arbeiterklasse betreiben.

Es sind nicht die Juden, die den deutschen Mittelständler mit riesigen Steuern und Abgaben vernichten, den Handwerker der notwendigsten Rohstoffe berauben, den Bauern unter die Fuchtel einer unkontrollierten korrupten Bürokratie gezwungen haben. Es sind die nationalsozialistischen Führer als Agenten der Rüstungsgewinnler, die diese Politik durchführen.

Es sind nicht die Juden, die heute in Deutschland jedes freie Wort verfolgen, Hunderttausende in die Konzentrationslager und Zuchthäuser sperren, Zehntausende von Kommunisten, Sozialisten, Demokraten, Katholiken, Evangelischen, Menschen aus allen Ständen und Schichten unseres Volkes gefoltert und ermordet haben. All diese Verbrechen wurden und werden von den nationalsozialistischen Führern im Interesse einer hauchdünnen Oberschicht von Monopolkapitalisten vollbracht. An der Ausraubung der Juden bereichern sich nur diese Rüstungsmillionäre und braunen Bonzen.

Es sind nicht die Juden, die durch eine fortgesetzte Politik der Gewalt und der erpresserischen Drohungen gegenüber den andern Ländern den Frieden gefährden und Deutschland in einen neuen Weltkrieg treiben. Es sind die Krupp, Thyssen, Mannesmann, Flick usw., die alten imperialistischen Verderber Deutschlands, die Kriegsgewinnler vom letzten Weltkrieg, die Inflationsgewinnler in der Republik, die Rüstungsgewinnler von heute, in deren Auftrag Hitler bereit ist, das deutsche Volk wieder in einem Krieg hinzuopfern.

Immer in der Vergangenheit hat die Reaktion, wenn sie ein Volk aufs Schlimmste ausplünderte und die Erbitterung des Volkes fürchtete, sich der schmutzigen Mittel der Judenhetze und der Pogrome zum Zwecke der Ablenkung von den wahren Schuldigen am Volkselend bedient. So war es im Mittelalter. So war es unter dem russischen Zarismus. Schon vor 50 Jahren erhob der große deutsche Arbeiterführer August Bebel auf dem Kölner Parteitag der Sozialdemokratie seine Stimme gegen den Antisemitismus, der damals ein Mittel war, mit dem die Reaktion das Erwachen der deutschen Arbeiterbewegung zu hemmen versuchte. Lenin prangerte im zaristischen Rußland die Pogrome der Schwarzen Hundert als einen Teil des Bürgerkrieges der Herrschenden gegen die Werktätigen an. Stalin sagte im Jahre 1931: »Als konsequente Internationalisten sind die Kommunisten überzeugte und unversöhnliche Feinde des Antisemitismus.«

Es ist kein Zufall, daß in der Sowjetunion, dem Lande des Sozialismus und des wahren Völkerfriedens, wo jede Ausbeutung beseitigt wurde, es keinen Antisemitismus gibt. Es ist ebensowenig ein Zufall, daß in Hitlerdeutschland, wo das ganze Volk von einem Klüngel von Großkapitalisten beherrscht wird, der Antisemitismus und der Judenpogrom eines der wichtigsten Mittel der Nazidiktatur zur Verteidigung der Ausbeuterherrschaft und zur Inszenierung der Kriegshetze gegen andere Völker geworden ist.

Der Kampf gegen die Judenpogrome ist deshalb ein untrennbarer Teil des deutschen Freiheits- und Friedenskampfes gegen die nationalsozialistische Diktatur.

Daher muß dieser Kampf in vollster Solidarität mit unsern jüdischen Mitbürgern von all jenen geführt werden, die von der Hitlerdiktatur geknechtet werden! Denn die Brandstifter der Synagogen sind zugleich die nationalsozialistischen Reichstagsbrandstifter von gestern, sie sind die Organisatoren der Überfälle heute auf die Bischofspaläste in Wien und München, morgen auf die Kirchen und Klöster; sie sind die Zerstörer der deutschen Gewerkschaftshäuser und die Bombenwerfer auf wehrlose Frauen und Kinder in spanischen Städten.

Die Kommunistische Partei wendet sich an alle Kommunisten, Sozialisten, Demokraten, Katholiken und Protestanten, an alle anständigen und ehrbewußten Deutschen mit dem Appell: Helft unseren gequälten jüdischen Mitbürgern mit allen Mitteln! Isoliert mit einem Wall der eisigen Verachtung das Pogromistengesindel von unserem Volke! Klärt die Rückständigen und Irregeführten, besonders die mißbrauchten Jugendlichen, die durch die nationalsozialistischen Methoden zur Bestialität erzogen werden sollen, über den wahren Sinn der Judenhetze auf!

Die deutsche Arbeiterklasse steht an erster Stelle im Kampf gegen die Judenverfolgungen. Gegen die mittelalterliche barbarische Rassenhetze bekennt sie sich mit allen aufrechten Deutschen zum Worte Johann Gottlieb Fichtes von »der Gleichheit alles dessen, was Menschenantlitz trägt«.

Die Befreiung Deutschlands von der Schande der Judenpogrome wird zusammenfallen mit der Stunde der Befreiung des deutschen Volkes von der braunen Tyrannei. Deshalb müssen alle deutschen Menschen, die das Regiment der Unterdrückung und der Schändung des deutschen Namens ablehnen und es beseitigen wollen, ihren festen Zusammenhalt schaffen.

Solidarität im Mitgefühl und in der Hilfe für die jüdischen Volksgenossen, Solidarität mit den gehetzten Kommunisten und Sozialisten, Solidarität mit den bedrohten Katholiken, Solidarität aller untereinander im täglichen Kampf zur Unterhöhlung und zum Sturz des verhaßten Naziregimes durch die Schaffung der breitesten deutschen Volksfrontbewegung – das ist es, was die Stunde von allen friedens- und freiheitsliebenden Deutschen verlangt!

Einigkeit macht stark. Einigkeit wird den Sieg bringen! Nieder mit der Hitlerdiktatur! Es lebe der Friede! Es lebe die Freiheit!

Die Rote Fahne, Sonderausgabe gegen Hitlers Judenpogrome, Jg. 1938, Nr. 7.

55 b
Aus dem Flugblatt der Abschnittsleitung Saarpfalz der Kommunistischen Partei Deutschlands »Das deutsche Volk klagt an!« (November 1938)[1]

Ganz Deutschland und besonders die Saarbevölkerung hat in diesen Tagen das Unmenschlichste, das Grauenhafteste, das bis jetzt das Hitlersystem durch seinen Terror an wehrlosen Menschen vollführte, erleben müssen. In allen Dörfern und Städten der Saar, wo es eine jüdische Bevölkerung gibt[2], wurde die Bevölkerung mitten in der Nacht erschreckt durch das Rasen von Autos, durch das Stöhnen und Weinen von Menschen, die von den Hunnenhorden der SA und SS terrorisiert wurden, und vielerorts durch Feuerbrünste. ...

Angesichts dieses kaum zu verstehenden Terrors und dieser Brutalität, fragt sich das Saarvolk, wie ist so was möglich, wem nutzt so was? ...

Um die Kriegspolitik [fortsetzen zu können], die Deutschland wirtschaftlich an den Rand des Ruins führt, muß die Kriegspartei neue Milliarden aufbringen, deshalb auch der Raub und Diebstahl an Juden. Um seine Kriegspolitik weiter zu führen, muß das Nazisystem dem Volke neue Opfer auferlegen, deshalb zur Ablenkung die Judenpogrome. ...

Das schaffende Saarvolk weiß es, es kennt die Tücken des Hitlerfaschismus schon zu genau. Es fragt sich, wem nützen diese Plünderungen. Das Volk weiß es: diese gestohlenen Milliarden, seien sie von Juden, Gewerkschaften, seien sie gestohlen den Spar- oder Versicherungskassen oder sogar der Kirche, sie nützen nur den Kriegszielen, also dem Tod des Volkes, dem Ruin Deutschlands. Deshalb lehnt das Volk solche Plünderungen ab. Das Volk weiß, daß die Nazipartei nicht halt macht bei den Juden, schon schielen die Augen der Kriegsgewinnler auf das Vermögen der Kirche und besonders der katholischen Kirche. ...

Darum geht diese Verfolgung der Juden auch alle an. Deshalb klagt das deutsche Volk das Hitlersystem an, es protestiert gegen den viehischen Terror an wehrlosen Menschen, mögen sie nun Christen, Juden oder Andersdenkende sein.

Das deutsche Volk klagt die Nazipartei an, sich an wehrlosen Menschen, Männern, Greisen, Frauen und Kindern vergangen zu haben.

Das Volk klagt die Nazis an, die Schuldigen zu sein an den vielen Selbstmorden der Juden, die es nicht als Selbstmorde, sondern als Morde der Nazipartei an wehrlosen Menschen betrachtet.

Wir klagen die Hitlerpartei an, der Schuldige zu sein an den Hunderten Verhaftungen und Folterungen an Saarländern.

Wir klagen Hitler und Bürckel[3] an, die Schuldigen zu sein an den viehischen Morden, begangen an dem Sozialdemokraten Seel[4] aus Gersweiler, dem Kommunisten Löhr, Adam aus Heiligenwald[5], dem Katholiken Klosen, André aus Lauterbach[6], den Juden Herz und Cohn aus Saarbrücken. Sie sind schuld an den vielen Toten unter den Befestigungsarbeitern.[7] ...

Dieses Morden an unschuldigen und wehrlosen Menschen muß aufhören. Das ist der Wille aller anständigen und friedliebenden Deutschen, wofür das Volk zu kämpfen weiß. ...

Heraus mit allen Gefangenen, die wegen ihrer politischen oder religiösen Gesinnung in Gefängnissen, Gestapohöllen und Konzentrationslagern schmachten.

Heraus mit dem zum Tode verurteilten Peter Kasper aus Krettnich (Hochwald).[8] Heraus mit Paul Eisenschneider aus Fischbach-Weierbach, der wegen seiner Gesinnung (wie Peter Kasper) zu lebenslänglich verurteilt wurde.[9] ...

Darum Saarvolk! Kämpfe gegen den Terror, dann kämpfst Du auch gegen den Krieg! Kämpfst Du gegen den Krieg und für den Frieden, dann kämpfst Du gegen die Verfolgung aller! ...

Kämpfe einig und geschlossen gegen das braune System der Schmach bis zum Sturz Hitlers, für eine bessere Zukunft in einem freien, starken, blühenden, demokratischen Deutschland!

Privatarchiv Luitwin Bies, Völklingen (BRD).

1 Sitz der Abschnittsleitung der KPD war der grenznahe, auf französischem Staatsgebiet gelegene Ort Forbach, von dem aus Flugblätter und andere Druckerzeugnisse illegal in das Saarland gebracht wurden. Das Flugblatt, das für den Zusammenschluß aller Nazigegner warb, erhielt die Unterschrift »Anhänger der saarländischen Volksfront«.

2 Der Umstand, daß das Saargebiet erst 1935 in den faschistischen Staat einverleibt wurde, hatte Juden Zeit gelassen, sich auf ihre Flucht vorzubereiten. So war der Rückgang der jüdischen Bevölkerung in diesem Reichsteil stärker als in allen anderen Gebieten des faschistischen Staates. Jedoch befanden sich weiter vor allem ärmere Juden im Saarland.

3 Bürckel, Josef (1894–1944), Gauleiter und Reichsstatthalter im Saarland

4 Seel, Johann, 1885 geboren in Malstatt-Burbach bei Saarbrücken, in faschistischer Untersuchungshaft umgebracht am 20. März 1938.

5 Adam Löhr (1899–1938, ermordet im KZ Ravensbrück)

6 eigentlich: Andreas Closen, katholischer Bergarbeiter und Nazigegner, 1938 in Gestapo-Haft ermordet

7 Gemeint sind die bei schweren Arbeitsunfällen getöteten Arbeiter, die zum Bau des sogenannten Westwalls, einer Befestigungslinie entlang der französischen Grenze, eingesetzt waren.

8 Peter Kasper, 1907 geboren in Krettnich (Saar), wohnhaft in Aalen, Mitglied der KPD, Widerstandskämpfer, 1938 zum Tode verurteilt, 1939 in Berlin-Plötzensee hingerichtet.

9 Paul Eisenschneider, geboren 1901, Kommunist, verhaftet 1936, 1937 zu lebenslänglicher Zuchthaushaft verurteilt, 1944 im KZ Mauthausen umgekommen.

56
Aus einem Telegramm
von 46 Schriftstellern und Journalisten[1]
der USA an Präsident Franklin D. Roosevelt
mit der Aufforderung zum Abbruch
der Wirtschaftsbeziehungen
zum faschistischen Deutschland
(November 1938)

Wir fühlen, daß wir kein Recht besitzen, noch länger zu schweigen, wir fühlen, daß das amerikanische Volk und die Regierung der USA kein Recht haben, zu schweigen. Vor 35 Jahren hat ein entsetztes Amerika sich erhoben, um gegen die Pogrome in Kishinov im zaristischen Rußland zu protestieren. Gott helfe uns, wenn wir gegenüber menschlichem Leid so teilnahmslos geworden sind, daß wir uns jetzt nicht erheben können, um gegen die Pogrome in Nazideutschland zu protestieren. Wir empfinden, daß es für das amerikanische Volk tief unmoralisch ist, weiterhin wirtschaftliche Beziehungen mit einem Land zu haben, das erwiesenermaßen Massenmörder braucht, um seine wirtschaftlichen Probleme zu lösen.

Arthur D. Morse: While Six Millions Died, New York 1968, S. 45.

1   Zu den Unterzeichnern des Telegramms gehörten unter anderen Eugene O'Neill, Robert Sherwood, John Steinbeck, Pearl S. Buck, John Gunther, Edna Ferber, Sidney Howard, Lillian Hellmann, George S. Kaufmann, Robinson, Jeffers, Van Wyck Brooks, Marc Connelly, Clifford Odets, Thornton Wilder, Dorothy Thompson.

57
Aus den Ansprachen
sowjetischer Wissenschaftler und Künstler
während der Protest-Versammlungen,
die Ende November 1938
in mehreren Großstädten der UdSSR stattfanden[1]

W. A. Wesnin[2]: Die düsteren Jahre der zaristischen Selbstherrschaft mit ihren Judenpogromen verblassen vor dem, was in Deutschland vorgeht. Die Schwarzen

Hundert der zaristischen Ochrana nehmen sich wie unerfahrene Knaben neben den faschistischen Banditen aus, die in der Grausamkeit und im Zynismus eine ganz ungeheuerliche Erfindungskunst erreicht haben. Die Greuel der Bartholomäusnacht, die Schrecken der mittelalterlichen Inquisition erscheinen gering neben dem grauenvollen Alpdruck, in den der Faschismus Deutschland gestürzt hat.

Die sogenannte »Rassentheorie« ist wissenschaftlich betrachtet nur Albernheit und Ignoranz. Diese, mit Verlaub zu sagen, »Theorie« bezeugt lediglich die geistige Minderwertigkeit ihrer Autoren, die sich als »höhere Rasse« dünken. Das deutsche Volk in seiner großen Masse ist aufs tiefste empört über die Pogrome und trägt an dem, was die organisierten Banden der Faschisten treiben, durchaus keine Schuld.

S. M. Michoels[3]: Das jüdische Volk, wie die ganze Welt, kennt sehr wohl Deutschland und das große deutsche Volk, das Deutschland Kants und Hegels, Goethes und Heines. Mit diesem Deutschland sind die Juden eng verbunden, verknüpft durch die enge Verwandtschaft des Genius der beiden Völker, durch große Männer der Wissenschaft und Kunst, Medizin, Physik und Chemie, die dem deutschen Volk Weltruf gebracht haben, durch große Tonkünstler wie Mendelssohn und Meyerbeer und durch den größten Genius der Völker – Karl Marx. Die letzten Judenpogrome, sie zeigen den Todeskampf des Faschismus an.

L. Soboljew[4]: Ist es möglich, das, was jetzt im Herzen Europas, im zweiten Viertel des zwanzigsten Jahrhunderts vor sich geht, sich greifbar, faßbar vorzustellen? Es gehört eine ungeheure Anstrengung dazu, es sich auch nur vorstellbar zu machen.

Die ungeheure Anstrengung ist nötig, um Begriffe, die bereits zur unbestreitbaren Gewohnheit geworden waren, beiseite zu schieben – Kultur, Recht, zwanzigstes Jahrhundert. Doch auch dann, wenn man sein Gehirn derart mit Gewalt auf das Niveau eines Menschen des Mittelalters hinabdrückt, kann man sich das, was jetzt in den Städten Deutschlands vorgeht, doch noch nicht in seinem vollen schrecklichen Umfange vorstellen. ...

»Alles ist erlaubt!« Darin liegt für den jungen Faschisten eine gewisse Süße. Der Kannibale reckt sich in ihm auf. »Alles ist erlaubt!« Man darf in ein fremdes Haus einbrechen, darf raufen und stehlen, darf die Jüdinnen vergewaltigen, man darf alles tun, was dir die entfesselte Bestie zuflüstert ...

Der junge Faschist verwandelt sich in das, was der Faschismus braucht: einen sinnlosen Kannibalen, der es jedoch versteht, eine Maschine und eine Schußwaffe zu bedienen. So werden die Kader einer Armee geschaffen, die zur Knechtung der eigenen und fremden Völker erzogen wird.

B. Lawrenew[5]: Die Ereignisse im faschistischen Deutschland haben das Bewußtsein der ganzen kulturellen Welt erschüttert. Nach der frechen und offenen Intervention in Spanien, nach der zynischen, räuberischen Annexion der Tschechoslowakei gedachte sich der deutsche Faschismus durch Barbarei und Exzesse neue Lorbeeren zu erwerben. Das, was jetzt in Deutschland vor sich geht, wirft dieses ehemals fortschrittliche Kulturland in die finsteren Zeiten der mittelalterlichen Reaktion zurück.

Der Pogrom, S. 124ff.

1   u. a. in Moskau, Leningrad, Tbilissi, Kiew.
2   Wesnin, Wiktor Alexandrowitsch (1882–1950), Präsident der Akademie der Architektur der UdSSR
3   Michoels, Salomon Michailowitsch (1890–1948), Schauspieler und Regisseur
4   Soboljew, Leonid Sergejewitsch (1898–1971), Schriftsteller
5   Lawrenew, Boris Andrejewitsch (1891–1959), Schriftsteller

58
Aus der eidesstattlichen Erklärung von Friedrich (Fred) Adler, New York, über die Umstände der Enteignung seiner Firma im November 1938

Wir, mein Bruder und ich, die Eigentümer,[1] wurden von den Nazis unter stärksten wirtschaftlichen und politischen Druck gesetzt. Dieser Druck nahm an Stärke zu und gipfelte in wiederholten Drohungen, uns umzubringen oder festzunehmen, wenn wir nicht nachgäben. Besonders nach der Reichskristallnacht vom 9. November 1938 wurde dieser Druck unerträglich, und wir gaben unsere Versuche auf, entweder nicht zu verkaufen oder aber für unsere Firma eine Summe zu erzielen, die ihrem wahren Wert auch nur entfernt entsprochen hätte. Am 9. November 1938 verhaftete man mich und brachte mich in das berüchtigte Lager Buchenwald. Dort erhielt ich offiziell Nachricht von einem Vertreter der oben erwähnten Handelsabteilung der Frankfurter NSDAP, daß ich nicht damit rechnen könnte, jemals aus Buchenwald entlassen zu werden, wenn mein Bruder und ich nicht die Vorschläge des beiliegenden Vertrages akzeptierten. Ich nahm also an und wurde am 23. November 1938 entlassen, und der beigefügte Vertrag[2] trat endgültig am 17. Dezember 1938 in Kraft.

O. M. G. U. S. II, S. 81/82.

1   (Leder- und Schuhwaren) Firma I. & C. A. Schneider, Frankfurt (Main); Jahresumsatz 1938 20 Mill. RM, Reingewinn 2,5 Mill. RM.

2   Diesem Vertrag zufolge wurde für die Firma ein Verkaufspreis in Höhe von 3 Prozent des Nettowertes vorgesehen. Organisator der »Arisierung« war die Dresdner Bank.

59
Aus dem Briefwechsel
des NSDAP-Mitglieds Arnold von Engelbrechten[1],
Bremen-Oberneuland,
mit dem Kreisleiter der NSDAP Bremen,
Bernhard Blanke,
vom November/Dezember 1938

*Brief Engelbrechtens an Blanke
vom 16. November 1938*

Die Zeitung berichtete, daß in der Nacht vom Mittwoch auf Donnerstag (nach Mitternacht) sich in der Stadt Gruppen gebildet hätten und zu Vergeltungsmaßnahmen geschritten wären. Gleichzeitig wird dieser Vorgang als »spontanes Luftmachen der Volkswut« bezeichnet. Da jeder Mensch weiß, daß das Volk zu den angegebenen Stunden schläft, so war von vornherein ein Widerspruch gegeben ...

Die Empörung meiner Frau entstand nun ganz folgerichtig aus den weiteren Zeitungsmeldungen, in denen immer wieder betont wurde, daß es sich um spontane, also freiwillige, ohne äußeres Zutun erfolgte Vorgänge gehandelt habe, und daß die Dinge aus dem Volk, also aus dem Willen der schicksalhaft verbundenen Deutschen Menschen entsprungen seien. Ihre Kenntnis der inneren Verhältnisse, Herr Kreisleiter, wird viel weitreichender sein als die meinige und der großen Masse der Volksgenossen, und ich kann es mir deshalb ersparen, eine weitere Beleuchtung der Vorgänge von der Seite des Ursprunges vorzunehmen.

Die Zeitungen sprachen also von dem Volke, während in Wirklichkeit nur ein ganz bestimmter Ausschnitt in Frage kam. Was dieser Ausschnitt vollführt hat, war einer Volksgemeinschaft, wie der unsrigen, DEUTSCHEN, nicht würdig und nicht unserem Wesen entsprechend, denn wir sind von Grund aus ein Volk der Ordnung, der Disziplin, der inneren und äußeren Beherrschtheit, selbst in Zeiten höchster politischer Spannungen. Wenn nun diesem Volke in seiner Gesamtheit unwürdige Handlungen öffentlich zugeschrieben werden, ihm die Verantwortung für Dinge aufgebürdet wird, die ihm völlig wesensfremd sind, und an denen nur ein ganz verschwindend kleiner Ausschnitt beteiligt war, muß sich dann nicht das Ehrgefühl eines jeden rechtschaffenden Menschen empören? Müßte man nicht einem Volk Charakterlosigkeit und Degeneration vorwerfen, wenn es für solche Dinge kein Ehrempfinden mehr hätte? Und die Ehre einer DEUTSCHEN Frau und Mutter von fünf DEUTSCHEN Kindern ist auf das tiefste getroffen, wenn ihrem Volk, für dessen Erhaltung sie letzten Endes nur lebt, unehrenhafte Handlungen in die Schuhe geschoben werden. Mit Recht kann eine Deutsche Frau erwarten, daß die tatsächlich beteiligten Volkskreise mutig und offen die Verantwortung für ihre Handlungen auf sich nehmen. Wo bleibt das Gefühl für Verantwortung, Herr Kreisleiter, wenn man für seine Taten und deren Folgen nicht mehr selbst einzutreten braucht? Das gesamte Führerprinzip wird ins Wanken gebracht, und seine Richtigkeit müßte in Zweifel gezogen werden, wenn es wieder Möglichkeiten der Abwälzung von Verantwortung gäbe!

Weiterer Brief Engelbrechtens an Blanke
vom 11. Dezember 1938

In den Kampfzeiten und auch nach der Machtübernahme ist immer wieder mit Recht betont worden, daß die Organisationen der Partei für sich den alleinigen Ruhm der Eroberung Deutschlands in Anspruch nehmen. Warum treten diejenigen Gruppen, die in der Nacht vom 9. zum 10. November handelnd aufgetreten sind, nicht auch jetzt offen hervor und beanspruchen ebenfalls den Ruhm dieser Taten für sich? Das erfolgte Abschieben der Verantwortung auf die breite Masse der Bevölkerung ist in höchstem Maße unnationalsozialistisch, und über diesen Punkt würde ich mich gern mit Ihnen unterhalten.

Die Berichterstattung Ihrer Ortsgruppenleiter wird Ihnen in der Zwischenzeit übermittelt haben, daß das Deutsche Volk, also die von Ihnen in ihrer Gesamtheit betreuten Deutschen Volksgenossen tief gekränkt sind über die Unterstellung in den Zeitungen, es habe während der fraglichen Nacht in spontanem Luftmachen seiner Wut gehandelt, und auch hierüber sollte man sich unter Parteigenossen ruhig unterhalten, denn die Parteizugehörigkeit legt einem ja kein Schweigeverbot auf, sondern macht einen zum mitverantwortlichen Träger von Staat und nationalsozialistischem Gedankengut.

Antwort Blankes an Engelbrechten
vom 14. Dezember 1938

Im Besitze Ihres Schreibens bedaure ich außerordentlich, daß Sie auch den Artikel im »Schwarzen Korps«[2] nicht verstanden haben. Ein Parteigenosse muß mindestens soviel Disziplin haben, daß er nicht in den Fehler der Mißvergnügten verfällt und über alles redet. Wenn irgend etwas nicht ganz richtig gelaufen sein sollte, dann wissen das die verantwortlichen Männer selbst am besten und werden etwaige Entgleisungen auch gehörig ahnden. Die Judenaktion ist eine interne Angelegenheit unserer obersten Führung und nicht die Angelegenheit eines jeden Parteigenossen. Wie Ihre Gattin dazu kommt, ihre Pflicht gegenüber der Eintopfveranstaltung[3] einfach zu verletzen, nur weil Ihnen oder Ihrer Gattin irgendeine Sache persönlich nicht schmackhaft ist, erscheint unverständlich. Unsere Partei ist keine Partei im landläufigen Sinne aus der Systemzeit[4], sondern ein Orden disziplinierter Männer und Frauen, die eben diese Disziplin zu halten wissen und nicht die Hand dazu bieten, daß die Partei oder einzelne Teile zu Debattierclubs herabsinken. Die Judenaktion hatte bestimmt mit der Eintopfveranstaltung gar nichts zu tun. Es geht auch aus dem Artikel im »Schwarzen Korps« ganz klar hervor, daß sich über gewisse Dinge eben nicht debattieren läßt.

Entscheidend dafür, ob man Nationalsozialist ist oder nicht, ist nicht nur die Zahlung von Beiträgen, die ja an und für sich selbstverständlich erforderlich ist, Beweis für die nationalsozialistische Einstellung ist auch nicht nur, daß man seinen geldlichen Verpflichtungen nach Maßgabe des eigenen Einkommens und Vermögens nachkommt, sondern die ganze Haltung. Bevor man derartige Briefe schreibt, sollte man vorher zum Hoheitsträger[5] kommen, wenn man etwas nicht versteht. Die Beurteilung darüber, wieweit man Nationalsozialist ist, steht den zuständigen Hoheitsträgern, und zwar Blockleiter, Ortsgruppenleiter, Kreisleiter, zu, die dauernd in ihrem Amt am Platze tätig und daher in der Lage sind, die Beurteilung abzugeben. Gelegentliche Besucher, die Unterhaltungen pflegen, sind in einem Dienstbetrieb der Partei nicht vorgesehen; vom Reichsleiter bis abwärts zum Blockleiter gibt es auch ganz einheitliche und klare Bestimmungen.

Wenn man Nationalsozialist ist, ist man es ganz. Nationalsozialisten mit gelegentlichen Vorbehalten, indem man dieses oder jenes anerkennt, nach persönlichem Dafürhalten das eine oder das andere aber ablehnt, gibt es nicht. Die Taktik, die auch unsere Partei immer wieder haben muß, wird von oben bestimmt und von uns in voller Disziplin durchgeführt.

Ich darf Sie zum Schluß an das Wort des Stellvertreters des Führers[6] erinnern: »Der Führer hat immer recht.«[7]

Staatsarchiv Bremen, Bestand Kreisleitung des NSDAP, Nr. 7.0166 – 1972/3/3 – 1978/1-11.

1   E. war Mitglied der NSDAP seit 1. Mai 1933 und förderte die Nazipartei auf vielfältige Weise finanziell und materiell. Er erklärte seinem NSDAP-Ortsgruppenleiter am 15. November 1938 sinngemäß, daß es »für jeden Deutschen selbstverständlich« sei, »daß der Kampf gegen die Juden restlos zu Ende geführt werden muß«. Sein Protest richtete sich gegen die Form des Vorgehens.

2   Zeitschrift der SS

3   Frau Engelbrechten hatte ihre Ablehnung der Methoden, die am 9./10. November angewendet worden waren und zu massenhafter Zerstörung von Waren führten, offenbar am folgenden Eintopfsonntag anläßlich der üblichen Sammlungen geäußert.

4   diffamierender Ausdruck für die Weimarer Republik

5   faschistischer Sammelbegriff für Führer innerhalb der NSDAP-Organisationen

6   Rudolf Heß

7   In einem Antwortbrief vom 6. Januar 1939 beharrte E. auf seinem Standpunkt und argumentierte dabei auch mit »einem Wort des Führers«.

60
Aus der Verordnung
des Polizeipräsidenten von Berlin, Graf von Helldorf,
vom 3. Dezember 1938
über die Einschränkung des Wohnrechts
und der Bewegungsfreiheit der Juden
innerhalb Berlins

Mit Wirkung vom 1. Juli 1939 werden Erlaubnisscheine für Bewohner innerhalb der Bannbezirke nicht mehr erteilt.

§ 3. Juden deutscher Staatsangehörigkeit und staatenlose Juden, die von einer innerhalb des Bannbezirks gelegenen Dienststelle vorgeladen werden, bedürfen eines vom Polizeirevier des Wohnbezirkes ausgestellten Erlaubnisscheines von zwölfstündiger Gültigkeit.

§ 4. Der Judenbann erstreckt sich auf

1. sämtliche Theater, Kinos, Kabaretts, öffentliche Konzert- und Vortragsräume, Museen, Rummelplätze, die Ausstellungshallen am Messedamm einschl. Ausstellungsgelände und Funkturm, die Deutschlandhalle und den Sportpalast, das Reichssportfeld, sämtliche Sportplätze einschließlich der Eisbahnen;

2. sämtliche öffentliche und private Badeanstalten und Hallenbäder einschließlich Freibäder;

3. die Wilhelmstraße von der Leipziger Straße bis Unter den Linden einschließlich Wilhelmplatz;

4. die Roßstraße von der Hermann-Göring-Straße bis zur Wilhelmstraße;

5. das Reichsehrenmal mit der nördlichen Gehbahn Unter den Linden von der Universität bis zum Zeughaus.

Völkischer Beobachter, 4. Dezember 1938.

61
Aus der Anordnung des Reichsführers SS
und Chefs der Deutschen Polizei, Heinrich Himmler,
vom 3. Dezember 1938
über die Entziehung der Führerscheine
und Zulassungspapiere
für Kraftfahrzeuge von Juden

1. Aus allgemeinen sicherheitspolizeilichen Gründen und zum Schutze der Allgemeinheit untersage ich mit sofortiger Wirkung sämtlichen in Deutschland wohnenden Juden deutscher Staatsangehörigkeit das Führen von Kraftfahrzeugen aller Art und entziehe ihnen hiermit die Fahrerlaubnis.

2. Den in Deutschland wohnenden Juden deutscher Staatsangehörigkeit ist das Halten von Personenkraftwagen und Krafträdern (mit und ohne Beiwagen) verboten. Für Lastkraftfahrzeuge bleibt weitere Anordnung vorbehalten.

3. Die in Deutschland wohnenden Juden deutscher Staatsangehörigkeit haben die Führerscheine aller Klas-

sen sowie die Kraftfahrzeugscheine für Personenkraftwagen und Krafträder unverzüglich, spätestens bis zum 31. Dezember 1938, bei den zuständigen Polizeirevieren oder behördlichen Zulassungsstellen abzuliefern. Die amtlichen Kennzeichen sind mit den Zulassungsscheinen zur Entstempelung vorzulegen.

Völkischer Beobachter, 4. Dezember 1938.

62
Aus dem Monatsbericht
des Regierungspräsidenten
von Niederbayern und der Oberpfalz
vom 8. Dezember 1938
über die Reaktion der Bevölkerung
auf den Pogrom

Die jüdische Mordtat an dem deutschen Gesandtschaftsrat in Paris löste in allen Kreisen der Bevölkerung helle Empörung aus; allgemein wurde ein Einschreiten der Reichsregierung erwartet. Die gegen das Judentum gerichteten gesetzlichen Maßnahmen fanden deshalb vollstes Verständnis. Um so weniger Verständnis brachte der Großteil der Bevölkerung für die Art der Durchführung der spontanen Aktion gegen die Juden auf; sie wurde vielmehr bis weit in Parteikreise hinein verurteilt. In der Zerstörung von Schaufenstern, von Ladeninhalten und Wohnungseinrichtungen sah man eine unnötige Vernichtung von Werten, die letzten Endes dem deutschen Volksvermögen verloren gingen und die in krassem Gegensatz stehe zu den Zielen des Vierjahresplans, insbesondere auch zu den gerade jetzt durchgeführten Altmaterialsammlungen. Auch die Befürchtung wurde laut, daß bei den Massen auf solche Weise der Trieb zum Zerstören wieder geweckt werden könnte. Außerdem ließen die Vorkommnisse unnötigerweise in Stadt und Land Mitleid mit den Juden aufkommen.

Bayern in der NS-Zeit. Soziale Lage und politisches Verhalten der Bevölkerung im Spiegel vertraulicher Berichte, München/Wien 1977, S. 473.

63
Aus dem Bericht
des Regierungspräsidenten von Unterfranken
vom 9. Dezember 1938
über Reaktionen auf den Pogrom
und seine Folgen

Die Sühnemaßnahmen und insbesondere die Auferlegung einer Geldbuße werden allgemein gebilligt. Von einem Großteil, insbesondere der ländlichen Bevölkerung, wird bedauert, daß bei den Aktionen Werte vernichtet wurden, die mit Rücksicht auf unsere Rohstofflage zweckmäßigerweise der Allgemeinheit hätten nutzbar gemacht werden können. Beanstandet wurde ferner, daß die Aktion auch noch nach dem Erlaß des Herrn Reichspropagandaministers, der die sofortige Einstellung anordnete, fortgesetzt wurde und insbesondere auch Lebensmittel mutwillig vernichtet worden seien. So wurden in Oberelsbach, Bezirksamt Bad Neustadt a. d. Saale, 3½ Ztr. Mehl in den Mist und eine Kiste Vorratseier auf die Straße geworfen. Nach dem Berichte eines Bezirksamts haben bei der darauffolgenden Eintopfsammlung[1] viele Volksgenossen erklärt, nachdem so viele Vermögenswerte unnütz vernichtet worden seien, könnten sie sich nicht entschließen, etwas zur Sammlung zu geben. Befürchtungen in bezug auf die Gebefreudigkeit zum Winterhilfswerk werden auch von anderen Bezirksämtern geäußert. Von dem Bezirksamt Bad Neustadt a. d. Saale wird darauf hingewiesen, daß die wenig wohlhabenden Juden in Oberelsbach durch die Vernichtungsaktion und durch den Wegfall jeder Verdienstmöglichkeit bereits in eine solche Notlage geraten seien, daß die Ortsfürsorge zum wiederholten Eingreifen gezwungen gewesen sei.

Bayern in der NS-Zeit. Soziale Lage und politisches Verhalten der Bevölkerung im Spiegel vertraulicher Berichte, München/Wien 1977, S. 475.

1 An den sogenannten Eintopfsonntagen wurden von Beauftragten der Nazi-Organisationen Geldspenden und Lebensmittel gesammelt, die »ärmeren Volksgenossen« übergeben wurden.

64

Aus einer Resolution des Nationalkomitees
der Kommunistischen Partei der USA,
veröffentlicht am 13. Dezember 1938

Das Schicksal von 750 000 Juden, die mit der Ausrottung
bedroht sind, sowie das einer großen Zahl von Katholiken, Protestanten und anderen Antifaschisten in Europa
erfordert sofortige Aktion seitens der demokratischen
Länder und des demokratischen Volkes. Das Nationalkomitee der Kommunistischen Partei protestiert energisch
gegen die Bestrebungen Hitlers, ein ganzes Volk wie das
Vieh einzupferchen, um es zu enteignen, in Ghettos zu
treiben, aus ihm Parias in der deutschen Gesellschaft zu
machen und als Sündenbock für die Verbrechen des Faschismus zu benützen.

Das Schicksal des verfolgten Volkes von Deutschland
ist um so schrecklicher angesichts des Beschlusses der
Naziregierung, daß jene, die ein Asyl in der Fremde suchen, gezwungen werden, Deutschland fast ohne jeden
Pfennig zu verlassen. Dies ist ein Akt der Verzweiflung
des degenerierten Faschismus, der sich ungeheuren
Schwierigkeiten im Innern gegenübersieht und der
hofft, imstande zu sein, die Aufmerksamkeit des Volkes
von dem Hunger, der Unterdrückung und dem Krieg, der
ihm vom deutschen Faschismus aufgezwungen wird, abzulenken, und der seine Geldschränke auf Kosten einer
ganzen nationalen Gruppe füllen will.

Wir schließen uns dem amerikanischen Volk an, das
die Aktion des Präsidenten Roosevelt billigt, der wiederholt der Entrüstung unseres Volkes gegen Hitler Ausdruck verliehen hat und mithilft, für die Hunderttausende verfolgter Flüchtlinge ein Asyl zu finden.

Das Nationalkomitee der Kommunistischen Partei verlangt entschieden ein sofortiges Verbot jeden Handels
mit der Hitlerregierung, aller Anleihen und Kredite für
sie. Gleicherweise fordern wir, daß der Kongreß der Vereinigten Staaten sofortige Maßnahmen gegen die Nazis
und anderen faschistischen Organisationen in diesem
Lande ergreift und ihre Auflösung und ihr Verbot beschließt. Wir fordern auch die Erlassung von Gesetzen,

die jede Propaganda und Hetze gegen die Juden, Neger, Katholiken usw. verbietet und mit Strafe belegt.

Der Pogrom, S. 87 f.

65
Aus einem Runderlaß der Gestapo
vom 13. Dezember 1938
mit dem Fahndungsersuchen
nach einer illegalen Schrift
gegen die Judenverfolgungen

Am 12. 12. 1938 wurden in Bremen mehrere im Abzugs-verfahren hergestellte Hetzschriften mit dem Titel »J'accuse. Ich klage an.« erfaßt. Die Schrift ist 14 Seiten stark, einzeilig mit Maschine geschrieben und mit Wachsbogen vervielfältigt. Sie befaßt sich mit den letzten Maßnahmen gegen die Juden. Als angeblicher Verfasser der Schrift bezeichnet sich der Jude Walter Gutmann, 45 Jahre, angeblich wohnhaft in Hamburg. Die Schrift ist durch die Post zum Versand gebracht und am 11. 12. 1938 um 23 Uhr beim Postamt 5 in Bremen aufgegeben worden. Die Anschriften der bislang erfaßten Briefe sind handschriftlich geschrieben. Auf der vorderen linken Seite des Briefumschlages ist der angebliche Absender des Briefes mit einem Stempel aufgedruckt. Hellgrauer und grellgrüner Stempeldruck. Als Absender wurden bislang 2 Bremer Firmen angegeben, die fingiert sind. Es wird gebeten, die Briefumschläge der dort evtl. eingehenden Hetzschriften umgehend nach hier zu übersenden, da dieselben zur Ermittlung des Herstellers und Verbreiters benötigt werden.

Kennzeichen J. Dokumente und Berichte zur Geschichte der Verbrechen des Hitlerfaschismus an den deutschen Juden 1933–1945, Berlin 1981, S. 347.

66
Aus dem geheimen Erlaß des Präsidenten der Reichsanstalt für Arbeitsvermittlung und Arbeitslosenunterstützung vom 20. Dezember 1938 mit Zusatz des Präsidenten des Landesarbeitsamts Brandenburg vom 24. Dezember 1938, betr. »Arbeitseinsatz der Juden«

Nach den mir vorliegenden Berichten hat sich die Zahl der arbeitslosen Juden erheblich vermehrt. Der Staat hat kein Interesse daran, die Arbeitskraft der einsatzfähigen arbeitslosen Juden unausgenutzt zu lassen und diese unter Umständen aus öffentlichen Mitteln ohne Gegenleistung zu unterstützen. Es ist anzustreben, alle arbeitslosen und einsatzfähigen Juden beschleunigt zu beschäftigen und damit nach Möglichkeit die Freistellung deutscher Arbeitskräfte für vordringliche, staatspolitisch wichtige Vorhaben zu verbinden. Der Einsatz erfolgt in Betrieben, Betriebsabteilungen, bei Bauten, Meliorationen usw., abgesondert von der Gefolgschaft. Ich ersuche Sie daher, unverzüglich bei den öffentlichen und privaten Unternehmern Ihres Bezirks auf die Bereitstellung solcher Arbeiten hinzuwirken.

Es ist sichergestellt, daß dem Unternehmer oder seinem Betrieb aus der Tatsache, daß er Juden beschäftigt, keinerlei Nachteile erwachsen. Als Juden im Sinne dieses Erlasses sind Juden deutscher Staatsangehörigkeit und staatenlose Juden (§ 5 der Ersten Verordnung zum Reichsbürgergesetz vom 14. November 1935 — Reichsgesetzbl. I, S. 1333) anzusehen, die für einen Arbeitseinsatz geeignet sind.

Wegen der Bereitstellung geeigneter Arbeiten für Juden auch durch öffentliche Betriebe habe ich mich mit den in Frage kommenden Obersten Reichsbehörden in Verbindung gesetzt. Gleichzeitig habe ich den Herrn Reichswirtschaftsminister und den Herrn Reichsernährungsminister gebeten, die Unternehmer der privaten Wirtschaft auf die Notwendigkeit der beschleunigten

Heranziehung der Juden zur Arbeit und der Bereitstellung entsprechender Arbeiten nachdrücklich hinzuweisen.

Dieser Erlaß ergeht mit ausdrücklicher Billigung des Beauftragten für den Vierjahresplan, Ministerpräsident Generalfeldmarschall Göring. Den Stellvertreter des Führers habe ich gebeten, die Parteidienststellen einschließlich der Gliederungen und angeschlossenen Verbände im Sinne dieses Erlasses zu unterrichten ...

Zusatz des Präsidenten
des Landesarbeitsamtes Brandenburg

Ich bitte, sich mit allen Privatbetrieben in Verbindung zu setzen, die für einen Einsatz von Juden mit der Möglichkeit einer völligen Absonderung derselben vom arischen Gefolgschaftsteil in Frage kommen und sie zur Bereitstellung von Arbeitsplätzen im Sinne des Erlasses zu veranlassen. Bei allen Verhandlungen bitte ich im engen Einvernehmen mit den Dienststellen der NSDAP und der DAF vorzugehen. Die Arbeitsplätze werden, sofern in Ihrem Amtsbezirk einsatzfähige arbeitslose Juden nicht oder nur in so geringer Zahl vorhanden sind, daß deren Einsatz ohne Schwierigkeit erfolgen kann, von mir dem Arbeitsamt Berlin zur Verfügung gestellt werden, damit von der Masse der arbeitslosen Juden in Berlin ein möglichst großer Teil in der Provinz angesetzt werden kann. Ich bitte deshalb die Provinzämter, den Einsatz der Berliner Juden dadurch tatkräftig zu unterstützen, daß zugleich mit der Bereitstellung der Arbeitsplätze auch die Voraussetzungen einer lagermäßigen Unterbringung geschaffen werden.

Stadtarchiv Berlin, 6B, Rep. 01, Nr. 1281, unpag.

67

Aus dem Artikel »Ist die Judenfrage gelöst?«
von Ernst Hiemer,
Redakteur des antisemitischen Hetzblattes
»Der Stürmer«,
Dezember 1938

Als die nationalsozialistische Regierung das Sterilisationsgesetz schuf, um die nachwachsenden Generationen gesund und lebensfähig zu erhalten, da meldeten sie sich wieder zu Worte und flüsterten: »Ach, warum tut man das diesen armen Menschen an!«

... Und wie ist dies nun heute? Genau die gleichen Leute sind es, die heute wieder Angst haben und aus einem völlig unverständlichen Mitleid heraus den Juden in Schutz nehmen wollen.

... Es wird einmal die Zeit kommen, da werden sie erkennen, daß das jüdische Volk in seiner Gesamtheit ein Volk des Teufels ist. Und einem Teufelsvolk gegenüber kann sich das deutsche Volk nur dann behaupten, wenn es kompromißlos und ohne jedes falsche Mitleid den Kampf aufnimmt.

... Aber selbst wenn einmal der herrliche Augenblick kommt, wo der letzte Jude verschwunden ist, wo Deutschland als erstes Reich der Welt judenrein sein wird, ist die Judenfrage für uns noch nicht gelöst.

... Darüber hinaus hat Deutschland noch eine weitere Mission zu erfüllen. Deutschland hat als erstes Land der Welt die Lösung der Judenfrage in Angriff genommen.

... Überall stehen Judengegner auf. Ihr Kampf ist der gleiche wie der unsere, als der Jude noch an der Macht war. Ihr Kampf ist schwer. Aber sie können diesen Kampf führen, weil sie von uns gelernt haben. Weil sie von uns wissen, daß der Kampf gegen den Juden nur dann erfolgreich sein kann, wenn er zäh, kompromißlos und mit unerbittlicher Konsequenz geführt wird. Weil sie von uns wissen, daß zur Lösung der Judenfrage das ganze Volk aufgeklärt und zum Kampfe aufgerufen werden muß. Weil sie von uns wissen, daß die Lösung der Judenfrage die Erlösung der Menschheit bedeutet.

Und so erkennen wir nun, was wir noch alles zu schaffen, was wir noch alles zu leisten haben. Die Parole heißt: Der Kampf geht weiter!

Der Stürmer, Dezember 1938, Nr. 48.

68
Aus den Ermittlungen gegen die Deutsche Bank,
angestellt von der amerikanischen Militärregierung
für Deutschland 1946/47,
betr. die Rolle der Bank bei »Arisierungen«
besonders im Jahre 1938

Das unter der Naziherrschaft erzeugte rechtliche und soziale Klima verhinderte das Entstehen echter Eigentumsübertragungsverträge, bei denen es zu einer freien und freiwilligen Übereinstimmung der Vertragspartner kommen konnte und die Möglichkeit zu einem echten Vorteil für beide Seiten gegeben war. Die Eigentumsübertragungen waren nichts anderes als ein Mittel der Enteignung zugunsten des Reiches oder der neuen Besitzer ...

Die Deutsche Bank zeigte an der »Arisierung« sehr früh Interesse ...

Mit der weiteren Entrechtung der Juden wurde die »Arisierung« von Unternehmen in den folgenden Jahren forciert, bis sie im November 1938 mit dem Pogrom einen Höhepunkt erreichte. Damals hatte sich die Deutsche Bank in diesem anrüchigen Geschäft schon einen Namen gemacht ...

Die »Arisierungstätigkeit« der Bank bestand aus Erwerbungen auf eigene Rechnung, der Finanzierung von Transaktionen ihrer Kunden, der Auswahl und Abschätzung von Objekten für die »Arisierung« sowie der Suche von Partnern, die an deren Erwerbung interessiert waren.

Auf eigene Rechnung brachte die Deutsche Bank unter anderem einige Privatbanken an sich. Die Firma Simon Hirschland, Essen, wurde im Jahre 1938 »arisiert«, und ihr Vermögen wurde auf das neu errichtete Bankhaus Burkhardt & Co. übertragen. Die neue Firma, die mit einem Kapital von 6 500 000 RM ausgestattet war, wurde von der Deutschen Bank kontrolliert. Sie beteiligte sich mit 2500000 RM direkt und sicherte sich die Majorität, indem sie die beiden persönlich haftenden Partner finanzierte, von denen einer ein Filialleiter war, der in die neue Firma eintrat.

Im gleichen Jahr wurde die »Arisierung« von Mendelssohn & Co., Berlin, der führenden deutschen Privatbank, in die Wege geleitet. Nach dem Austritt ihrer jüdischen Partner ging die Firma in Liquidation, und die Deutsche Bank übernahm alle Konten der Kunden ohne Ersatzleistung.

Indem sie an der »Arisierung« von Wolf, Netter & Jakobi durch Mannesmann im Jahre 1938 mitwirkte, erwarb die Bank die Majorität bei der Butzke Bernhard Joseph A. G., die vorher Wolf, Netter & Jakobi gehörte.

Das häufigste Mittel, wodurch die Deutsche Bank an Transaktionen zur »Arisierung« teilnahm, war die Erteilung von Krediten an die Neuerwerber. Da der Verkaufspreis gewöhnlich weit unterhalb des realen Wertes des Unternehmens lag, war dies für die Bank ein sicheres und einträgliches Geschäft ...

Die größten »Arisierungen«, bei denen die Deutsche Bank als Geldgeber oder Vertrauensmann mitwirkte, wurden zugunsten der ihr angegliederten Industrieunternehmen und Auftraggeber wie Mannesmann und Siemens durchgeführt ...

Beim Erwerb von Anteilen zögerte die Deutsche Bank nicht, aus den Enteignungs- und Konfiskationsmaßnahmen des Reiches Nutzen zu ziehen. So diente die Deutsche Bank als wichtigste Einziehungsagentur für eine Sondersteuer, die der jüdischen Bevölkerung von Berlin nach den Pogromen vom November 1938 auferlegt wurde ...

Diese Geldbuße wurde von der jüdischen Bevölkerung in Bargeld und zum Teil in Wertpapieren bezahlt, die von der Deutschen Bank später verkauft wurden. Den Angaben des Geschäftsführers der Depositenkasse der Deutschen Bank zufolge wurden in den ersten zwei Wochen Bargeld und Wertpapiere in Höhe von über 5000000 RM bei der Deutschen Bank hinterlegt. Aus unvollständigen Unterlagen über dieses Konto geht hervor, daß andere Banken (auch die Reichsbank) Zahlungen für diese Geldbuße an die Deutsche Bank überwiesen. Die Bank erhielt ihre übliche Provision und genoß offenbar ein Vorkaufsrecht auf in jüdischem Besitz befindliche Wertpapiere, unter denen sich größere Pakete von Mannesmann, IG Farben und Anteile von anderen Industriekonzernen befanden ...

Außer an »Arisierungen«, die von so großen Industriekonzernen wie Mannesmann und Siemens gefördert wurden, beteiligte sich die Deutsche Bank auch aktiv an der »Arisierung« kleiner Geschäftsunternehmen ...

Rudolf Milchner & Co., Görlitz, 1938, übernommen durch H. Dietmeier, annähernder Kaufpreis 1 075 000 RM, von der Deutschen Bank gewährter Kredit 800 000 RM ...

Neben der finanziellen Unterstützung von Käufern »arisierter« Unternehmen wurde die Deutsche Bank oft als Makler tätig, um Käufer und Verkäufer zusammenzubringen und dabei ein zusätzliches Honorar für Maklerdienste herauszuschlagen. Die Interessen der alten Eigentümer wurden gewöhnlich stark geschädigt. Die Bank verdiente an den Einziehungsprovisionen und stellte gute Beziehungen zu den neuen Eigentümern her ...

Die Deutsche Bank wurde im Dezember 1938 auch beim Verkauf der Frankfurter Schuhfirma Bernhard Schulenklopper an die Firma Freitag und Bodenstedt im Namen der Käufer tätig. Die Firma, die eine jährliche Produktion in Höhe von etwa 700 000 RM erzielte, wurde bei einem Preis von 93 568 RM für einen Bruchteil ihres Wertes verkauft ...

Der Prozeß der »Arisierung« erforderte enge Verbindungen mit den Parteibüros auf örtlicher Ebene, da alle Verkäufe von jüdischen Unternehmen die Zustimmung der Handelskammer oder in wichtigen Fällen der Gauwirtschaftskammer und des Gauwirtschaftsberaters der NSDAP notwendig machten.

Der Gauwirtschaftsberater von Berlin, Heinrich Hunke, war Mitglied des Vorstands der Deutschen Bank ...

Dieses Kapitel stellt einen ganz unvollständigen Bericht über die Beteiligung der Deutschen Bank an der »Arisierung« dar.

O. M. G. U. S. I, S. 165–175.

69
Aus dem Jahreslagebericht
des Sicherheitshauptamtes
für das Jahr 1938, Band I

Im Berichtsjahre 1938 fand die Judenfrage in Deutschland, soweit sie auf dem Gesetzes- und Verordnungs-
wege zu regeln ist, ihren Abschluß. Zwei Abschnitte sind
deutlich zu erkennen: Während in der Zeit vom 1. 1. bis
8. 11. 1938 versucht wurde, die Judenschaft durch Gesetze und Verordnungen endgültig aus sämtlichen deutschen Lebensgebieten auszuschließen, wurde die völ-
lige Ausschaltung der Juden aus allen Gebieten des öffentlichen und privaten Lebens durch die Aktion vom
9./10. 11. 1938 praktisch verwirklicht ...
Sowohl der fortschreitende Ausschluß der Juden aus
dem Erwerbsleben als auch die Auswanderung früher
vermögender Juden bewirkten ein Ansteigen des mittellosen jüdischen Proletariats, das am Schluß des Berichtsjahres bei weitem die Zahl der sich selbst unterhal-
tenden bzw. der vermögenden Juden übertraf. Die Folge
dieser Entwicklung war eine verstärkte Fürsorgetätigkeit
der jüdischen Organisationen, die allerdings durch die
gleichzeitig fallenden Einnahmen dieser Organisationen
wesentlich erschwert wurde. Während im Vorjahr bei einer Gesamtzahl von rund 370 000 Juden mosaischen Bekenntnisses (das Statistische Reichsamt schätzt die Zahl
zum 1. 1. 1938 auf 365 000) im alten Reichsgebiet etwa
42 000 Personen als laufende Unterstützungsempfänger
gezählt wurden, belief sich die Zahl der ständigen Unterstützungsempfänger im Berichtsjahr – trotz der Ab-
nahme der Gesamtjudenschaft mosaischen Bekenntnisses im Altreich auf etwa 320 000 Personen – auf 40 000
(12,5 % der Gesamtzahl). Von der jüdischen Winterhilfe
wurden in den Monaten Oktober bis Dezember 1938 außerdem 73 976 Personen, das sind 23,12 % der Gesamtzahl, betreut.
Für den gleichen Zeitabschnitt betrug die Zahl der
durch die jüdische Winterhilfe betreuten Juden in der
Ostmark etwa 30 000, das bedeutet bei der Zugrundele-
gung einer Gesamtzahl von rund 106 000 Juden mosa-

ischen Bekenntnisses am Ende des Berichtsjahres 28,3 %. Die Zahl der angemeldeten ständigen Unterstützungsempfänger wird von der Israelitischen Kultusgemeinde Wien sogar mit mehr als 60 000 Personen angegeben, oder mit 56,6 %.

Die Auswanderung der Juden konnte – zumindest im alten Reichsgebiet – nicht in dem Maße gesteigert werden, wie es für die Juden selbst unter dem Druck der Verhältnisse wünschenswert gewesen wäre. So zeigen die von der Reichsvertretung der Juden in Deutschland aufgestellten Statistiken lediglich eine Abwanderung von 46 000 Personen = 12,43 % gegenüber etwa 25 000 im Vorjahre, wohingegen die Auswanderung der Judenschaft aus der Ostmark durch die Tätigkeit der im August des Berichtsjahres gegründeten »Zentralstelle für jüdische Auswanderung« einen starken Auftrieb erhielt. So wird die Gesamtzahl der auf legalem und illegalem Wege aus der Ostmark ausgewanderten Juden mosaischen und nicht mosaischen Bekenntnisses mit etwa 79 000 Personen = 42,7 % angegeben. Dieses Ergebnis ist um so bedeutsamer, als die Judenschaft in der Ostmark unter ungleich ungünstigeren finanziellen und innenpolitischen Verhältnissen zu arbeiten hatte. Der Ausgleich für die fehlenden Geldmittel wurde durch eine verstärkte finanzielle Inanspruchnahme der ausländischen jüdischen Organisationen – insbesondere der »Council for German Jewry« in London – geschaffen ...

Zusammenfassend kann festgestellt werden, daß die Judenschaft – soweit es sich um deutsche Staatsangehörige und Staatenlose handelt – damit endgültig aus allen Teilen des deutschen Gemeinschaftslebens ausgeschlossen ist, so daß den Juden zur Sicherung der Existenz nur die Auswanderung bleibt.

Meldungen aus dem Reich. Die geheimen Lageberichte des Sicherheitsdienstes der SS. Bd. 2, Herrsching 1984, S. 20, 21, 22, 26.

70
Aus dem Monatsbericht
des Regierungspräsidenten von Niederbayern
und der Oberpfalz
vom 9. Januar 1939

Die Überführung der jüdischen Geschäfte in arische Hände bzw. die Auflösung dieser Geschäfte vollzieht sich in Ordnung und wird bald abgeschlossen sein. Bei der Veräußerung des jüdischen Grundbesitzes stehen sich teilweise mehrere Bewerber gegenüber, die sich erbittert bekämpfen und verdrängen möchten. In der Stadt Straubing wurde am 24. 11. der jüdische Haus- und Grundbesitz arisiert; die Stadt erzielte dadurch einen bedeutenden Vermögenszuwachs; dafür wurde der NSDAP-Kreisleitung Straubing zur Erbauung eines Kreishauses ein Betrag von RM 250000 als Schenkung zugesagt.

Bayern in der NS-Zeit. Soziale Lage und politisches Verhalten der Bevölkerung im Spiegel vertraulicher Berichte, München/Wien 1977, S. 477.

71
Aus einem Interview
der Zeitung »Volksfront« (Chicago)
mit dem Dichter Stefan Zweig
über die Wirkung des Pogroms im Ausland,
21. Januar 1939[1]

Frage: Haben Sie bei Ihrer Reise durch die Vereinigten Staaten die Beobachtung machen können, daß das kulturell interessierte Publikum im Allgemeinen einen klaren Unterschied zwischen dem deutschen Volk und dem Hitlerregime macht?

Antwort: Ich bin nirgends auf meinen Reisen und ebenso in England – selbst bei Juden nicht – einem Haß gegen das deutsche Volk begegnet. Im Gegenteil, überall spürte ich nur das schmerzliche Bedauern, daß sich das Deutschland der Dichter und der Philosophen durch die ihm aufgezwungene »nationalsozialistische Philosophie«

der humanistischen Lebensauffassung der meisten Staaten so entfremdet hat. Niemand hat geglaubt und glaubt, daß es das deutsche Volk war, das in jener berüchtigten Nacht gleichzeitig in allen Städten Deutschlands plötzlich um drei Uhr morgens (sonderbare Zeit) seine Betten verließ, um zugleich in allen Städten Deutschlands die Synagogen zu verbrennen und daß zufälligerweise dafür schon die Benzinkannen und anderes Brandmaterial bereit hatte. Immer nur bin ich einem aufrichtigen und ehrlichen Bedauern begegnet, daß man die wirkliche Meinung des deutschen Volkes aus der Ferne nicht wahrnehmen konnte, und immer wieder dem Vertrauen, daß alle diese Maßregeln, Gesetze und Gewalttätigkeiten nicht der Ausdruck seines inneren Willens sind.

1 Das Interview kam während eines kurzen Aufenthalts Stefan Zweigs in Chicago zustande, wo die Zeitung »Volksfront. The Peoples Front« als offizielles Organ des deutsch-amerikanischen Kulturverbandes herausgegeben wurde.

72
Aus dem Runderlaß des Auswärtigen Amtes
»Die Judenfrage als Faktor der Außenpolitik
im Jahre 1938«
vom 25. Januar 1939,
gerichtet an alle Missionen und Konsulate
des Deutschen Reiches[1]

Das letzte Ziel der deutschen Judenpolitik ist die Auswanderung aller im Reichsgebiet lebenden Juden. Es ist vorauszusehen, daß schon die einschneidenden Maßnahmen auf wirtschaftlichem Gebiet, die den Juden »vom Verdienst auf die Rente« gesetzt haben, den Auswanderungswillen fördern werden. Im Rückblick auf die vergangenen fünf Jahre seit der Machtergreifung ist jedenfalls festzustellen, daß weder das Gesetz zur Wiederherstellung des Berufsbeamtentums noch die Nürnberger Judengesetze mit ihren Durchführungsvorschriften, die jede Assimilierungstendenz des Judentums unterbanden, wesentlich zur Abwanderung der deutschen Juden beigetragen haben. ...

Aus Politik und Kultur war der Jude ausgeschaltet. Aber bis 1938 war seine wirtschaftliche Machtposition in Deutschland und damit sein zäher Wille, bis zum Anbruch »besserer Zeiten« auszuhalten, ungebrochen. ...

Italien stellte sich mit seiner Rassengesetzgebung Deutschland im Kampf gegen das Judentum an die Seite. In Bukarest übernahm ein Kenner der Judenfrage, Professor Goga, mit einem gegen das Judentum gerichteten Programm die Regierung, ohne sich allerdings gegen den übermächtigen internationalen Druck von Paris und London durchsetzen zu können. In Ungarn und Polen wurde das Judentum unter Sondergesetzgebung gestellt. Überall beginnt jetzt der deutsche außenpolitische Erfolg von München[2] wie ein Erdbeben in seinen Ausläufern auch in entfernten Staaten die seit Jahrhunderten befestigte Position des Judentums zu erschüttern. ...

Es ist selbstverständlich, daß der Transfer auch nur eines Bruchteils jüdischen Vermögens devisentechnisch unmöglich wäre. Die Finanzierung einer Massenabwanderung deutscher Juden ist daher noch ungeklärt. Auf Anfragen wäre gesprächsweise zu erwidern, daß deutscherseits damit gerechnet werde, daß das internationale Judentum — insbesondere die Verwandten der auswandernden Juden — die Abwanderungsaktion ebenso nachdrücklich unterstützen würde, wie es seinen mittellosen Rassegenossen zu einer Zeit, als Deutschlands Schwäche den Zustrom der Ostjuden nicht aufhalten konnte, die Einwanderung nach Deutschland ermöglicht habe. Es sei jedenfalls an Hand der Polizei- und Steuerakten nachzuweisen, daß die große Masse der Juden mittellos nach Deutschland einwanderte und in wenigen Jahren oder Jahrzehnten zu Vermögen gelangte, während das deutsche Volk durch die Tributbestimmungen des Versailler Vertrages seinen Besitz verlor oder in Arbeitslosigkeit verkam. Es bestehe daher deutscherseits auch kein Verständnis für das Mitleid, mit dem eine angeblich humanitäre Welt die Enteignung dieses dem deutschen Volke durch jüdische Geschäftsmethoden entzogenen Besitzes als ein Unrecht beklage. ...

Bereits die Wanderungsbewegung von nur etwa 100 000 Juden hat ausgereicht, um das Interesse, wenn nicht das Verständnis vieler Länder für die jüdische Gefahr zu wecken. Wir können ermessen, daß sich die Judenfrage zu einem Problem der internationalen Politik ausweiten wird, wenn große Massen der Juden aus Deutschland, aus Polen, Ungarn und Rumänien durch den zunehmenden Druck ihrer Gastvölker in Bewegung gesetzt werden. Auch für Deutschland wird die Judenfrage nicht ihre Erledigung gefunden haben, wenn der letzte Jude deutschen Boden verlassen hat.

Es ist bereits heute für die deutsche Politik eine wichtige Aufgabe, den Strom der jüdischen Wanderung zu kontrollieren und nach Möglichkeit zu lenken. Allerdings besteht keine Veranlassung, mit anderen Staaten wie Polen, Ungarn und Rumänien, die selbst die Abwanderung ihrer jüdischen Bevölkerungsteile anstreben, an der Lösung dieses Problems zusammenzuarbeiten. Erfahrungsgemäß konkurrieren bei dieser Prozedur die gleichgerichteten Interessen und hemmen die Verwirklichung des vordringlichen deutschen Anspruchs auf Aufnahme der deutschen Juden in andere Zielländer. ...

Es besteht deutscherseits ein größeres Interesse daran, die Zersplitterung des Judentums aufrecht zu erhalten. Die Kalkulation, daß sich damit in der ganzen Welt Boykottherde und antideutsche Zentren bilden würden, läßt die bereits jetzt zu beobachtende Erscheinung außer acht, daß der Zustrom der Juden in allen Teilen der Welt den Widerstand der eingesessenen Bevölkerung hervorruft und damit die beste Propaganda für die deutsche Judenpolitik darstellt.

In Nordamerika, in Südamerika, in Frankreich, in Holland, Skandinavien und Griechenland — überall, wohin sich der jüdische Wanderungsstrom ergießt, ist bereits heute eine deutliche Zunahme des Antisemitismus zu verzeichnen. Diese antisemitische Welle zu fördern, muß eine Aufgabe der deutschen Außenpolitik sein. ...

Je ärmer und damit belastender für das Einwanderungsland der einwandernde Jude ist, desto stärker wird das Gastland reagieren und desto erwünschter ist die Wirkung im deutschen propagandistischen Interesse.

Das Ziel dieses deutschen Vorgehens soll eine in der Zukunft liegende internationale Lösung der Judenfrage sein, die nicht von falschem Mitleid mit der »vertriebenen religiösen Minderheit«, sondern von der gereiften Erkenntnis aller Völker diktiert ist, welche Gefahr das Judentum für den völkischen Bestand der Nationen bedeutet.

ADAP, 1918–1945, Serie D (1937–1945), Bd. V, S. 780 ff.

1 Der Runderlaß war notwendig geworden, um die unter dem zunehmenden Druck von Anfragen stehenden Mitarbeiter der ausländischen Vertretungen zu befähigen, die faschistische Linie der Judenverfolgungen demagogisch einheitlich zu vertreten.

2 Gemeint ist das auf der Münchener Konferenz der Regierungschefs Deutschlands, Italiens, Großbritanniens und Frankreichs (29./30. September 1938) geschlossene Abkommen, mit dem die Regierung der Tschechoslowakei ultimativ aufgefordert wurde, die Randgebiete des eigenen Staates (Sudeten) an das Deutsche Reich zu übergeben.

73
Aus dem Brief von Theo Wolff an F. Brunner, London, vom (?) Januar 1939

Ich selbst bin mit meiner lieben Frau seit etwa 1 Jahr hier in New York, wo wir mit unserem Sohne, der seit ca. 3 Jahren hier ist, zusammenwohnen und froh sind, aus der deutschen Hölle weg zu sein. Mein ältester Sohn ist vor ca. 2 Jahren, bei Ausbruch des Krieges, aus Spanien weg, nach Buenos Aires u. haben wir von ihm G. L. auch ganz gute Nachrichten. Was sich in letzter Zeit in unserer früheren Heimat, aber speziell in Landau abgespielt hat, wird Ihnen sicher bekannt sein. Ich bekam dieser Tage von einem guten Freund, der jetzt in Cuba gelandet ist, ausführlichen Bericht, der Alles verbrecherische, barbarische, was man sich überhaupt denken kann, noch weit übertrifft. ...[1]
Es ist wirklich kaum zu glauben, wie tief ein Volk sinken kann, und wie es möglich ist, daß sich auch noch Staatsmänner wie Chamberlain, Daladier usw. mit den

Führern und Erziehern eines solch verkommenen Systems an einen Verhandlungstisch setzen, anstatt dieselben zu ignorieren, und ihrem eignen Schicksal, milde ausgedrückt, zu verrecken, zu überlassen.

Nicht genug damit, daß man die armen Juden in Deutschland einsperrt und teilweise zu Tode martert und deren Besitz abnimmt, will man sie jetzt auch noch quasi verschachern und Sklavenhandel mit ihnen treiben. Doch genug davon, denn ich nehme an, daß Sie selbst über Alles im Bilde sind, da Sie näher an D. sind, als wir hier. ...

Die menschliche Sprache irgend eines Volkes hat keine Ausdrücke, um das zu schildern, um das zu bezeichnen, was wir erlebt haben. Wenn ich diese Bande draußen als Verbrecher, Raubmörder, als Hunnen, als Sadisten bezeichne, so sind das immer noch Ausdrücke, welche viel zu gelinde sind, um das Wesen dieser Individuen zu kennzeichnen. ...

Archiv des LBI, New York.

1 In der dem Brief beiliegenden Abschrift eines jüdischen Flüchtlings, dessen Name nicht genannt wird, der aus Landau (Pfalz) stammte, durch einen Zufall dem Pogrom und der Verschleppung in ein Konzentrationslager entging, dann mit seiner Familie über Frankreich und die Niederlande nach Kuba reiste, heißt es: »Eine Bitte habe ich noch vorweg. Treibt keine falsche Propaganda! Sagt es drüben, daß es nichts nützt, Versammlungen abzuhalten, mit schönen Reden. Auch Geld hilft nur wenig. Helft die Grenzen öffnen, daß die Leute aus dem Lande der Verbrecher herauskommen, sonst sind sie alle verloren. Es passiert wieder etwas, dann stellt man sie an die Wand!«

74
Aus dem Referat Wilhelm Piecks
»Die gegenwärtige Lage und die Aufgaben der Partei«
auf der »Berner Konferenz« der KPD, 30. Januar 1939

Oder nehmen wir die Judenpogrome[1], die von den Faschisten zur Ablenkung von der Oppositionsstimmung in den Septembertagen[2] und zur Durchführung der längst geplanten Beraubung der Juden[3] organisiert wurden. Wohl gab es Stimmen der Empörung, aber nur vereinzelt. Wo blieben Äußerungen des kollektiven Protestes der Arbeiter in den Betrieben gegen die Bande von Brandstiftern, Mördern und Räubern, die unter dem Schutz der Polizei ihr erbärmliches Handwerk ausübte? Wir hatten nicht solche kollektiven Proteste, gegen die die Gestapo ohnmächtig gewesen wäre, denn sie hätte nicht ganze Betriebsbelegschaften, besonders in der Rüstungsindustrie, verhaften und in die Konzentrationslager sperren können. Ich weiß, daß das alles leichter gesagt als getan ist, und will auch keine Vorwürfe erheben. Aber wir müssen uns angesichts der Tatsache, daß wir vielleicht dicht vor dem Krieg stehen und bis dahin nicht wieder zusammenkommen werden, auf unserer Beratung sehr eingehend über unsere Politik und über unser taktisches Vorgehen im Lande unterhalten. Die Massen müssen klar erkennen, was wir Kommunisten ihnen vorschlagen, wie sie aktiv den Kampf gegen den Faschismus führen sollen.

Die Berner Konferenz der KPD (30. Januar–1. Februar 1939), Berlin 1974, S. 75/76.

1 Pieck behandelt das Ereignis, zu dem die KPD eine eigene Erklärung veröffentlicht hatte (siehe S. 185 dieser Ausgabe), unter der Fragestellung, wie der Widerstand gegen das Regime sich an volksfeindlichen Aktionen der Machthaber entzünden könnte und welche Rolle die KPD dabei zu spielen habe.

2 Die kriegsdrohende Politik der faschistischen Regierung, die nach der bereits im Mai 1938 entfachten ersten »Sudetenkrise« im September erneut verschärft wurde, stieß im deutschen Volke auf deutlich erkennbare und auch von den Machthabern wahrgenommene Ablehnung.

3 Der Plan zur Beraubung der jüdischen Deutschen existierte seit der Machtübernahme 1933, konnte aber wegen rüstungswirtschaftlicher und außenpolitischer Rücksichten nach Vorbereitungen, die im April 1938 begannen, erst im November und den folgenden Monaten verwirklicht werden. Das bürgerliche und kleinbürgerliche Eigentum an kapitalistischen Firmen, Grund und Boden, Geschäften und Handwerksbetrieben wurde total liquidiert.

75

Aus dem Bericht einer Prüfungskommission[1]
aus leitenden Mitarbeitern der Nazipartei
und der Reichsministerien
für Finanzen und Wirtschaft
über die »Arisierungen« im Gau Franken
zwischen dem 9. November 1938
und dem 9. Februar 1939

Die Arisierungen wurden vollzogen durch Veräußerungen von Grundstücken, Abtretung von Forderungen, insbesondere Hypothekenforderungen und Kaufpreisherabsetzungen.

Die den Juden zugebilligte Gegenleistung betrug grundsätzlich 10 % des Einheitswertes oder Nennbetrages der Forderung. Zur Begründung dieser geringen Preise hat sich Holz[2] in der Berliner Sitzung vom 6. Februar 1939 darauf berufen, daß die Juden ihre Grundstücke zumeist in der Inflation für weniger als $\frac{1}{10}$ des Wertes erworben hätten. Diese Behauptung entspricht, wie die stichprobenweise Nachprüfung einer großen Anzahl von Einzelfällen ergeben hat, nicht den Tatsachen. Soweit Inflationskäufe vorliegen, ist übrigens nicht bekannt, ob und in welcher Höhe nachträglich Aufwertungsbeträge an die jeweiligen Veräußerer gezahlt worden sind. ...

Der Unterschied zwischen den Verkehrswerten und den Arisierungskaufpreisen beträgt für die bebauten und die unbebauten Grundstücke insgesamt rund 21 Millionen RM. Dieser Unterschiedsbetrag ist aber nicht gleich dem Betrag, der sich bei der Weiterveräußerung der Grundstücke an Dritte als Reingewinn etwa noch erzielen ließe. Vielmehr bedarf die Zahl noch einer erheblichen Berichtigung. In den Verträgen haben die jüdischen Verkäufer sich sämtlich vielfach verpflichtet, Hypotheken und Grundschulden im Grundbuch löschen zu lassen, die auf den verkauften Grundstücken lasten und vom Erwerber nicht übernommen worden sind. Die Löschung ist bisher nur zu einem kleinen Teil durchgeführt worden. Die auf Grund der Unterlagen vorgenommenen Ermittlungen haben ergeben, daß Hypotheken und

Grundschulden im Gesamtbetrage von rund 5 Millionen RM noch nicht gelöscht worden sind. Daß die Löschung noch herbeigeführt werden kann, ist nicht ohne weiteres anzunehmen, da die Gläubiger, wollte man nicht einen Druck auf sie oder die jüdischen Schuldner ausüben, die Löschung voraussichtlich nicht bewilligen werden. ...

Die bei der Weiterveräußerung der arisierten Grundstücke noch zu erwartenden Reingewinne würden sich somit auf höchstens etwa 12 bis 15 Millionen RM belaufen. ...

Aus der Arisierung haben verschiedene der mit der Durchführung von Partei wegen befaßten leitenden Personen unangemessene Vorteile gezogen. Von der Erörterung der verhältnismäßig geringfügigen Vorteile einzelner Angestellter der Arisierungsstellen und Hausverwalter soll hier abgesehen werden, obgleich auch hier Höhe und Verteilung der Vergütungen bei genauer Nachprüfung voraussichtlich nicht in allen Fällen frei von Beanstandungen bleiben würden. Die als Hausverwalter eingesetzten Personen beziehen bis zu über 700 RM monatlich fortlaufend aus Hausverwaltungen. Dabei ist die Aufteilung der Hausverwaltungen auf die beteiligten Makler sehr unterschiedlich. Auch Angestellte bei der Arisierungsstelle selbst beziehen noch aus ihnen übertragenen Hausverwaltungen besondere Vergütungen.

Dagegen bedürfen die sogenannten Maklerprovisionen näherer Behandlung. Für die Veräußerung von Grundstücken an Dritte wurden nämlich Maklerprovisionen gezahlt ...

Die Arisierung erfolgte sowohl vor wie nach dem 9. 11. 38 in der Art, daß der Erwerber nach dem Kaufvertrag nur für das Warenlager und das Geschäftsgrundstück — soweit vorhanden — einen Kaufpreis zu zahlen hatte. Für Einrichtungen und Maschinen wurde teils nichts, teils nur ein Preis bezahlt, der in keinem Verhältnis zu dem wirklichen Wert stand. In den meisten Fällen wurden Außenstände und Schulden vom Erwerber nicht übernommen.

Der Gauwirtschaftsberater hat grundsätzlich den Standpunkt vertreten, daß Außenstände nicht übernommen werden sollten, schon um zu vermeiden, daß der arische Erwerber sich um die Einziehung der Außenstände bemühen würde, die der Jude mit Rücksicht auf die politischen Verhältnisse nicht beizutreiben vermochte. Für Patente, Geheimverfahren, Rezepte, Kundenkarteien, Schutzmarken wurde nichts gezahlt. Das Unternehmen wurde damit regelrecht ausgeschlachtet. Der Kaufpreis für das Warenlager war im allgemeinen weit unter dessen Wert angesetzt.

Wenn auch nach den Arisierungsverträgen nur einzelne Aktivposten übernommen wurden, so liegt doch in fast allen durch die Prüfung festgestellten Fällen tatsächlich die Übernahme eines ganzen Betriebes vor. Der Erwerber hat den übernommenen Betrieb wirklich fortgeführt, da er die übernommenen Aktiven nicht in sein ihm schon gehöriges Geschäft übernommen hat. Er hat vielmehr regelmäßig den Betrieb in den alten Geschäftsräumen und in der gleichen Weise fortgesetzt wie der frühere jüdische Unternehmer. Er benützt auch z. B. dessen Kundenkarteien, Verfahrensarten und Patente etc. Auch mußten ihm meist die gesamten Bücher überlassen werden. ...

Zur Zeit der Judenaktion waren in Nürnberg und Fürth noch annähernd 300 Kraftfahrzeuge in dem Besitz von Nichtariern bzw. jüdisch geleiteten Unternehmen oder Geschäften. Eine genaue Zahl läßt sich heute nicht mehr feststellen, da in dieser auch schon Kraftwagen enthalten sind, bei denen die Übernahmeverhandlungen bereits am 9. 11. 1938 im Gange waren. Ferner sind auch etliche Wagen von Juden mit in das Ausland genommen worden.

Der größte Teil dieser Fahrzeuge wurde zu einem Preise verkauft, der annähernd dem tatsächlichen Sachwert entsprach. Einige Wagen, bei denen der Kaufpreis ursprünglich zwar ein bedeutend niedriger als der Taxwert war, wechselten mehrfach den Besitzer, bis schließlich der Verkaufserlös dem ungefähren Sachwert entsprach. ...

Sechzig Kraftfahrzeuge (darunter 3 Motorräder und eine Zugmaschine mit Anhänger und Möbelwagen) wurden in Nürnberg durch die Arisierungsstelle des Gaues

Franken der NSDAP (verantwortlich: SA-Standartenführer Hutzler) und in Fürth durch Stadtrat Sandreuter Mitte November 1938 listenmäßig erfaßt und zum Preise von durchschnittlich 50.– bis RM 200.– an Parteigenossen und Gliederungen der Bewegung abgegeben. ...

Es sei vorweggenommen, daß der z. Z.[3] in Franken herrschende verworrene Rechtszustand, der durch vollkommen ungesetzliche Arisierungsmaßnahmen entstanden ist, nie hätte eintreten können, wenn die beteiligten Behördenstellen, insbesondere die Justizstellen sowie die Notare, ferner der Regierungspräsident und die Handelskammer sich den von ihnen verlangten Gesetzwidrigkeiten in entsprechender Form entgegengestellt hätten.

IMT, Bd. XXVIII, S. 70f., 96, 99, 134, 214f., 225.

1 Ziel der Überprüfung, für die Hermann Göring den Auftrag erteilt hatte, war es, die den Juden geraubten Gelder in die Reichskasse zu lenken und sie der Rüstungsfinanzierung zuzuführen.

2 Stellvertreter des Gauleiters Julius Streicher im Gau Franken

3 soll wohl heißen: zur Zeit

76
Aus der Niederschrift
über die 1. Arbeitsbesprechung
des Ausschusses der Reichszentrale
für die jüdische Auswanderung
am 11. Februar 1939
im Geheimen Staatspolizeiamt, Berlin[1]

SS-Gruppenführer Heydrich ging sodann auf die Heranziehung der Judenschaft selbst zu der Lösung der Auswanderungsfrage ein. Man habe zunächst einmal die Juden in einer Reichsvereinigung aller Rassejuden zusammengefaßt, durch die einmal die Juden selbst zur Auswanderung vorbereitet werden sollen und der man u. a. auch das gesamte jüdische Schulwesen und Fürsorgewesen übertragen wolle. Über diese Reichsvereinigung könne man auch Verbindungen zu ausländischen jüdischen Organisationen aufnehmen lassen, um eine verstärkte Auswanderung aus Deutschland zu erzielen.

SS-Gruppenführer Heydrich behandelte ferner die technische Durchführung der Auswanderung im einzelnen. Aufgabe der Reichszentrale wäre es, das gesamte bisherige Verfahren, das in vielen Punkten gegeneinander liefe, einheitlich auszurichten und für den Juden möglichst einfach zu gestalten. ... An den Hauptplätzen, an denen die Juden konzentriert lebten, sollten nach dem Muster von Wien Zentralstellen für die jüdische Auswanderung geschaffen werden. In Aussicht genommen seien solche Zentralstellen für Berlin, Breslau, Frankfurt (Main) und Hamburg. Bei diesen Zentralstellen würden die Juden sozusagen am laufenden Band abgefertigt werden. ...

SS-Gruppenführer Heydrich stellte schließlich noch zur Erörterung die Frage der illegalen Auswanderung der Juden nach Palästina. Er führte aus, daß an sich zwar grundsätzlich gegen jede illegale Auswanderung Stellung genommen werden müßte. Bei Palästina lägen die Dinge jedoch so, daß dorthin bereits z. Zt. aus vielen anderen europäischen Ländern, die selbst nur Durchgangsländer wären, illegale Transporte gingen und unter diesen Umständen auch von Deutschland, allerdings ohne jede amtliche Beteiligung, diese Gelegenheit wahrgenommen werden könnte. Herr Vortragender Legationsrat Hinrichs und Gesandter Eisenlohr vom Auswärtigen Amt hatten hiergegen keine Bedenken und vertraten den Standpunkt, daß jede Möglichkeit, durch die ein Jude aus Deutschland gebracht werden könnte, ausgenutzt werden sollte.

ADAP, 1918–1945, Serie D (1937–1945), Bd. V, S. 786ff.

1   Die Sitzung leitete der Chef der Sicherheitspolizei, SS-Gruppenführer Reinhard Heydrich, der von Hermann Göring mit der Leitung der neugeschaffenen Reichszentrale für die jüdische Auswanderung beauftragt worden war. An der Sitzung nahmen 15 weitere führende Mitarbeiter faschistischer Dienststellen teil, unter anderem vom Hauptamt Sicherheitspolizei, vom Sicherheitshauptamt, vom Auswärtigen Amt, von den Reichsmi-

nisterien für Wirtschaft, Finanzen, Inneres, vom Devisenfahndungsamt und weiteren Behörden.

77
Aus dem Geheimen Bericht
des Obersten Parteigerichts der NSDAP
an Hermann Göring,
übersandt am 13. Februar 1939,
über die Verbrechen von Mitgliedern der Nazipartei
während des Pogroms

Am Abend des 9. November 1938 teilte der Reichspropagandaleiter Pg. Dr. Goebbels den zu einem Kameradschaftsabend im Alten Rathaus zu München versammelten Parteiführern mit, daß es in den Gauen Kurhessen und Magdeburg-Anhalt zu judenfeindlichen Kundgebungen gekommen sei, dabei seien jüdische Geschäfte zertrümmert und Synagogen in Brand gesteckt worden. Der Führer habe auf seinen Vortrag entschieden, daß derartige Demonstrationen von der Partei weder vorzubereiten noch zu organisieren seien, soweit sie spontan entstünden, sei ihnen aber auch nicht entgegenzutreten. Im übrigen führte Pg. Dr. Goebbels sinngemäß das aus, was in dem Fernschreiben der Reichspropagandaleitung vom 10. 11. 1938, 12 Uhr 30 bzw. 1 Uhr 40 niedergelegt ist.

Die mündlich gegebenen Weisungen des Reichspropagandaleiters sind wohl von sämtlichen anwesenden Parteiführern so verstanden worden, daß die Partei nach außen nicht als Urheber der Demonstrationen in Erscheinung treten, sie in Wirklichkeit aber organisieren und durchführen sollte. Sie wurden in diesem Sinne sofort – also geraume Zeit vor Durchgabe des ersten Fernschreibens – von einem großen Teil der anwesenden Parteigenossen fernmündlich an die Dienststellen ihrer Gaue weitergegeben ...

Ende November 1938 erhielt das Oberste Parteigericht durch Meldungen mehrerer Gaugerichte davon Kenntnis, daß es bei Durchführung der Demonstrationen vom 9. 11. 1938 in erheblichem Umfang u. a. zu Plünderungen und Tötungen von Juden gekommen war, die bereits Gegenstand polizeilicher und staatsanwaltschaftlicher Untersuchungen waren. Der Stellvertreter des Führers teilte die Auffassung des Obersten Parteigerichts, daß die bekannt gewordenen Ausschreitungen jedenfalls zunächst von der Gerichtsbarkeit der Partei zu untersuchen seien:

1.) wegen des offenbaren Zusammenhangs der zu beurteilenden Vorgänge mit den Weisungen, die der Reichspropagandaleiter Pg. Dr. Goebbels während des Kameradschaftsabends im Rathaussaal gegeben hatte. Ohne Nachprüfung und Würdigung dieser Zusammenhänge schien eine gerechte Beurteilung der Täter nicht möglich. Diese Prüfung konnte aber nicht unzähligen staatlichen Gerichten überlassen werden, zumal die Kundgebungen inzwischen in der Öffentlichkeit als spontan aus der Volksstimmung heraus entstanden dargestellt waren;

2.) muß es nach Auffassung des Obersten Parteigerichts grundsätzlich unmöglich sein, daß politische Straftaten, die primär das Interesse der Partei berühren, die – sei es auch nur vom Standpunkt des Täters aus – als illegale Maßnahmen von der Partei gewollt sind, von den staatlichen Gerichten festgestellt und abgeurteilt werden, ohne daß die Partei die Möglichkeit hat, sich vorher durch ihre eigenen Gerichte Klarheit über die Vorgänge und Zusammenhänge zu verschaffen, um gegebenenfalls rechtzeitig den Führer um Niederschlagung der Verfahren vor den staatlichen Gerichten bitten zu können.

Aus solchen Erwägungen hat der Generalfeldmarschall Pg. Göring als Beauftragter des Führers Geheime Staatspolizei und Parteigerichtsbarkeit mit der Untersuchung der Ausschreitungen betraut.

Das Oberste Parteigericht hat sich die Untersuchung der Tötungen, schweren Mißhandlungen und Sittlichkeitsverbrechen vorbehalten. Aufgrund der staatspolizeilichen Ermittlungen wurden von dem in zweifacher Besetzung tätigen Sondersenat des Obersten Parteigerichts im Schnellverfahren die bis zum 17. 1. 1939 ermittelten Fälle mit Hauptverhandlungen abgeschlossen. Gauleiter und Gruppenführer der Gliederungen haben als Schöffen bei den Verhandlungen und Entscheidungen mitgewirkt ...[1]

Die Nachprüfung der Befehlsverhältnisse hat ergeben, daß in all diesen Fällen ein Mißverständnis in irgend einem Glied der Befehlskette entstanden ist, insbesondere dadurch, daß es dem aktiven Nationalsozialisten aus der Kampfzeit selbstverständlich ist, daß Aktionen, bei denen die Partei nicht als Organisator in Erscheinung treten will, nicht mit letzter Klarheit und in allen Einzelheiten befohlen werden. Er ist infolgedessen gewohnt, aus einem solchen Befehl mehr herauszulesen, als wörtlich gesagt ist, wie es auch auf der Seite des Befehlsgebers vielfach Übung geworden ist, im Interesse der Partei — gerade wenn es sich um illegale politische Kundgebungen handelt — nicht alles zu sagen und nur anzudeuten, was er mit dem Befehl erreichen will. So hat wohl jeder der im Rathaussaal anwesenden Parteiführer die Weisung des Pg. Dr. Goebbels, daß die Partei diese Demonstration nicht zu organisieren habe, so aufgefaßt, daß die Partei als Organisator nicht in Erscheinung treten solle; Pg. Dr. Goebbels wird sie auch so gemeint haben, denn die politisch interessierten und darüber hinaus aktiven Kreise, die für solche Demonstrationen in Frage kommen, stehen eben in der Partei und ihren Gliederungen. Sie konnten selbstverständlich auch nur durch Dienststellen der Partei und der Gliederungen mobilisiert werden. — So hat auch eine Reihe von Unterführern die an sie mündlich oder fernmündlich gelangten, nicht immer sehr glücklich formulierten Befehle — z. B.: Nicht der Jude Grünspan, das ganze Judentum trage die Schuld an dem Tod des Pg. vom Rath, das Deutsche Volk nehme infolgedessen Rache am gesamten Judentum, im ganzen Reiche brennen die Synagogen, jüdische Wohnungen und Geschäfte seien zu verwüsten, Leben und Eigentum der Arier müsse geschützt, ausländische Juden dürften nicht belästigt werden, die Aktion werde auf Befehl des Führers durchgeführt, die Polizei sei zurückgezogen, Pistole sei mitzubringen, bei geringstem Widerstand sei rücksichtslos von der Waffe Gebrauch zu machen, als SA-Mann müsse nun jeder wissen, was er zu tun habe usw. — so verstanden, daß nun für das Blut des Pg. vom Rath Judenblut fließen müsse, daß es jedenfalls nach dem Willen der Führung auf das Leben eines Juden nicht ankomme.

Es ist selbstverständlich, daß unter den geschilderten Umständen auch der unklare Befehl die Verantwortung nach oben verschieben muß. Das Gleiche gilt für den falsch verstandenen Befehl.

Eine andere Frage ist die, ob der absichtlich unklar, in der Erwartung gegebene Befehl, der Befehlsempfänger werde den Willen des Befehlsgebers erkennen und danach handeln, nicht im Interesse der Disziplin der Vergangenheit angehören muß. In der Kampfzeit[2] mochte er in einzelnen Fällen notwendig sein, um einen politischen Erfolg herbeizuführen, ohne dem Staat die Möglichkeit zu geben, die Urheberschaft der Partei nachzuweisen. Dieser Gesichtspunkt fällt heute weg. Auch die Öffentlichkeit weiß bis auf den letzten Mann, daß politische Aktionen wie die des 9. November von der Partei organisiert und durchgeführt sind, ob dies zugegeben wird oder nicht. Wenn in einer Nacht sämtliche Synagogen abbrennen, so muß das irgendwie organisiert sein und kann nur organisiert sein von der Partei. Der Soldat aber darf nicht in die Lage gebracht werden, Überlegungen anzustellen, was er nun eigentlich nach dem Willen des Befehlsgebers zu tun habe, ob der Befehl auch wirklich so gemeint sei, wie er lautet; denn möglicherweise kommen solche Überlegungen einmal in wichtigen Angelegenheiten zu einem falschen Ergebnis oder es werden Überlegungen angestellt, wann der Befehlsgeber den Befehl nun wirklich wörtlich aufgefaßt und durchgeführt wissen will. In jedem Fall aber wird dadurch die soldatische und damit nationalsozialistische Auffassung von Disziplin und Verantwortung untergraben.

Auch in den Fällen, in denen Juden ohne Befehl oder befehlswidrig getötet wurden, konnten unlautere Motive nicht festgestellt werden. Die Männer waren innerlich der Überzeugung, ihrem Führer und der Partei mit ihrer Tat einen Dienst getan zu haben. Ein Ausschluß aus der Partei ist deswegen nicht erfolgt. Denn letzter Zweck der durchgeführten Verfahren und damit auch Maßstab für die Beurteilung muß nach Auffassung des Obersten Parteigerichts sein, diejenigen Parteigenossen zu decken, die aus anständiger nationalsozialistischer Haltung und Einsatzbereitschaft über das Ziel hinausgeschossen waren, und auf der anderen Seite einen Trennungsstrich zu ziehen zwischen der Partei und denjenigen, die den völkischen Freiheitskampf der Partei gegen das Judentum in schnöder Weise zu persönlichen Zwecken mißbraucht oder darüber hinaus aus verbrecherischen Motiven gehandelt haben. Es ist infolgedessen auch in den Fällen befehlswidrigen Vorgehens lediglich die Disziplinwidrigkeit mit Strafen, die unter dem Ausschluß liegen, geahndet worden ...

Der Bericht über das bisherige Ergebnis der Verfahren wird vorgelegt einmal, weil die polizeilichen Ermittlungen in den übrigen (insgesamt 91) Fällen von Tötungen noch nicht abgeschlossen sind, zum anderen, weil das bisherige Ergebnis — was insbesondere Beweggründe und Zusammenhänge betrifft — einen Ausschnitt und Überblick geben dürften, in Sonderheit aber, weil der Senat künftig davon absehen möchte, Verfahren wegen Tötungen von Juden im Rahmen der Aktion vom 9. 11. 38 überhaupt durchzuführen, wenn nicht aufgrund der polizeilichen Ermittlungen der Verdacht besteht, daß eigennützige oder verbrecherische Beweggründe vorliegen. Der Inhalt dieses Berichts begründet diese Auffassung. Darüber hinaus hat die letzte Hauptverhandlung in der Sache Schenk ergeben, daß der erste bekanntgewordene Fall der Tötung eines Juden, und zwar des polnischen Staatsangehörigen, dem Reichspropagandaleiter Pg. Dr. Goebbels am 10. 11. 1938 etwa gegen 2 Uhr gemeldet und dabei der Auffassung Ausdruck gegeben wurde, daß etwas geschehen müsse, um zu verhindern, daß die ganze Aktion auf eine gefährliche Ebene abglitte. Pg. Dr. Goebbels hat nach der Aussage des stellvertretenden Gauleiters von München-Oberbayern sinngemäß darauf geantwortet, der Melder solle sich wegen eines toten Juden nicht aufregen, in den nächsten Tagen würden Tausende von Juden daran glauben müssen. In diesem Zeitpunkt hätten sich die meisten Tötungen durch eine ergänzende Anordnung noch verhindern lassen. Wenn dies nicht geschah, so muß aus dieser Tatsache wie aus der Äußerung an sich schon der Schluß gezogen werden, daß der schließliche Erfolg gewollt, mindestens aber als möglich und erwünscht in Rechnung gestellt wurde. Dann hat aber der einzelne Täter nicht nur den vermeintlichen, sondern den zwar unklar zum Ausdruck gebrachten, aber richtig erkannten Willen der Führung in die Tat umgesetzt. Dafür kann er nicht bestraft werden.

IMT, Bd. XXXII, S. 21—29.

1   Im folgenden führt der Bericht 16 Fälle auf, in denen am Pogrom beteiligte Faschisten außer der Teilnahme an der insgesamt verbrecherischen Aktion in deren Verlauf Sittlichkeitsverbrechen begangen, Juden erschossen, ertränkt oder auf andere Weise ermordet hatten. Während das Oberste NSDAP-Gericht in den drei Fällen von Verbrechen der »Rassenschande« Bestrafungen erwog, schlug es in allen anderen Fällen vor, daß Hitler »die Verfahren vor den staatlichen Gerichten« niederschlagen möge.

2   Mit diesem Begriff heroisierte die nazistische Propaganda und Geschichtsschreibung den Terror, den die paramilitärischen Verbände des Faschismus im Weimarer Staat gegen die Arbeiterbewegung und auch gegen demokratische, liberale, pazifistische Kreise gerichtet hatten.

78

Notiz über eine Vernehmung a) des Arbeiters Georg Bartsch und b) der Arbeiterin Frieda Hempel durch den Werkschutzleiter des Betriebes der AEG Berlin, Cuvrystraße, am 28. März 1939

a)

Ich besinne mich darauf, daß wir uns vor einiger Zeit im Betriebe über den Einmarsch unserer Truppen in die Tschechoslowakei unterhalten haben. Ich streite ab, dabei gesagt zu haben: »Die müßten mal ordentlich die Jacke vollkriegen!« Ich gebe zu, in der weiteren Unterhaltung die Juden in Schutz genommen zu haben. Ich bin seinerzeit, als gegen die Juden eingeschritten und den jüdischen Geschäften die Fensterscheiben eingeworfen wurden, mit diesen Maßnahmen nicht einverstanden gewesen. Bei der Unterhaltung berief ich mich auf einen jüdischen Offizier, der während des Krieges sich uneigennützig eingesetzt (hat) und für seine Leute eingetreten ist. Es ist möglich, daß ich im Verlaufe der Unterhaltung mich geäußert habe: »Was haben wir mit den Juden denn nicht schon alles gemacht?« Den Ausdruck »Nur«, den ich auf die Frage gebraucht habe: »Euch gehts wohl schon wieder zu gut?«, sollte sich nicht auf das Vorhergegangene beziehen. Ich habe damit gemeint, daß es mir wirtschaftlich und finanziell tatsächlich gut geht.

Ich erkläre hiermit, daß ich vor der Machtübernahme keiner Partei angehört und mich politisch nicht betätigt habe. Ich bin Mitglied der DAF und gehöre dem RLB an.

Nach den gemachten Vorhaltungen sehe ich ein, daß ich falsch gehandelt habe und mir der Tragweite meiner wiedergegebenen Äußerungen nicht bewußt gewesen bin.

b)

Am Tage des Einmarsches unserer Truppen in die Tschecho-Slowakei hörten wir uns morgens um 7 Uhr die Sondermeldungen des Rundfunks an. Mit dem Arb.Kam. Kinski ging ich darauf nach oben zum Röhrenraum in den 5. Stock, um Röhren zu holen. Arb.Kam. Kinski war über diese Meldungen sehr erfreut und teilte diese oben den anderen Arbeitskameraden mit. Dabei kam er mit dem Arb.Kam. Bartsch ins Gespräch. Die Einzelheiten selbst konnte ich nicht so verfolgen, ich hörte nur, daß es sich um die Juden handelte, denn Bartsch machte dabei die Bemerkung: »Ach die armen Juden!« Ich habe das Gespräch nicht weiter angehört, sondern bin, weil meine Tätigkeit oben beendet war, wieder aus dem Raum hinausgegangen.

Stadtarchiv Berlin, Rep. 227-02, Nr. 20 AEG, unpag.

79
Aus dem 1. Vierteljahreslagebericht
(für die Monate Januar bis März)
1939 des Sicherheitshauptamtes, Band I

Im Zusammenhang mit der Auflösung der jüdischen Gewerbebetriebe wurden viele Juden erwerbslos. Vielerorts wurde die Errichtung von Sammelarbeitslagern für Juden notwendig, um sie nicht der öffentlichen Fürsorge zur Last fallen zu lassen. Trotzdem sahen sich die Wohlfahrtsämter oft genötigt, an Juden Unterstützungen zu leisten. Zur Beschäftigung von Juden in deutschen Betrieben wurde grundsätzlich seitens der Arbeitsbehörden so Stellung genommen, daß keine Einwände bestehen, wenn die Juden getrennt untergebracht sind.

Zugleich mit dem Entzug der wirtschaftlichen Basis der Juden in Deutschland machte der Rückgang ihres Vermögens weitere Fortschritte. Insbesondere im sogenannten jüdischen Mittelstand kann von einer direkten Verarmung gesprochen werden. In diesen Kreisen besteht fast ausschließlich die Ansicht, daß die Auswanderung aus Deutschland als einziger Ausweg in Frage kommen könne ...

Anfang 1939 machte sich ein Absinken der Auswanderungsziffern dadurch bemerkbar, daß alle Wanderungsländer verschärfte Einwanderungsbestimmungen erließen und fast durchweg höhere Vorzeigegelder verlangten. Nur aus wenigen Gegenden wurden ansteigende Zahlen gemeldet ...

Überall setzt sich die Auffassung durch, daß jede Art von Auswanderung zweckmäßig und unumgänglich ist, gleichgültig nach welchen Ländern ...

Der Verlust jeder wirtschaftlichen Basis hat auch in der Ostmark für das Judentum eine weitgehende Verschlechterung der Lage gebracht. Die soziale Aufgliederung verschiebt sich dort immer mehr in Richtung auf eine umfangreiche Proletarisierung. Der unbedingten Auswanderungsbereitschaft stehen jedoch, wie schon oben erwähnt, auch hier große Schwierigkeiten entgegen ...

Die Tätigkeit der noch bestehenden jüdisch-politischen Organisationen unterliegt schärfster Kontrolle und befaßt sich ausschließlich mit der Schaffung von Auswanderungsmöglichkeiten bzw. mit der Organisierung der Umschulung. Ein jüdisch-religiöses Leben wurde auch während der Pessach-Feiertage dadurch nahezu unmöglich gemacht, daß die Freigabe von Synagogen oder sonstigen geeigneten Gottesdiensträumen nicht erfolgte.

Meldungen aus dem Reich. Die geheimen Lageberichte des Sicherheitsdienstes der SS. Bd. 2, Herrsching 1984, S. 222, 223, 224.

80
Aus einem Schreiben des Dr. Hugo Remmler
an die Baupolizei-Behörde Berlin-Mitte
vom 11. Oktober 1939 über die Nutzung
einer Synagoge als Lager für Kriegsmaterial

Anliegend überreichen wir eine Zeichnung und eine statische Berechnung in je 2facher Ausfertigung über die Herstellung eines Brandmauerdurchbruches zwischen obigem Grundstück und unserem Fabrikgrundstück Anklamerstraße 38 mit der Bitte um baupolizeiliche Prüfung und Genehmigung.
  Wir benötigen für die uns in der jetzigen Zeit gestellten Sonderaufgaben weitere Räumlichkeiten für die Lagerung der vorgeschriebenen Materialmengen und haben aus diesem Grunde das ehemalige Synagogengebäude gemietet.

Quelle: Stadtarchiv Berlin. REP. 250-02-04, Nr. 48.

Abkürzungsverzeichnis

Abtlg.	Abteilung
Abs.	Absatz
Abschn.	Abschnitt
ADAP	Akten der Deutschen Auswärtigen Politik 1918–1945
AEG	Allgemeine Elektrizitäts-Gesellschaft
Arbeitsmänner	Angehörige des faschistischen Reichsarbeitsdienstes
betr.	betrifft
Bl.	Blatt
DAF	Deutsche Arbeitsfront
DNB	Deutsches Nachrichtenbüro
e. V.	eingetragener Verein
Gesch.	Geschäft(s-)
Gestapo	Geheime Staatspolizei
GmbH	Gesellschaft mit beschränkter Haftung
Hipo	Hilfspolizei
IMT	Der Prozeß gegen die Hauptkriegsverbrecher vor dem Internationalen Militärgerichtshof. Nürnberg, 14. November 1945–1. Oktober 1946
JüHI	Jüdisches Historisches Institut Warschau
KPD	Kommunistische Partei Deutschlands
Kripo	Kriminalpolizei
KZ	Konzentrationslager
LBI	Leo Baeck Institut New York
Leg. Sekretär	Legations-Sekretär
Md.	Milliarden
Mill.	Millionen

NMG	Nürnberger Militärgerichtshof
NSDAP	Nationalsozialistische Deutsche Arbeiterpartei
NSV	Nationalsozialistische Volkswohlfahrt
o. D.	ohne Datum
O. M. G. U. S. I	Ermittlungen gegen die Deutsche Bank – 1946/1947 –. Übersetzt und bearbeitet von der Dokumentationsstelle zur NS-Politik Hamburg, Nördlingen 1985
O. M. G. U. S. II	Ermittlungen gegen die Dresdner Bank – 1946 –. Bearbeitet von der Hamburger Stiftung für Sozialgeschichte des 20. Jahrhunderts, Nördlingen 1986
O/S.	Oberschlesien
Pg.	Parteigenosse (Anrede der Mitglieder der faschistischen NSDAP)
RAD	Reichsarbeitsdienst
RGBl.	Reichsgesetzblatt
RKK	Reichskulturkammer
RLB	Reichsluftschutzbund
RM	Reichsmark
SA	Sturmabteilung
SD	Sicherheitsdienst
SOPADE	Sozialdemokratische Partei Deutschlands
SS	Schutzstaffel
Staatspolizei	siehe Gestapo
Stf.	Standartenführer, Dienstrang in SA und SS
vorl.	vorläufig
ZK	Zentralkomitee
Ztr.	Zentner

Verzeichnis der Dokumente

Zeittafel

März 1938 bis Mai 1939

1938

März

26. Öffentliche Rede Görings in Wien, wo er eine systematische, überlegte Durchführung aller »Arisierungen« forderte.

28. Durch Gesetz wird den jüdischen Kultusvereinigungen der Status von Körperschaften des öffentlichen Rechts entzogen. Sie gelten fortan als private Vereine.

April

1. Die neue Promotionsordnung setzt an Universitäten und Hochschulen den »Ariernachweis« für alle Promovenden voraus.

22. Verordnung gegen die Unterstützung der Tarnung von Gewerbebetrieben, deren Eigentümer Juden sind.

26. Verordnung über die Erfassung von jüdischem Vermögen oberhalb der Grenze von 5·000,– RM. Rechtsgeschäfte von Juden mit »Ariern« unterliegen einer besonderen Genehmigungspflicht.

27. Im Deutschen Reich leben ungefähr 520 000 Menschen, die nach den Nürnberger Gesetzen als Juden gelten, davon wiederum etwa 200 000 im einstigen Österreich.

Mai

2. Erlaß Görings verfügt Überweisungen des Kaufpreises für »arisierte« Betriebe auf Sperr-

konten der Deutschen Reichsbank, die ihrerseits an die jüdischen Verkäufer Schatzanweisungen ausgibt.

13. Das Reichswirtschaftsministerium läßt die Kontrollen des Umzugsgutes von Auswanderern verschärfen.

28. Der Chef der Deutschen Polizei weist an, Juden aus der UdSSR, die sich noch im Reichsgebiet befinden, zur »Ausweisungshaft« in die Konzentrationslager zu bringen.

In einer Aktion unter der Bezeichnung »Arbeitsscheue Reich« werden 11 000 »Vorbeugehäftlinge«, darunter Juden und Zigeuner, in Konzentrationslager verschleppt.

Juni

9. Der Reichsminister für Wissenschaft, Erziehung und Volksbildung verbietet Juden, an Universitäten als Gasthörer an Vorlesungen teilzunehmen.

9./10. Nach Verkündung eines großspurigen Bauprogramms für die Stadt (2. Mai 1938) wird die 1887 geweihte Große Synagoge in München abgerissen.

14. Die 3. Durchführungsverordnung zum »Reichsbürgergesetz« vom 15. September 1935 bestimmt die Registrierungs- und Kennzeichnungspflicht für alle Gewerbebetriebe im jüdischen Eigentum.

15. Aktion zur Verhaftung vorbestrafter Juden und Einlieferung in Konzentrationslager.

20. Juden werden vom Besuch der Börsen ausgeschlossen; bis auf weiteres dürfen sie sich durch Bevollmächtigte vertreten lassen.

22. Durch eine Verordnung schafft die Regierung die gesetzliche Basis für den allgemeinen Arbeitszwang für Rüstungs- und Kriegszwecke.

In Wien wird Juden das Betreten von Gärten und Parks, die der Erholung dienen, verboten.

Der Reichsinnenminister ordnet die abgesonderte Unterbringung von Juden in Krankenhäusern an.

Juli

6. Ein Gesetz zur Änderung der Gewerbeordnung verbietet Juden die Tätigkeit im Auskunfts-

und Bewachungsgewerbe, in Hausverwaltungen, Fremdenführerunternehmen, im Wandergewerbe, in der Heiratsvermittlung und das Maklergeschäft.

6.–15.   Konferenz in Evian (Frankreich), auf der sich Vertreter von 32 europäischen und überseeischen Staaten mit der Lage der deutschen Juden und mit deren Fluchtmöglichkeiten ins Ausland befassen. Gründung eines Flüchtlingskomitees (Sitz: London) unter dem Direktorat des US-Amerikaners George Rublee

7.   Die Gestapo legt eine Kartei derjenigen Personen an, die vor beziehungsweise bei Kriegsbeginn als »Staatsfeinde« in Konzentrationslager gebracht werden sollen.

8.   Göring bezeichnet es vor Kapitalisten und Managern der Flugzeugindustrie als das Ziel, Deutschland zur ersten Macht der Welt zu machen.

11.   Der Reichsminister des Innern verbietet den Aufenthalt von Juden in Kurorten.

16.   Der Reichsminister des Innern untersagt die Einquartierung von Wehrmachtsangehörigen bei Juden.

22.   Weltkongreß gegen Rassenhetze und Antisemitismus in Paris

23.   Durch Bekanntmachung des Reichsministers des Innern wird Juden ab dem 15. Lebensjahr auferlegt, bis zum 31. Dezember 1938 eine polizeiliche Kennkarte mit dem Aufdruck »J« zu beantragen.

Carl Friedrich Goetz, Aufsichtsratsvorsitzender der Dresdner Bank, und Karl Kimmich, Mitglied des Vorstands der Deutschen Bank, beraten die Rolle der Banken bei der »Totallösung der Arisierung«; Kimmich gibt den geräuschlosen Aktionen vor den spektakulären den Vorzug.

25.   Die 4. Durchführungsverordnung zum »Reichsbürgergesetz« verbietet Juden die Tätigkeit als Arzt.

27.   Ein Runderlaß verfügt, alle Straßen, die noch Namen von Juden oder von Mischlingen ersten Grades tragen, bis spätestens 1. Oktober 1938 umzubenennen.

31.	Es wird »Ariern« gesetzlich verboten, Juden als ihre Erben einzusetzen.

August

10.	Nach Erlaß über die weitere Aufrichtung faschistischer Bauten in Nürnberg, der sogenannten Stadt der Reichsparteitage (9. April 1938), leitet Gauleiter Julius Streicher den Abriß der Synagoge am Hans-Sachs-Platz ein.
11.	Vereinbarung zwischen der Führung der Hitlerjugend und dem Oberkommando der Wehrmacht über die verstärkte vormilitärische Ausbildung der Jugend
17.	Eine Verordnung zwingt die Juden, ab 1. Januar 1939 die Vornamen Israel beziehungsweise Sara zu führen und im Rechts- und Geschäftsverkehr anzugeben.
20.	Adolf Eichmann wird zum Leiter der neu gegründeten, für das Gebiet des ehemaligen Österreich zuständigen »Zentralstelle für jüdische Auswanderung« in Wien ernannt.
24.	Die Geheime Staatspolizei weist an, daß jedweder Kontakt zwischen jüdischen und »deutschen« Sportlern und Zuschauern auf Sportplätzen zu verhindern ist.

September

1.	Reichsfinanzminister Lutz Schwerin von Krosigk unterrichtet Hitler von der extrem zugespitzten Finanzlage des Reiches.
5.–12.	Der »Reichsparteitag der NSDAP« in Nürnberg wird durch kriegshetzerische Reden gegen die ČSR charakterisiert.
6.	Der Reichsarbeitsminister schließt jüdische Einzelhandelsgeschäfte von der Annahme der Reichsverbilligungsscheine für Speisefette, der Bezugsscheine für Konsummagarine und der kommunalen Wohlfahrtsgutscheine aus.
23.	Aufgehetzte deutsche Faschisten brennen in Eger (Cheb) und Marienbad (Mariánské Lázne) die Synagogen nieder, um die von der Reichsregierung provozierte internationale »Sudeten-Krise« zu verschärfen.
27.	Juden wird verboten, als Rechtsanwalt tätig zu sein.
28.	Juden können als Krankenpfleger nur noch an

jüdischen Krankenhäusern arbeiten oder Juden pflegen.

29. Unterzeichnung des Münchener Abkommens durch die Chefs der Regierungen des Deutschen Reiches, Italiens, Großbritanniens und Frankreichs, das der ČSR die Auslieferung ausgedehnter Gebiete Böhmens und Mährens an Nazideutschland diktiert.

30. Deklaration über Nichtangriff zwischen Deutschland und Großbritannien in München unterzeichnet.

Oktober

1. Beginn des Einmarsches der Wehrmacht in die Grenzgebiete der ČSR

5. Eine Verordnung erklärt die Reisepässe der Juden für ungültig. Sie gewinnen ihre Gültigkeit erst mit dem Stempelaufdruck »J« zurück.

6. Erlaß des polnischen Innenministers, wonach im Ausland lebende Juden bis zum 29. Oktober ihre Pässe zur Eintragung eines »Sichtvermerks« vorzulegen haben; seine Verweigerung bedroht diese Juden mit dem Status von Staatenlosen.
Der Präsident der Reichsmusikkammer verbietet, jüdischen Schülern Musikunterricht privat zu erteilen.

7. Der Oberbefehlshaber der Luftwaffe, Göring, ordnet an, daß Juden nicht Luftschutzwarte sein und in Häusern mit überwiegend »arischen« Bewohnern nicht zu Luftschutzübungen herangezogen werden dürfen.

14. Rede Görings auf einer Sitzung der Behörde für den Vierjahresplan mit der Forderung, »ein gigantisches Rüstungsprogramm« zu verwirklichen, und der Ankündigung einer radikalen Kampagne zur »Arisierung«, wobei die Staatskasse aufgefüllt werden müsse. Androhung einer eventuellen Zusammenfassung der Juden in Ghettos und zur Zwangsarbeitskolonne.

19. Der Präsident der Reichsanstalt für Arbeitsvermittlung ordnet den geschlossenen Arbeitseinsatz von Juden an, die aus öffentlichen Mitteln unterstützt werden, während der Zwangsarbeit sollen Juden mit »Ariern« nicht in Berührung kommen.

21.	Weisung des Oberkommandos der Wehrmacht zur Vorbereitung der vollständigen Liquidierung des tschechoslowakischen Staates.
27./28.	Aktion der Gestapo zur Verhaftung der in Deutschland ohne deutsche Staatsbürgerschaft lebenden Juden, die aus Gebieten des polnischen Staates stammten, und deren gewaltsame Abschiebung über die deutsch-polnische Grenze.
31.	Die 6. Durchführungsverordnung zum »Reichsbürgergesetz« verbietet Juden die Tätigkeit als Patentanwalt.

November

5.	Der Reichswirtschaftsminister verbietet den letzten jüdischen Wirtschaftsprüfern die Ausübung ihrer Tätigkeit.
7.	Herschel Grynszpan verletzt den Diplomaten Ernst vom Rath im Gebäude der Botschaft des Deutschen Reiches in Paris durch mehrere Pistolenschüsse lebensgefährlich.
8.	Artikel der Berliner Zeitung »Der Angriff« bezeichnet britische Politiker (unter anderen Winston Churchill) als »Aufhetzer des jüdischen Mörders«.
	In den NSDAP-Gauen Kurhessen und Magdeburg-Anhalt beginnen faschistische Trupps mit Ausschreitungen gegen Juden.
9.	Ernst vom Rath stirbt am Nachmittag in Paris. Hitler läßt gegen 22 Uhr Goebbels durch eine Ansprache an höchste NSDAP- und SA-Führer, die im Alten Rathaus in München versammelt sind, den Pogrom gegen die Juden auslösen. Die SA-Führer und andere Nazifunktionäre geben die entsprechenden Befehle per Funk beziehungsweise Telefon in die sogenannten Gauhauptstädte. Das Mord- und Zerstörungswerk beginnt in den ersten Stunden des 10. November.
10.	Die Gestapo verhaftet, unterstützt von der Polizei und von SS-Einheiten, mehr als 20 000 männliche Juden und transportiert sie zu erpresserischem Zweck in die KZ Buchenwald, Sachsenhausen und Dachau.
	Geheimrede Hitlers vor 400 faschistischen Propagandaspezialisten in München mit der For-

derung, die ideologische Kriegsbereitschaft der Deutschen herzustellen.

Die Rundfunksender übertragen einen Aufruf von Goebbels zur Beendigung des Pogroms, der am 11. November auch in den Zeitungen gedruckt wird.

11. Juden wird der Besitz von Waffen verboten.

Der Reichsminister für Wissenschaft, Erziehung und Volksbildung weist die Universitätsrektoren an, die letzten jüdischen Studenten sofort zu beurlauben und ihnen das Betreten der Hochschulgebäude zu untersagen.

12. Die Zentralzeitung der NSDAP druckt den Artikel von Goebbels »Der Fall Grünspan« mit der verlogenen Darstellung des Hergangs der Gewalttätigkeiten gegen die Juden.

Goebbels verordnet in seiner Eigenschaft als Präsident der Reichskulturkammer den Ausschluß der Juden von allen kulturellen Veranstaltungen.

Der Sonderbeauftragte für die Überwachung der kulturellen Tätigkeit der Juden im Reichspropagandaministerium, Hans Hinkel, befiehlt Vertretern des jüdischen Kulturbundes, dem am 8. November weitere Tätigkeit untersagt worden war, die Wiederaufnahme seiner Arbeit und sagt die Freilassung von Künstlern aus den KZ zu.

Verordnung Görings zur »Ausschaltung der Juden aus dem deutschen Wirtschaftsleben«, wonach ab 1. Januar 1939 die Einzelhandelsgeschäfte und Handwerksbetriebe zu schließen und die Werbe- und Vertretertätigkeit einzustellen sind; Juden dürfen keine leitende Stellung in Betrieben einnehmen und werden aus Genossenschaften ausgeschlossen.

Verordnung zur »Wiederherstellung des Straßenbildes bei jüdischen Gewerbebetrieben« zwingt den Juden die Kosten für die Instandsetzung der zerstörten Geschäfte auf.

Verordnung Görings über eine »Sühneleistung der Juden deutscher Staatsangehörigkeit«, die eine Zahlung von 1 Milliarde RM erpreßt.

Sitzung unter der Leitung Görings im Reichsluftfahrtministerium in Berlin, auf der weitere

	antijüdische Maßnahmen koordiniert werden. Trauerfeier für Ernst vom Rath in der Deutschen Evangelischen Kirche in Paris in Anwesenheit des Staatssekretärs im Auswärtigen Amt, Ernst von Weizsäcker.
13.	Antifaschistischer Protestmarsch vor die Botschaft des Deutschen Reiches in London, in den folgenden Tagen Kundgebungen unter anderem in New York, Melbourne, Paris. Der NSDAP-Gauleiter in Danzig, Albert Forster, droht nach dem Vorbild des Reiches eine »Generalabrechnung mit Juden« an.
14.	Der Reichsminister für Erziehung, Wissenschaft und Volksbildung, Bernhard Rust, verordnet den Ausschluß aller jüdischen Schüler aus »deutschen« Schulen. In der von deutschen Faschisten beherrschten Freien Stadt Danzig wird nach dem Vorbild des Deutschen Reiches der Pogrom gegen die Juden organisiert. Am 23. November erfolgt die Einführung der »Nürnberger Gesetze«. Der Reichsführer der SS und Chef der deutschen Polizei ordnet an, Juden aus Konzentrationslagern zu entlassen, wenn sie Ausreisepapiere besitzen.
16.	Hitler verbietet jüdischen Bürgern das Tragen militärischer Uniformen. Die Nazipresse veröffentlicht Angaben über das Vermögen der Berliner Juden, um die Kampagne zu ihrer Enteignung voranzutreiben.
17.	Ein Artikel in der Zeitschrift der SS »Das Schwarze Korps« droht, die Juden als »Geiseln« zu behandeln. Staatsakt für den verstorbenen Ernst vom Rath in der Rheinhalle Düsseldorf in Anwesenheit Hitlers. Premiere eines Stückes im Theater in der Kommandantenstraße, Berlin, in einer Veranstaltung des jüdischen Kulturbundes.
18.	Nachdem die USA ihren Botschafter in Berlin, Hugh Wilson, demonstrativ aus Deutschland zurückberufen haben (14. November), ergeht ein Rückruf an den Botschafter in Washington, Hans Heinrich Dieckhoff.
19.	Verordnung über den weitgehenden Aus-

schluß von Juden von der öffentlichen Fürsorge.
Rede von Goebbels in Reichenberg (Liberec),
in der er ankündigt, in den nächsten Wochen
und Monaten die »Judenfrage« zu lösen.

21.   Das britische Unterhaus debattiert über die Ju-
denverfolgung in Deutschland und über Mög-
lichkeiten der Aufnahme von Flüchtlingen im
Vereinigten Königreich, seinen Dominien und
Kolonien.
Hitler empfängt den neuernannten (ersten)
Botschafter des Königreichs Belgien zur An-
trittsvisite in Berchtesgaden.
Die Jüdische Gemeinde Berlins ersucht um die
Genehmigung zur Wiederherausgabe eines
Mitteilungsblattes.
Staatenlosen Juden werden durch den Reichs-
finanzminister Zahlungen für die »Sühnelei-
stung der Juden« auferlegt.

22.   Hitler empfängt den neuernannten Botschafter
Frankreichs, Robert Coulondre, in Berchtesgaden.
Das Propagandaministerium weist die Presse
an, über »Arisierungen« nur im Einvernehmen
mit der Pressestelle des Beauftragten für den
Vierjahresplan zu berichten, wodurch das un-
erwünschte Bekanntwerden der großen Nutznießer der Judenenteignung verhindert werden soll.
Der Reichsinnenminister untersagt Juden die
Teilnahme am vor allem von Lehrlingen und
jungen Arbeitern ausgetragenen »Reichsbe-
rufswettkampf«, der sich auf die Steigerung
der Arbeitsleistungen in der Rüstungswirtschaft richtet.

23.   Eine Durchführungsverordnung bestimmt für
die Mehrheit der jüdischen Einzelhandelsgeschäfte die Auflösung, für andere die »Arisierung«.
Eine Durchführungsverordnung bestimmt die
Löschung der Juden aus den Handwerksrollen.
Johannes R. Becher veröffentlicht in der in der
UdSSR erscheinenden »Deutschen Zeitung«
seinen Artikel »Tyrannen-Schmach«.

24.   Der Artikel »Juden, was nun?« in der Zeit-

schrift der SS »Das Schwarze Korps« droht
Juden die Ghettoisierung und Ausrottung an,
wodurch das Ende des Judentums in Deutschland herbeigeführt werden soll.

Weisung Hitlers für eine »handstreichartige
Besetzung Danzigs«

König Carol II. von Rumänien besucht Hitler in
Berchtesgaden.

Verhandlungen zwischen den Regierungen
Großbritanniens und Frankreichs in Paris, wobei auch Reaktionen auf die Judenverfolgungen
in Deutschland besprochen werden.

Hitler empfängt den Minister der Südafrikani-
schen Union, Oswald Pirow, in Berchtesgaden
zu einem Gespräch.

Das Propagandaministerium weist die Presse
an, die antijüdische Hetze nicht mit Angriffen
auf ausländische Staatsmänner zu verbinden;
ausgenommen sind Politiker der UdSSR.

| 28. | Anordnung des Chefs der Sicherheitspolizei |

28. Anordnung des Chefs der Sicherheitspolizei
Heydrich über das Auftreten der Juden am
»Tag der nationalen Solidarität« mit Einschränkung des Ausgangs der Juden aus ihren Wohnungen.

Himmler erläßt in seiner Eigenschaft als Chef
der Deutschen Polizei eine Verordnung, die
Polizeipräsidenten ermächtigt, in den Städten
Sperrgebiete zu bestimmen, die Juden nicht
betreten dürfen.

Der Chef der Sicherheitspolizei ordnet an,
nach dem Pogrom festgenommene Juden zu
entlassen, wenn sie »Frontkämpfer« des ersten Weltkrieges waren.

29. Durchführungsverordnung schließt Juden von
dem Recht aus, Brieftauben zu halten.

Die Reichsvertretung der Juden, deren Arbeit
durch die Gestapo stillgelegt worden war, teilt
die Wiederaufnahme ihrer Tätigkeit mit.

Aufruf des Stellvertreters des Führers für die
Angelegenheiten der NSDAP, Rudolf Heß, an
die Naziorganisationen, das während des Pogroms geraubte Gut an den Staat abzuliefern.

November

Auf dem Buchmarkt erscheinen unter anderem
»Die Judenverschwörung in Frankreich«

(Louis-Ferdinand Celine), »Hofjuden« (Peter Deeg, hrsg. im Stürmer-Verlag, Nürnberg) und »Juden richten sich selbst«.

Das Zentralkomitee der KPD veröffentlicht in der illegalen Zeitung »Die Rote Fahne« den Aufruf »Gegen die Schmach der Judenpogrome!«, der einen Appell zur Solidarität mit den Verfolgten und zum Kampf gegen das Naziregime enthält.

November/Dezember
Die von dem evangelischen Geistlichen Heinrich Grüber gegründete Hilfsstelle in Berlin hilft Juden, die zum evangelischen Christentum konvertiert waren, bei ihrer Flucht aus Deutschland.

30./1.
In »Wahlreden« hetzen führende Faschisten, unter anderen Rudolf Heß in Komotau und Alfred Rosenberg in Karlsbad, im neubesetzten Sudetengebiet weiter gegen die Juden.

**Dezember
Anfang Dezember**
Die von Streicher herausgegebene Zeitschrift »Der Stürmer« veröffentlicht den Artikel »Ist die Judenfrage gelöst?« mit dem Anspruch, allen Völkern bei der Lösung der »Judenfrage« zu helfen, und dem Appell, den »Kampf« weiterzuführen.

1.
Auf einer Protestkundgebung gegen die Judenverfolgungen in der Londoner Albert-Hall sprechen unter anderen britische Politiker, Publizisten und die Erzbischöfe von York und Westminster.

Der Reichswirtschaftsminister verfügt, jüdische Geschäfte, die wiedereröffnet haben, um am Weihnachtsgeschäft teilzunehmen, sofort polizeilich zu schließen. Juden mit ausländischer Staatsangehörigkeit dürfen ihre Geschäfte noch bis 31. Dezember 1938 offen halten.

3.
Die Verordnung über den »Einsatz des jüdischen Vermögens« erzwingt den Verkauf jüdischer Betriebe, des Grundeigentums, der Wertpapiere sowie von Edelmetall und Schmuck.

Eine Anordnung des Chefs der Deutschen Polizei entzieht den Juden Führerscheine und Kraftfahrzeugpapiere.

5.	Die 7. Durchführungsverordnung zum »Reichs-bürgergesetz« kürzt entlassenen jüdischen Be-amten die Ruhegehälter.
	Hitler befindet sich bei Truppenübungen im Sudetenland.
	Vertraulich wird verfügt, daß über die Bestra-fung von Teilnehmern am Pogrom, die wegen Plünderung angeklagt sind, in der Presse nicht zu berichten ist.
6.	Der Berliner Polizeipräsident, Wolf Heinrich Graf Helldorf, erklärt Teile Berlins zu Gebieten, deren Betreten Juden generell verboten ist (»Judenbann«).
	Unterzeichnung einer Erklärung über Nichtan-griff zwischen Deutschland und Frankreich in Paris.
8.	Eine Anordnung des Reichsministers für Wis-senschaft, Erziehung und Volksbildung schließt alle Juden von der Benutzung wissen-schaftlicher Einrichtungen der Universitäten und Hochschulen, einschließlich ihrer Biblio-theken, aus.
	Der Bürgermeister von Rotterdam untersagt mit dem Hinweis auf zu erwartende »Ord-nungsstörungen« das Fußball-Länderspiel, das zwischen Deutschland und den Niederlanden am 11. Dezember stattfinden sollte. Der faschi-stische Reichssportführer Hans von Tscham-mer und Osten erklärt daraufhin am 8. Dezem-ber den Abbruch der Sportbeziehungen zu den Niederlanden auf unbestimmte Zeit.
	Hitler nimmt in Kiel am Stapellauf des ersten (später nie fertiggestellten) Flugzeugträgers der Kriegsmarine teil.
9.	Der Reichswirtschaftsminister verfügt, Juden zu Prüfungen bei Industrie- und Handelskam-mern sowie bei Handwerkskammern nicht zu-zulassen.
10.	In der »Neuen Volks-Zeitung« (New York) er-scheint eine Rede Thomas Manns unter der Überschrift »Wir sprechen dem Reiche des Hitler das Deutschtum ab«.
	Der Beauftragte für den Vierjahresplan erin-nert an die Genehmigungspflicht bedeutender »Arisierungen« durch den zentralen Staatsap-

parat und verlangt die Abführung der Arisie-
rungsgewinne an den Staat.

11. Von Bremen aus wird durch Postwurf eine illegale Schrift »J'accuse. Ich klage an.« gegen
die Judenverfolgungen verbreitet.

12. Der Reichsführer SS und Chef der Deutschen
Polizei verfügt die Freilassung der nach dem
Pogrom verhafteten jüdischen Häftlinge, die
älter als 50 Jahre sind. Sie werden unter Poli-
zeiaufsicht gestellt.

14. Der Reichswirtschaftsminister bestimmt, daß
örtliche Behörden nicht berechtigt sind, über
zu »arisierende« Waren- und Kaufhäuser zu
verfügen; er behält sich die Entscheidung über
die Käufer vor.

16. Stiftung eines Ehrenkreuzes für kinderreiche
»arische« Mütter

17. Eine Versammlung der Jüdischen Gemeinde
Danzigs beschließt die baldige geschlossene
Auswanderung ihrer Mitglieder.

21. Jüdinnen wird verboten, als Hebamme zu prak-
tizieren.

28. Der Beauftragte für den Vierjahresplan ordnet
die Einführung weiterer Maßnahmen zur Einschränkung des Wohnrechts, der Reisemög-
lichkeit und der Bewegungsfreiheit von Juden
in ihren Wohnorten an.

31. Die Frist für die Zwangsauflösung der jüdischen Verlage ist abgelaufen; einzig der Verlag des Jüdischen Kulturbundes darf weiterexi-
stieren.

Ende 1938 Nach den Angaben der Sicherheitspolizei ver-
minderte sich die Zahl der Juden im Deutschen Reich (Grenzen von 1937) im Verlauf des
Jahres 1938 um 50 000 Personen (einschließlich der im Oktober nach Polen abgeschobe-
nen), wovon schätzungsweise 4 000 verstorben
sind. Von den jüdischen Einwohnern sind
48 Prozent älter als 50 Jahre.
Von den jüdischen Einwohnern des ehemaligen Österreich sind nach faschistischen
Schätzungen seit dem 11. März 79 000 Personen (= 42 Prozent) ins Ausland geflohen.

Januar	
Anfang	Der Reichsführer SS und Chef der Deutschen Polizei läßt alle jüdischen politischen Organisationen (Central-Verein deutscher Staatsbürger jüdischen Glaubens, Zionistische Vereinigung für Deutschland, Reichsbund jüdischer Frontsoldaten) auflösen.
1.	Eine Verordnung über die Arbeitszeit tritt in Kraft, sie ermöglicht die Ausdehnung des Arbeitstages auf 10 bis 14 Stunden.
2.	In Berlin finden deutsch-britische Flottenverhandlungen ihren Abschluß; der von England zugestandene Spielraum für den deutschen U-Boot-Bau wird bis zur Höhe des britischen erweitert.
5.	Polens Außenminister Beck verhandelt mit Hitler in Berchtesgaden
6.	Der Reichsinnenminister bestimmt, Juden, in deren Familiennamen das Wort »deutsch« enthalten ist (Deutscher, Deutschländer usw.), zu einer Namensänderung zu drängen.
7.	Reichsbankpräsident Schacht macht gemeinsam mit Direktoren der Reichsbank Hitler in einer Denkschrift auf die finanzpolitischen Probleme des Reichs aufmerksam; sie intendiert eine Dämpfung des Rüstungstempos. Am 19. Januar wird Schacht durch Walther Funk ersetzt.
9.	Einweihung der von gigantomanen Herrschaftszielen zeugenden Neuen Reichskanzlei im Stadtzentrum Berlins.
16.	Hitler empfängt den Außenminister Ungarns in Berlin.
17.	Die 8. Verordnung zum »Reichsbürgergesetz« verbietet Juden die Tätigkeit als Zahnarzt, Dentist, Zahntechniker, Tierarzt, Heilpraktiker und Krankenpfleger.
18.	Der Reichsinnenminister ordnet die Anlegung einer »Volkskartei« an, die alle Einwohner des Reiches im Alter von 5 bis 70 Jahren erfaßt. Die Karten von Juden werden besonders markiert.
19.	Der SA wird die gesamte vor- und nachmilitäri-

sche Ausbildung der erwachsenen männlichen Bevölkerung in Zusammenarbeit mit der Wehrmacht übertragen.

21. Die Geheime Staatspolizei ordnet an, die während des Pogroms verhafteten Juden, die jünger als 18 Jahre alt sind, aus den Konzentrationslagern zu entlassen.

24. Göring beauftragt den Chef der Sicherheitspolizei und des Sicherheitsdienstes Heydrich mit der Zusammenfassung der weiteren antijüdischen Maßnahmen und mit der Gründung einer »Reichszentrale für jüdische Auswanderung« nach dem Vorbild der Stelle in Wien.

25. Das Auswärtige Amt instruiert die deutschen Missionen im Ausland über die Ziele der faschistischen Judenverfolgung durch den Runderlaß »Die Judenfrage als Faktor der Außenpolitik«.

Rede Julius Streichers im Berliner Sportpalast mit Angriffen gegen die »versteckten Judenfreunde«.

25.–27. Reichsaußenminister Joachim von Ribbentrop befindet sich zum Staatsbesuch in Polen.

28. Der Reichswirtschaftsminister verbietet Juden, auf Märkten zu verkaufen.

Thomas Mann wird in Princeton die 1936 von der Zeitschrift »Jewish Forum« gestiftete Einstein-Medaille für Verdienste um die Humanität überreicht, die zuvor Franz Werfel und der bis 1935 tätige Hochkommissar für Flüchtlinge des Völkerbundes, James Grover McDonald, erhielten.

29. Juden wird die Jagdpacht verboten.

30. Hitler fordert in einer Reichstagsrede von den kapitalistischen Großmächten die Aufnahme der aus Deutschland zu vertreibenden Juden, lenkt von eigener Kriegsvorbereitung durch die erneute Behauptung, das »Weltjudentum« hetzt zum Kriege, ab und droht den Juden im Kriegsfall den Untergang an.

Seit dem Pogrom hat das täglich erscheinende Zentralblatt der NSDAP »Völkischer Beobachter« in 83 Ausgaben 537 Beiträge judenhetzerischen Inhalts (Leitartikel, Kommentare, Meldungen, Berichte, Kulturkritiken usw.) publiziert. Zu den Personen, die im Zentrum der antisemitischen Propaganda stehen, gehören Karl Marx, Walther Rathenau, Maximilian Harden, Magnus Hirschfeld, Max Reinhardt, Ernst Toller, Kurt Tucholsky, Arnold Zweig, Alfred Döblin, Franz Werfel, Alfred Kerr.

31.   Hitler empfängt 80 Offiziere aus acht Ländern (Belgien, Dänemark, Frankreich, Italien, Polen, Schweden, Tschechoslowakei, Ungarn), die am 19. Internationalen Reit- und Fahrturnier in Berlin teilnehmen.

Januar/
Februar
30.–1.   Die »Berner Konferenz« der KPD, die in der Nähe von Paris stattfindet, verkündet die antifaschistisch-demokratischen Ziele des Kampfes gegen Faschismus und Krieg und ruft zum Widerstand gegen die Rassenhetze und zur Hilfe für die Verfolgten auf.

Februar

1.   Unter immer stärkerem Druck seitens der faschistischen deutschen Regierung ordnet die antisemitische Regierung der ČSR an, daß jüdische Emigranten den Staat binnen sechs Monaten zu verlassen haben.

7.   Alfred Rosenberg, Rassenideologe und Herausgeber des Zentralblattes »Völkischer Beobachter«, referiert vor der Auslandspresse in Berlin über die faschistischen Pläne zur Abschiebung aller europäischen Juden in ein Übersee-Territorium.

14.   Der Reichsminister für Wissenschaft, Erziehung und Volksbildung verfügt, auf Denkmälern und Gedenktafeln für die Kriegsgefallenen künftig die Namen von Juden nicht mehr anzugeben. Auf existierenden Tafeln sollen sie nicht beseitigt werden.

21.–24.   Juden müssen Gegenstände aus Gold, Platin oder Silber sowie Edelsteine und Perlen an den Staat verkaufen. Den gebotenen Aufkaufpreis haben sie zu akzeptieren. Endgültige Frist: 31. März 1939.

März
2.   Der Reichsverkehrsminister ordnet an, daß Ju-

	den Schlaf- und Speisewagen der Deutschen Reichsbahn nicht mehr benutzen dürfen.
24.	Der Reichsminister für kirchliche Angelegenheiten teilt mit, daß die jüdischen Kultusvereinigungen für die Beseitigung der Ruinen der Synagogen zu sorgen haben. Synagogen werden nicht wiederaufgebaut.
29.	Der Reichsjägermeister schließt Juden von der Pacht von Jagdrevieren aus; Jagdberechtigungen werden ihnen nicht erteilt.

April

30.	Der Mieterschutz für Juden wird durch Gesetz beseitigt, jedoch soll Obdachlosigkeit von Juden vermieden werden.

Mai

4.	Juden sollen durch die Lokalbehörden gezwungen werden, in Häuser zu ziehen, die Juden gehören, oder zwangsweise in schon von Juden gemietete Wohnungen eingewiesen werden. Ghettobezirke gelten als unerwünscht.
17.	Bei einer Volkszählung, bei der besondere Maßnahmen zur Erfassung der Juden getroffen sind, werden in »Großdeutschland« 330 539 Juden gezählt (233 646 im »Altreich«, 94 530 in Österreich, 2 363 im Sudetenland), wovon 298 000 Juden den Religionsgemeinden angehören. Diese Zahl reduziert sich bis Kriegsbeginn um ungefähr 60 000.

Inhalt

Dr. Irene Runge, geboren 1942 als Kind deutscher Emigranten in New York, USA. 1949 Übersiedlung der Familie in die DDR. Nach dem Schulbesuch verschiedene Tätigkeiten bei Presse und Rundfunk. 1971 Abitur an der Volkshochschule, Aufnahme eines Studiums der Wirtschaftswissenschaften, Fachrichtung marxistisch-leninistische Soziologie, an der Humboldt-Universität zu Berlin. Nach Abschluß Arbeit beim Fernsehen der DDR, dann Aspirantur an der Humboldt-Universität. Promotion zum Dr. oec. über soziale Probleme des Alterns unter den Bedingungen der Großstadt.

Irene Runge ist Wissenschaftliche Oberassistentin an der Humboldt-Universität, Sektion Geschichte, Bereich Ethnographie. Sie arbeitet zu Fragen des Alltagslebens in der DDR und publiziert in wissenschaftlichen Zeitschriften, in der kulturpolitischen Zeitung »Sonntag«, in der Literaturzeitschrift »Temperamente« und anderen. Buchveröffentlichungen: »Älter werden – alt sein« 1982, »Ganz in Familie« 1985, »Himmelhölle Manhatten« 1986. In Vorbereitung: »Du sollst nicht immer Holland sagen«.

Prof. Dr. Kurt Pätzold, geboren 1930 in Breslau (Wrocław). 1948 bis 1953 Studium an der Friedrich-Schiller-Universität in Jena auf den Gebieten Geschichte, Philosophie und Politische Ökonomie. 1963 Promotion A zum Thema »Der Zeiss-Konzern in der Weltwirtschaftskrise 1929–1933«. 1963 bis 1965 tätig am Institut für Geschichte an der Akademie der Wissenschaften zu Berlin, ab 1965 an der Humboldt-Universität zu Berlin. 1971 Promotion B zum Thema »Faschismus, Rassenwahn und Judenverfolgung«. Seit 1973 Ordentlicher Professor für Deutsche Geschichte. Schwerpunkte seiner Forschungsarbeit und Lehrtätigkeit sind die Geschichte des deutschen Faschismus, speziell die Judenverfolgung und -vernichtung, Fragen der Manipulation des deutschen Volkes zwischen den Weltkriegen sowie Probleme der Wissenschafts- und Universitätsgeschichte.
Prof. Pätzold ist Autor mehrerer auch im Ausland erschienener Bücher und zahlreicher Artikel. Er ist beteiligt an der Herausgabe von Wissensspeichern und Lehrbüchern für die allgemeinbildende Schule. Publikationen (Auswahl): »Hakenkreuz und Totenkopf« (gemeinsam mit Manfred Weißbecker), Berlin 1981 (Köln 1981); »Verfolgung, Vertreibung, Vernichtung«, Leipzig 1983, (Frankfurt/Main 1983).